DAS VERBORGENE WISSEN
DER WELT

Aᴛʟᴀɴᴛɪs
wird herausgegeben von
Dr. Hans Christian Meiser

Mit den Autoren der Reihe
Aᴛʟᴀɴᴛɪs
werden spezielle Seminare angeboten.

Informationen bei:
Frankfurter Ring e. V.
Kobbachstraße 12
60433 Frankfurt
Tel.: 0 69/51 15 55
Fax: 0 69/51 22 20
E-Mail: frankfurter-ring@t-online.de

Über den Autor:

Christa Zettel wurde in Wien geboren und lebt heute als Journalistin, Schriftstellerin und Übersetzerin im Burgenland in Österreich. Aus den Spuren der Großen Göttin bereiste sie jahrelang ferne Länder. Weitere Veröffentlichungen: *Das Geheimnis der Zahl* (1996), *Die Macht der Mondin* (1996), *Reiserouten der Götter* (1997).

ATLANTIS

CHRISTA ZETTEL

DIE SEELE DER ERDE

AUF DEN SPUREN DER GROSSEN GÖTTIN IN AFRIKA

BASTEI LÜBBE

BASTEI-LÜBBE-TASCHENBUCH
Band 70 106

1. Auflage März 1997
2. Auflage Juni 1998

Originalausgabe
© 1997 by Bastei-Verlag Gustav H. Lübbe GmbH & Co.,
Bergisch Gladbach
Printed in Germany
Einbandgestaltung: CCG, Köln
Titelillustration: Ender Güzey, München
Satz: Textverarbeitung Garbe, Köln
Druck und Bindung: Ebner Ulm
ISBN 3-404-70106-2

»Die fruchtbarsten Entwicklungen haben sich überall dort ergeben, wo zwei unterschiedliche Arten des Denkens zusammentrafen.«

Werner Heisenberg

Inhaltsverzeichnis

Vorwort

Von Zeit zu Zeit kommen Angehörige einer fremden Kultur nach Afrika, und Afrika erkennt die »Boten des Mondes«, deren Aufgabe es ist, Trennendes zu überwinden und Gemeinsames zu fördern – besagt die esoterische (geheime) Überlieferung Afrikas. Ein Fremder, Morning Star, der spirituelle Führer der Shone-Nation in Nordkalifornien, reiste vor einigen Jahren über das Große Wasser nach Afrika, um sich persönlich davon zu überzeugen, ob dort bereits die Bäume »von oben nach unten« sterben. Nach indianischer Überlieferung ist dann das Ende der Welt nahe. In Südafrika traf Morning Star den Sanusi Credo Vusamazulu Mutwa, dem diese Prophezeiung als Teil des Erbes seiner Ahnen bekannt war!

Credo Vusamazulu Mutwa ist ein geborener Zulu. Unter seinen Vorfahren waren Orakelseher und Heiler, Sangomas, wie die Zulu sie nennen, und Sanusi. Während Sangomas an einen Vatergott glauben, hüten Sanusi das spirituelle Erbe der älteren Religion der Großen Mutter oder Göttin. Um dieses Wissen vor Mißbrauch und Profanisierung zu schützen, ist die Weitergabe an Nicht-Eingeweihte tabu. Als Kind wurde Credo Mutwa christlich erzogen, aber er kehrte später zum Glauben seiner Ahnen zurück. In seinem Namen verbinden sich die Essenz des Christentums, das Credo, seine Zulu-Herkunft, und das spirituelle Erbe der Schamanen der ältesten Rasse Afrikas, der Buschmänner, die man Mutwa nennt. Als Credos Verlobte bei den Rassenunruhen von Sharpevielle getötet wurde, legte er einen folgenschweren Bluteid ab, er verschwor sich nicht der Rache, sondern gelobte, alles in seiner Macht Stehende zu tun, um das Verständnis zwischen den Rassen zu fördern. Weil er wußte, daß nur Wissen zum gegenseitigen Verstehen führen kann und daß für die Weißen nur geschriebene Geschichte zählt, schrieb er ihm anvertraute geheime Überlieferungen nieder. Dadurch brach er einen anderen Bluteid, das Tabu des Eingeweihten zur Geheimhaltung. Vermutlich werden erst künftige Generationen in Afrika seinen Gewissenskonflikt, die Größe und den Mut seiner Tat würdigen können. Denn ein Bluteid bindet in Afrika bis zum Tod und darüber hinaus.

Ende der sechziger Jahre hatte ich zwei Jahre lang in Südafrika gelebt. Ich verließ es wegen seiner Polemik der Rassentrennung, damals war mein politisches Bewußtsein geboren worden. 1989 führte mich eine Arbeit als Reisejournalistin in jenes Land zurück. Zu dieser Zeit arbeitete ich an einem Buch über die Wurzeln der europäischen Mythologie. Immer wieder war ich auf Bezüge zum afrikanischen Kontinent gestoßen. Der zufälligen Begegnung mit der südafrikanischen Gitarristin Avril Kingsley in Wien, wenige Tage vor meiner Abreise, verdanke ich die erste Information über Credo Mutwa. Ich beschloß, ihn anläßlich meines Aufenthaltes in Südafrika zu suchen, denn sein gegenwärtiger Aufenthaltsort war Avril unbekannt. Eine weitere zufällige Begegnung im Flugzeug nach Johannesburg brachte mich auf die richtige Spur.

1976 hatten sieben radikale Afrikaner Credo Mutwas Haus in Soweto niedergebrannt, das zu einer Art geheimen Zentrums der alten Religion der Erdmutter geworden war. Alle sieben begingen im Lauf der Zeit unabhängig voneinander Selbstmord, wie ich später erfuhr. Credo Mutwa war mit seiner Familie ins Exil gegangen. Im Lotlamoreng-Naturreservat nahe Mafeking in Bophuthatswana, einem der umstrittenen und außerhalb von Südafrika nie anerkannten »Homelands«, bildete er Sangomas aus, und hatte dem alten Afrika ein eindrucksvolles Denkmal in Stein gesetzt. Darunter befinden sich heilige Steinkreise mit uralten Symbolen – Mafeking bedeutet »Ort des Riesensteines«. Staunend würde ich dort den eigenen europäischen Ursprüngen begegnen und zu ahnen beginnen, daß sich das Rätsel unseres Werdens in der Entschlüsselung von Afrikas uralter Symbolik und Tradition verbirgt.

Bei unserer ersten Begegnung stellte mir Credo Mutwa nur Fragen – wonach suchte ich? Die Sangomas unterzogen mich gewissen Prüfungen, aber das verstand ich erst später. Als ich eines Tages, meine Hände auf einen der heiligen Steine im Zentrum eines Steinkreises gelegt, trotz wolkenlosem strahlendem Himmel hinter meinen geschlossenen Augenlidern »fallendes Wasser« fühlte, sprach der Stein zum erstenmal zu mir. Ähnliches war mir schon Jahre zuvor auf Aphrodites Zentralheiligtum in Paphos auf Zypern geschehen, aber diesmal war der »Kontakt« bewußt erfolgt. An diesem Nachmittag kam in Mafeking ein starker Wind auf, dem ich meinen Initiationsnamen verdanke, Moya, Tochter des Windes.

Am nächsten Tag, es war Vollmond, betrat ich zum erstenmal das »Haus der Ahnen«, ein schönes Rundhaus mit kosmischen Symbolen an den Wänden. Baba (Vater) und die Sangomas erwarteten mich. Ich kniete vor sakralen Gegenständen, einer schweren Kette mit Afrikas heiligstem Stein, dem Verdate, einem Bronzeschwert mit hieroglyphenartiger Inschrift, und einem Orakelrad. Später würde es darüber befinden, ob meine Wahl zum »Boten des Mondes« im Einklang mit dem Willen des Göttlichen stand. Im Feuer glosten Kräuter, und ich nahm die alte, von oftmaligem Gebrauch verrußte Ölschale, deren winzigen Docht ich mit einem Zündholz, das mir Credo reichte, zum Brennen bringen sollte. Es gelang. Im schattigen Rund ahnte ich die Gesichter der Sangomas, in der Luft hing der betäubende Duft der Kräuter, und dann vereinten sich die Stimmen zum »Gesang der Sterne«. Mehr von der Zeremonie zu erzählen, ist mir nicht erlaubt. Aber als ich das Haus verließ, war ich eine »fliegende Frau«, ein »Bote des Mondes«, und eine »weiße Bantu« geworden. Ich trug meine Initiationsgaben, eine Kette, deren blauweiße Perlensprache mich als Sangoma ausweist, eine Bronzefigur der Göttin und ein schweres Kupferarmband mit den zwölf Raumsphären, sowie mein heiliges Kleid in der violetten Farbe der Sanusi. Auf ihm steht in alter Schrift der Name der Sanusi für die Große Göttin – Danu.[1] Ich kannte diesen Namen, denn auf die »Mondgöttin« Danu stößt man von Babylon bis zu den Kelten, die als ihre Vorfahren die Danäer angaben, deren »Mutter« Danu war. Hoch über mir zog ein Düsenjet Richtung Norden. Ich mußte nach Europa zurückkehren, aber ich wußte, daß ich wiederkommen würde. Und so war es auch.

Afrika schwieg lange, aber nun beginnt auch der »dunkle Kontinent« warnend seine Stimme zu erheben. Denn erkennen wir, die modernen Industriegesellschaften, uns nicht in Afrikas ältesten Legenden wieder? Die ersten Kinder der Großen Mutter Ma und des Lebensbaumes zerstörten die Erde aufgrund ihrer unbegrenzten Erfindungsliebe. Sie lösten unvorstellbare kosmische und irdische Katastrophen aus, und die Erde ging unter. Nur eine Frau und ein Mann überlebten und begründeten die Zukunft, die heute längst Vergangenheit ist. Das Rätsel des Aufstieges und Falles dieser »ersten Rasse« der Menschheit verbirgt sich in den Ozeanen, unter dem Sand der Wüsten, und in den ältesten Legenden Afrikas. Die letzten sichtbaren Spuren der Nachkommen dieser ersten Kinder der Mutter Erde und des Lebensbaumes, die grazilen Abdrücke der nackten Füße der Buschmann-Männer und -Frauen verwehen im glühendheißen Sand der Kalahari. Ihre bedrohte und auf das absolute Minimum an Lebensraum begrenzte Gegenwart vermag die Brücke zwischen dem zu schlagen, das wir Realität nennen, und dem Unsichtbaren, Spirituellen. Auf dessen Wechselwirkung beruht alles – so überliefern es die Geheimlehren aller Religionen. Auch scheint Afrika mehr und mehr bereit, die Geheimnisse seiner Erde Schicht um Schicht freizugeben. Und obwohl die strenge Methodik der Wissenschaft und die mysteriöse Überlieferung der Mythen auf den ersten Blick unvereinbar erscheinen, kreuzen einander diese beiden Wege, auf denen wir uns den Rätseln unserer Vergangenheit annähern, immer öfter, je weiter in der Zeit wir zurückreisen. Je tiefer wir in die Vergangenheit vordringen, um so mehr scheinen wir uns jedoch der eigenen Zukunft zu nähern. »Was ist's, das geschehen ist? Eben das, was später geschehen wird. Es geschieht nichts Neues unter der Sonne. Ein Geschlecht vergeht, das andere kommt, die Erde aber bleibt ewiglich.« Diese, dem weisen König Solomon zugeschriebenen Worte geben auch die Erkenntnis des Alten Afrika wieder.

Mein Dank gilt Credo Vusamazulu Mutwa, dem ich dieses Buch widmen möchte, ihm, seiner »Mutter« Afrika und ihren Menschen, welcher Rasse auch immer sie angehören. Für mich erfüllte sich bereits die Prophezeiung des Dichters Paul Niger – Ein neuer Farbton schwingt sich auf den Regenbogen, ein neuer Rhythmus bohrt sich in die Welt. Dank sagen möchte ich auch Austrian Airlines und Dr. Rupert Reischl für die Sponserung meiner Flüge, und allen anderen, die mich mit Rat und Tat durch die nicht immer leichten Jahre im südlichen Afrika begleiteten. Sie alle bleiben mir unvergessen wie Afrika selbst, das ich nun in meinem Blut trage. Das ist metaphorisch gemeint, um Mißverständnissen vorzubeugen, die Afrika nur mit blutigen Ritualen in Verbindung bringen. Afrika ist anders, ganz anders – entdecken wir es gemeinsam, auf dieser Reise in die Seele des alten Kontinents. Vielleicht, wer weiß, sind wir dabei unterwegs in eine Zukunft, in die wir noch verändernd eingreifen können.

Lied der Marimba

Oh, kleiner Stern am Himmel hoch,
oh, lächelnder Mond so fern.
Du, der sein kühles Licht über fruchtbare Täler gießt,
trage mein Lied auf den Flügeln des Lichts
bis ans Ende der Welt zum Land der Götter,
jenseits der Ebenen Tura-ya-Moyas.

Berichte den Großen, die dort in Ewigkeit leben,
berichte jenen, die die Sterne regieren,
berichte der Mutter aller Meere und der Erde,
jenseits der Ebenen Tura-ya-Moyas.

Berichte ihnen, daß ich mich nicht feige unterwerfe,
auch wenn die Hyänen des Todes des Nachts
um mein Haus zieh'n,
will ich aller Gefahr widerstehen.

Berichte ihnen, daß ich, ihre ergebene Dienerin,
nicht vor dem drohenden Unheil weiche,
weil wer mit dem Großen Geist verbündet ist,
doppelt im Kampfe siegt.

Berichte ihnen, daß ihre Diener um Stärke
und Führung fleh'n,
denn verloren ist, wer ohne Tura-ya-Moyas Führung
durch des Lebens Sümpfe geht.

Mutwa Credo, Indaba my Children, Johannesburg 1965,
Übersetzung der Autorin

Die große Mutter Ma

Da ist ein Traum, der uns träumt

Wo lagen die goldenen Hügel Tura-ya-Moyas? Wo das Land der transzendenten Menschen? Waren sie Sternenkinder, auf die man in den Mythen der Bantu stößt? Südlich des Nyanza-Sees, heute der Nyasa-See in Malawi, einem Schmelzpunkt vieler Völker im südlichen Afrika, soll sich eine Höhle befinden, die den Zutritt zum unterirdischen Fluß Lulungwa-Mangakati bildet, der nordwärts in den Nyanza-See fließt. Diese Höhle verschließt ein gigantischer Stein, auf dem sich in der ersten Sprache, die »Zehntausende von Jahren zuvor« gesprochen wurde, eine Inschrift befindet. Alle Stammessprachen sollen auf diese erste Sprache zurückgehen. Die Inschrift besagt: »Zukünftige Generationen, wir warnen Euch. Hinter diesem runden Felsen liegt das Böse, berührt es nicht. Wir, die letzten beiden Überlebenden der Sternenkinder, eine Frau und ein Mann, warnen Euch. Wir, die wir morgen sterben werden, warnen Euch.«

Die Sternenkinder sind als Stamm von Magiern überliefert, die nach jenen Dingen forschten, die wir nicht versuchen sollten zu ergründen. Sie lebten in einem verbotenen Tal nahe dem Nyasa-Land, das die Große Mutter Ma durch Muotamkulu, das Große Feuer, zerstörte. Die Sternenkinder hatten ihre eigene Göttin erschaffen, das vollkommenste Wesen, das je im Universum kreiert worden war.

Das Wort Nyanza bedeutet »Fallender Stern«. Verbirgt sich hier ein Hinweis auf die Ursache der Katastrophe?

Wonach forschten die Magier der Sternenkinder in verbotenen Tälern, und welche »Göttin« erschufen sie, die das Verderben brachte?

Das größte Feuer aller Zeiten, ein Feuer, das bis zu den Sternen reichte, löschte das in einem Bronze-Idol der Göttin liegende »Auge Odus« aus. Mehr als hundert Tage raste es westwärts und verschlang alles Leben. Hundert Tage währte auch ein Krieg, den die »erste Rasse« mit fürchterlichen Waffen führte. Die strahlende Hitze der Göttin ließ die Haut vom Körper der Menschen schmelzen. Grollende Wolken peitschten die sich aufbäumende Erde mit nicht endenwollendem Regen, Hagel und Blitzen, während aus dem Inneren der Erde die Feuer hervorbrachen und unter dem kochenden Wasser der Ozeane ganze Kontinente verschwanden und neue emporstiegen. Große Ebenen stülpten sich wie Boote um und begruben für alle Zeit Millionen von Menschen und Tieren unter sich. Handelt es sich hier um eine afrikanische Version des Atlantis-Mythos?

Meine Reise nach Afrika begann im Herzen Europas in der alten Kaiserstadt Wien, in der ich geboren worden war, wo ich meine Kindheit und Jugend und den Großteil meines Lebens verbracht hatte. Es ist keltisches Land, dem auch diese Kultur entsprang. Durch die Jahrtausende gezähmt und trotz Christianisierung gibt es auch in meinem »Vaterland« jenseits der Städte immer noch »starke Plätze«, geheimnisvolle Wegkreuze, verfluchte Grabhügel (Mounds), den »bösen« Blick und für den in einer Waldlichtung mondlichtverzaubert Sehenden Elfenreigen und Gnomenschalk. Ich hatte Glück. Meine Kindheit begleitete ein uralter Sagen- und Mythenschatz. Auf dessen Spuren war ich in mein »Mutterland« geraten, in das Land der Griechen. Diese äußerliche und innere Reise hatte mich Schritt für Schritt auf Afrika eingestimmt. Nur wenn es uns gelingt, die zeiträumliche Begrenzung aufzuheben, wie das in den Mythen geschieht, können wir beginnen zu erkennen, daß Ursache und Wirkung stets in einem Punkt zusammenfallen. Normalerweise verstellt uns unser Wach-Bewußtsein, das wir gerne Verstand nennen, den Blick auf die Summe aller Vergangenheiten, die im gegenwärtigen Augenblick münden. Wie des »Kaisers neue Kleider« halten wir dieses Wach-Bewußtsein für die einzige Realität. Aber manchmal verwischen sich die Grenzen, und die Vergangenheit holt uns ein.

Ich war sechs Jahre alt. Vor mir lag in ihrem Krankenbett eine fremde Greisin, die meine Ur-Ur-Tante sein sollte. Ihr Leben umgab ein Geheimnis, eine Liaison mit einem Habsburger. Abgefertigt und ins damals kaiserlich-königliche Ungarn abgeschoben, wurde die bürgerliche Tante Lehrerin. Sie sprach fünf Sprachen und war öfters alleine nach Afrika gereist. Nur einmal noch nach Afrika fahren können, das ist alles, was ich mir noch wünsche, hörte ich die alte Frau seufzen. Meine Ur-Ur-Tante Maria war damals 88 Jahre alt. Bald darauf starb sie, und ich vergaß sie. Aber das Zauberwort Afrika, das soviel Sehnsucht in sich eingeschlossen hielt, war tief in mich hineingesunken. Viele Jahre später kam ich nach Afrika, nach Südafrika, und verließ es wieder wegen seiner Politik der Rassendiskriminierung. Was blieb, war die Erinnerung an seine helle Weite, und ein Traum, der mich jahrelang begleitete.

Ich stand am Kap der Guten Hoffnung und sah die beiden Ozeane, den Atlantischen und den Indischen, ineinander verschmelzen. Die Hochzeit spiegelte sich im Farbenspektrum eines prächtigen Regenbogens wider. In meinem Traum fuhr ich in einem Boot auf die schillernde Gischt zu. Welches der beiden Wasser sollte ich wählen? Vor mir lag die Mitte, eine imaginäre Licht- und Wasserscheide. Ich steuerte darauf zu. Aber bevor das Boot in das gischtige Chaos eintauchte, erwachte ich jedesmal.

Träume sind Flügelschläge der Seele und können in die Vergangenheit deuten oder in die Zukunft, weil der Traumzustand die Zeitlinie, die unser Wach-Bewußtsein kreiert, nicht kennt. Wie Alice im Wunderland können wir im Traum hinter den Spiegel blicken, in eine andere, unsichtbare Welt, die sich zur unseren so verhält wie das Rechte zum Linken. Für die »älteste Rasse Afrikas«, die Buschmänner, gab es bis vor kurzem keine Trennungslinie zwischen diesen beiden Bewußtseinszuständen, ihre Welt war noch grenzenlos, wie Tausende ihrer Felszeichnungen eindrucksvoll belegen. Die von Sigmund Freud Anfang unseres Jahrhunderts entdeckte Psychoanalyse, die sich der Traumdeutung bedient, und das von dem afrikagereisten C. G. Jung wiederentdeckte »Kollektive Unbewußte«, waren in Afrika von jeher Teil jener unteilbaren Realität, die wir Leben nennen. Als ich 1989 »zufällig« nach Südafrika zurückkehrte, konnte ich nicht wissen, daß sich mein weiteres Leben mit dem Leben eines seit über elf Jahren Toten verbinden würde, mein Nicht-Bewußtsein wußte es jedoch bereits seit vielen Jahren. Denn wie anders ließe sich erklären, daß ich nach 3x7 Jahren wiederkehrte, daß Credo Mutwa 21 Jahre zuvor zum letztenmal das Ritual durchgeführt hatte, durch das ich zum »Boten des Mondes« geworden war, daß dieser Fremde damals der Engländer Adrian Boshier war, der, wie ich später erfuhr, einen ähnlichen Traum wie ich geträumt hatte? Während dieser einundzwanzig Jahre hatte sich mein Leben zwischen der Wahl von »rechts« und »links« abgespielt. Als ich mich diesem ersten initiierenden Ritual unterzog, entschied ich mich wie Adrian vor mir für das Eintauchen in die Mitte, in die farbenschillernde Heimat des Regenbogens, für den »Pfad der Götter«. Nur dieser Weg führt in die Seele des alten Afrika, in jenes Afrika, das es einmal gegeben haben wird, nachdem die Zukunft in die Vergangenheit zurückkehrte, um

20

zur Gegenwart zu werden, dem »Zentrum der Zeit«, der Nullstunde für die Geburt einer neuen Welt, eines neuen Bewußt-Seins. So lautet die uralte afrikanische Prophezeiung.

Derlei ist natürlich ein lebendiger Prozeß, dem viele, scheinbar unzusammenhängende Schritte, die in eine bestimmte Richtung führen, vorausgehen. Auch der Begegnung mit Credo Mutwa ging eine andere voraus. Mein erster Kontakt mit Afrikas »Psychoanalytikern« hätte an keinem, dem Spirituellen ferneren Ort stattfinden können. Es war während der Touristikmesse Indaba, deretwegen ich nach Johannesburg gesandt worden war. Die Sangoma Sizakele Sshanjase war sozusagen in einem der angebotenen Produkte (Shakaland) enthalten. Die Worte dieser mütterlichen Frau, die mir ungeachtet des hektischen Treibens um uns tief in die Seele sah und mich als »Schwester« erkannte, hätten wohl kaum die gleiche Wirkung ausgeübt, wäre ich nicht kurz davor in Wien einem Hellseher aus Thailand begegnet. Die Sprachen, in denen sich mir Wesentliches darstellte, waren verschieden wie die Kulturen, der die beiden Seher entstammten, der Inhalt stimmte überein. Mein Interesse war angesichts so vieler Zufälle geweckt, umsomehr, als ich auch »zufällig« in Vertretung für einen kurzfristig verhinderten Kollegen nach Johannesburg geschickt worden war. Außerdem erkannte ich in der traditionellen Kleidung der Sangoma die traditionellen Mondfarben weiß-rot-schwarz, die sakralen Farben der Großen Göttin des Mittelmeeres, auf deren Spuren ich jahrelang die Ägäis bereist hatte. Es sind auch die Farben, die Platon für das versunkene Atlantis überlieferte, die Farben des Minoischen Kreta, und – wie ich nun lernte – auch die heiligen Farben des traditionellen Afrika. So bedurfte es kaum noch des zusätzlichen Hinweises, daß sich das Wort Ngaka oder Nyanga, wie Sothesprechende Bantu-Stämme ihre Orakelseher und Heiler nennen, von Mond ableitet, um erkennen zu können, daß ich meine zufällige Rückkehr nach Afrika Tyche verdankte, der Schicksalsgöttin. Als mir die Sangoma von dem Traum erzählte, der mich so lange begleitete, stand ich wie Jahre zuvor unter einem Feigenbaum an den Küsten der Ägäis an einem Kreuzweg. Die Würfel aber waren schon lange davor gefallen. Ich traf Credo Mutwa und kehrte nach Europa zurück. Ende 1990 ließ ich mein altes Leben hinter mir und brach zu einer fünfjährigen äußeren und inneren Reise nach Afrika auf. Schließlich kam ich an jenen Ort, an dem Pflanzen noch als »Gedanken Gottes« und Tiere als »Priester« gelten, wie es C. G. Jung in Afrika erfuhr, in das Gebiet der Swamps in der Wüste, wo der »Baum des Lebens« einst sang, in das Herz der alten Kalahari, in der die »erste Rasse« gelebt haben und gestorben sein soll.

Die alte Kalahari

In Botswana, Namibia und Angola leben heute die letzten Vertreter der Buschmänner oder San, wie die Forschung sie nun nennt. Auf San und Khoi-Khoi, welche die ersten Europäer wegen der ihnen unverständlichen Klick-Sprache Hottentotten nannten, stießen die ersten Weißen, die im Verlauf des 17. Jahrhunderts vom Kap der Guten Hoffnung aus immer weiter in das Innere des südlichen Afrika vordrangen. San und Khoi-Khoi-Sprachen bilden gemeinsam die Khoi-San-Sprachengruppe, ihr Ursprung ist ungeklärt.

Während San im Inneren der Kalahari das Leben nomadisierender Jäger und Sammlerinnen führten, ritten die »Menschen der Menschen«, die Khoi-Khoi, auf Ochsen, waren bessere Schafzüchter als die erstaunten Europäer, besaßen »fette« Rinder, mit denen sie jedoch keinen Handel trieben, weil ihnen die Kühe heilig waren, und hervorragende Handwerker. Auch das Brauchtum dieser »Wilden« überraschte die Europäer. Wären diese ihren eigenen keltischen Wurzeln nicht bereits vollkommen entfremdet gewesen, ihre Verwunderung wäre wohl um ein Vielfaches größer gewesen. Heute sind die Khoi-Khoi beinahe vollkommen in der gemischten Kap-Bevölkerung, den »Colourds«, aufgegangen. Nur rätselhafte Steinhügel blieben, die sie an Wegkreuzungen errichteten, geheimnisvolle Mondrituale, Legenden, das Zeugnis ihrer Sprachen und das schriftliche Vermächtnis früher christlicher Missionare.

Auch rätselhafte Ruinen werden ihnen zugeschrieben, etwa in Namibia, wo man die ältesten Gleittüren der Welt entdeckte und auch ein Straßensystem, das auffallend an das der Inka jenseits des Atlantiks erinnert.

Nicht weniger mysteriös scheint es, daß die Wörter für Rind in Bantu-Sprachen von den Khoi-San abstammen und nicht umgekehrt, wie man lange Zeit annahm. Nicht die großgewachsenen, negroiden Bantu-Stämme, in deren rituellem Mittelpunkt die Rinderherde steht, scheinen den grazilen, bronzefarbenen und mongolid wirkenden Khoi-Khoi die Domestizierung der Tiere beigebracht zu haben, sondern es verhielt sich vermutlich umgekehrt.

Über zweitausend Jahre lang, bis zur Mitte des vergangenen Jahrhunderts, migrierten »Bantu« vom Inneren des Kontinents südwärts. Auch ihr Ursprung ist ungeklärt, allerdings verweisen Proto-Bantu-Sprachen nach Westafrika in das Gebiet des heutigen Kamerun. Bantu-Sprachen gehören zu den hamitischen Sprachen, wie sie auch arabische Völker sprechen. Wie die künstlichen Begriffe Indoeuropäer, Hamiten oder Semiten, ist auch das Wort Bantu nicht als rassische oder völkische Bezeichnung zu verstehen, sondern als Sammelbegriff für Stämme oder Völker, die innerhalb einer Sprachenfamilie verschiedene

Sprachen sprechen. Innerhalb der Bantu-Sprachen gibt es mehrere Gruppierungen, die bedeutendsten sind die Sotho-Sprachen zumeist Ackerbau betreibender Stämme, und die Nguni-Sprachen kriegerischer Völker, wie Zulu, Xhosa und Swazi.

Die ersten »Bantu«, die im südlichen Afrika eintrafen, gehörten nach heutigem Wissensstand Sotho-Stämmen an. Vor ihnen hatten Khoi-San das gesamte südliche Afrika besiedelt, auch Zentralafrika, und auch im Norden und Osten und in Westafrika fanden sich ihre Spuren. In der Kalahari sind San seit mindestens 40.000 Jahren nachweisbar. Zwischen den ersten eintreffenden Bantu und der ansässigen Bevölkerung kam es vorerst zu einer friedlichen Vermischung, worauf gemeinsame Hügelgräber mit teilweise reichen Grabbeigaben hinweisen. Diese Mounds erinnerten ihre Entdecker an ähnliche Bestattungshügel in Europa und in Ägypten. Metalle wurden geschmolzen, bei jeder der frühen großen und stadtähnlichen Siedlungen stieß man auf Schmelzöfen, und man betrieb Bergbau. Doch ist der Bergbau im südlichen Afrika weitaus älter, ja die ältesten Minen im heutigen Swaziland werden von manchen sogar auf bis zu 70.000 Jahre geschätzt! Kriegerische, viehzüchtende Stämme, wie Swazi, Zulu oder Xhosa, trafen erst wesentlich später im südlichen Afrika ein.

Durch die zunehmend gewaltreicher verlaufende Zuwanderung der Bantu und schließlich durch die Besiedelung der Europäer wurden die Khoi-San immer tiefer in das Innere der Kalahari zurückgedrängt. Heute leben nur noch an die 55.000 San größtenteils in Botswana (60 %) und Namibia (36 %), der Rest verteilt sich über Angola, Zambia und Südafrika. Traditionell lebende San gibt es nur noch in Namibia und in der Zentral-Kalahari in Botswana. Bislang sicherte ihre erstaunliche Anpassungsfähigkeit an eine extrem feindliche Umwelt ihr Überleben. So können die G/Wi-San der Zentral-Kalahari bis zu 300 Tage im Jahr ohne stehendes Wasser überleben, was sie ihrer Kenntnis wasserspeichernder Knollen und Wurzeln verdanken und ihrem »Sinn«, Untergrundwasser aufzuspüren. Ihr endgültiges Überleben ist nicht durch die Gluthölle der Zentral-Kalahari gefährdet, sondern durch die Bodenschätze der Wüste, die erschlossen werden sollen. Im Süden und Südosten Botswanas ruhen vermutlich Gold, Platin, Magnesium, Nickel, Chrom und Zinn unter dem Wüstensand, in anderen Teilen Kupfer, Blei und Zink sowie Diamanten und Erdöl. Minen benötigen Straßen, und so ist eine Trans-Afrika-Straße geplant, die durch die Zentral-Kalahari führen soll. Das bedeutet »Umsiedelungsaktionen« für die »sanften Menschen« der Wüste, für die es keinen Raum mehr zu geben scheint, weshalb sie sich zu wehren beginnen. Die letzten San sterben leise und von der Welt unbeachtet. Der karge, ihnen verbliebene Lebensraum wurde bereits durch die Zäune gefährdet, die das wild- und wasserreiche Okavango-Delta im Nordosten von der Zentral-Kalahari abgrenzen. Dadurch ist der natürliche Wildwechsel vom während der Dürrezeit staubtrockenen inneren Teil der Wüste in den lebensrettenden Norden unterbunden, und das Wild wird immer weniger. Die Zäune schützen die Rinder der Tswana vor Seuchen, das Rind überlebt wie das Wild in den eingezäunten Wildreservaten zur Freude der Touristen, aber die letzten traditionell lebenden San scheinen dem endgültigen Untergang geweiht. Wie unersetzlich ein derartiger Verlust für unsere Zivilisation wäre, die zwar in den Weltraum vorstößt, von ihrem eigenen Ursprung aber noch sehr wenig weiß, belegen die zigtausend Felsbilder und Gravierungen der Vorfahren der Khoi-San im südlichen Afrika. Ihre geheimnisvolle Botschaft aus den Tiefen der Zeit wird erst seit wenigen Jahren ansatzweise entziffert. Dieses auf der Welt einmalige Zeugnis der spirituellen Wurzeln des »modernen Menschen« vom Ursprung von Kultur und Religion, gilt es erst zu entdecken.

Die Kalahari beginnt nördlich des Oranje-Flusses in Südafrika, erstreckt sich über zwei Drittel des westlichen Botswana, bedeckt mehr als zwei Drittel Namibias und reicht nordwärts durch das südliche Angola über das westliche Zimbabwe und Zambia nach Zaire bis in den Kongo und zum Äquator. Die Kalahari ist schön. Sie ist keine Wüste im eigentlichen Sinn, sondern eine Semi-Wüste. Ihr Herz schlägt glühendheiß in der Zentral-Kalahari in Botswana. Von blauschattigen Bergketten umrahmt, liegt sie wie eine flach in den Sand gedrückte Pfanne da. An ihren Grenzen zu Südafrika und Namibia rollen hohe rote, manchmal auch weiße Sanddünen schier endlos dahin. Während der Regenzeit im Sommer von November bis März spiegelt sich die wogende Erde in Form und Farbe am wolkigen Himmel wider. Wenn es windstill ist und Land und Himmel den Atem anzuhalten scheinen, formen und färben die Dünen die Wolken. Die Erde schreibt dann ihre sandige Botschaft auf zauberhaft rosige Weise in den Himmel. Oft hängen die Wolken so tief, daß sie die Dünen zu berühren scheinen, aber hier zündet niemand mehr Feuer an, deren dichter Rauch sich unter den Wolken staut, wodurch das darunterliegende Land abkühlt, und die regenschwangeren Wolken als lebensrettendes Naß niederkommen können. Und auch die heiligen Regentrommeln sind, von wenigen Ausnahmen abgesehen, verstummt.

Während der Blick in der rollenden Dünenlandschaft nur von Düne zu Düne zu wandern vermag, auf dem ein von der Hitze wie weißgewaschener Himmel wie ein umgestülpter blankgeputzter Kessel nahtlos hockt, kann das Auge andernorts über wogende Grasfelder schweifen, die kein Ende nehmen wollen. Kilometer um Kilometer rollen auch diese Grasebenen dahin, selten nur saftig grün, zumeist rost- oder strohfarben, und bisweilen von niedrigem Dorngebüsch durchsetzt. Oder ein Meer von wilden Akazienwäldern dehnt sich abweisend dornig rund um den Horizont. Wie immer im südlichen Afrika dominiert die Himmelskuppel, strahlendblau oder weiß, oder sturmzornig dunkel. Dann glühen die Farben der Kalahari auf, rot und rost und gelb und orange und blau. Die gewaltige Symphonie der Kalahari erklingt und schwillt zum Paukenschlag. Blitze zerreißen den schwarzen Himmel, und Donner läßt die Erde beben, und – vielleicht – regnet es. Danach wird die Symphonie zum heiteren Scherzo, und die Kalahari tönt in einer lieblichen Weise. Allerorten sprießt es dann grün und hell aus zuvor dürrem Boden, und die Wüste blüht pastellfarbig. Aber dieser heitere Ton der Kalahari wird immer seltener. Die atonalen Klänge herrschen vor. Sonne, Sand und Wind erzeugen schrille Töne, und die Wüste dehnt sich unaufhaltsam aus.

Dann ist da die leere Unendlichkeit der Magkadigadi-Salzpfannen im Nordosten Botswanas, in denen es nichts gibt, gar nichts außer dem knirschend weißen Salzteppich unter den Füßen, kilometer- und kilometerweit, und den Himmel. Hin und wieder wirbeln »Sandteufel« über den heißen Boden, oder eine Luftspiegelung zaubert die Illusion von Land überm Himmel in die scheinbar grenzenlose Weite. Die Sonne scheint hier größer, und wenn sie atemberaubend schnell unter einem wie mit einem Lineal schnurgerade in die Ebene gezeichneten Horizont versinkt, ist es, als ob man alleine in einer vom Menschen noch unberührten Welt wäre, in der nichts existiert außer zu wenig Erde, viel Himmel, und die zum Greifen nahen Gestirne. Dann wird es stiller noch als still, und bald beginnen die Sterne ihre Botschaft zu funkeln, das »tssask« und »tssisk« der ältesten Jäger der Welt, wie die San sie nennen, denen sie alle ihre Kenntnisse verdanken. Nirgendwo scheinen sie heller und nirgendwo näher als in der Wüste.

In den Kubo- oder Sovapfannen zeichnen uralte Baobob- oder Affenbrotbäume einen bizarren Vordergrund in die Unendlichkeit. Diese phantastischen Bäume, die Jahrtausende alt werden können, sehen aus, als ob sie mit den Wurzeln nach oben wüchsen. Nach Sonnenuntergang beginnen sie ein Eigenleben. Gelenkverschwollene Arme recken sich mondwärts, und die Sterne nehmen direkt in den bizarren Kronen Platz. Die konisch himmelwärts ragenden, oft viele Meter umspannenden, eher rosigen Stämme, wirken nun wie dunkle, verhölzerte Riesen, die unlösbar mit der Erde verbunden sind und den sternendichten Himmel direkt berühren.

Die Kalahari ist uralt, vermutlich beinahe so alt wie der Kontinent Afrika selbst. Ihre Geburt, die vor etwa 130 Millionen Jahren erfolgte, wurde durch das Auseinanderbrechen des Riesenkontinentes Gondwanaland eingeleitet, der Neuseeland, Australien, Indien, Madagaskar, Afrika, Südamerika und Antarktika vereinte. An den beinahe hundert Millionen Jahre währenden feurigen Prozeß, der Afrikas Geburt als eigenem Kontinent vorausging, erinnern 140.000 Quadratkilometer Lava, die in Natal, im Südosten Südafrikas, neun Kilometer in die Tiefe reichen! Antarktika mit Australien entfernte sich von Afrikas Südostküsten, Indien und Madagaskar waren bereits nördlich abgewandert, bis Indien seine lange Reise nach Asien begann. Aus der endgültigen festen Umarmung drückte sich das »Dach der Welt«, das Himalaja-Gebirge, empor. Madagaskar verblieb im Schatten Afrikas, bis heute.

Vor ca. 129 Millionen Jahren verließ auch Südamerika langsam den neu entstandenen Kontinent, der damals weiter nördlich als heute und auch anders ausgerichtet lag. Einige Male pochte Afrika bei Europa an und sandte neue Gebirgszüge himmelwärts. Vor 33 Millionen Jahren begann die Vereisung der Antarktika. Der Trennung von Australien und Antarktika, die vor 10 bis 13 Millionen Jahren erfolgte, verdankt die südliche Hemisphäre ihr trotz manchem Auf und Ab noch heute gegenwärtiges Klima.

Afrika erlebte weitere unruhige hundert Millionen Jahre. Vom immensen Druck in den Eingeweiden der Erde kündet Südafrikas Diamantenreichtum. Die Erde ließ sozusagen Dampf ab, geschmolzenes Gestein durchbrach ihre Haut und erstarrte zur berühmten »Kimberley-Leitung«. Vermutlich entstand damals das Rift-Valley-System Ostafrikas, das bis weit in den Süden, bis in die Ecke der Kalahari durchbrach, in der sich heute die Flüsse Zambezi, Chobe und der Okavango befinden, die eine Verlängerung des Rift-Valley-Grabens darstellen. In dieser »Scharniere«, die sich noch heute nach ihren eigenen Gesetzen bewegt, sieht man den Grund, weshalb Flüsse plötzlich beschließen, ihre Richtung zu verändern oder einfach zu verschwinden. Die Kalahari lebt und atmet seit ihrer Geburt, und ihre scheinbar wüste Endgültigkeit ist trügerisch.

Wieder vergingen Millionen von Jahren, die Erde beruhigte sich immer mehr und Afrikas Küsten schliffen sich zur annähernd heutigen Gestalt ab. Während der Millionen Jahre währenden Eiszeiten veränderte sich das Klima weltweit. Die Meeresspiegel hoben und senkten sich, und das Wetter schlug um. Insgesamt viermal versank die nördliche Hemisphäre unter Tonnen von Eis, die das Land unter ihrem Würgegriff umformten. Dazwischen lagen Epochen mit so hohen Temperaturen, daß es im nördlichen Eismeer nur so von Korallen wimmelte, Palmen in Grönland wuchsen, in der Gegend Großbritanniens Leoparden jagten und Flußpferde schnaubten. Doch das Eis kehrte immer wieder, zuletzt vor etwa 30.000 Jahren. Um diese Zeit veränderte sich auch das Klima im Süden Afrikas.

Die Kalahari war nicht immer unfruchtbar. Vor etwa 130.000 bis 40.000 Jahren gab es in ihr ein gut funktionierendes Savannen-Ökosystem mit hohen Regenfällen und niedrigeren Temperaturen als heute. Ein zwischen 60.000 und 80.000 Quadratkilometer großer Super-See bedeckte weite Teile der Kalahari und den größten Teil des heutigen Botswana. Vom Norden bis in den Süden ergoß sich ein mächtiges Stromsystem, das vermutlich die heutigen Flüsse Zambezi, Chobe und Okavango vereinte. Einer Theorie nach verband es den Atlantik vom heutigen Angola aus, wo der Okavango entspringt, mit dem Indischen Ozean, in den der Limpopo mündet. Es reichte bis tief in den Süden zum Oranje im heutigen Südafrika. Das Bett des gewaltigen Hauptstromes, der sich durch den Riesensee und die Zentral-Kalahari südwärts grub, geben Satellitenfotos noch wieder. Dieses Feuchtsystem muß der Kalahari paradiesische Zeiten beschert haben. Wann das war? Es gibt nur Theorien. Vermutlich entstand der Super-See vor etwa zwei Millionen Jahren. Damals erwanderten Vorfahren des heutigen »modernen Menschen«, Homo Erectus genannt, von Afrika aus die Welt.

Heute erinnern nur noch die gigantischen Salzpfannen an das einst wäßrige Paradies, in das sich die Fluten mehrerer Ströme ergossen. Gewaltige Erdbeben setzten dem Feuchtsystem ein jähes Ende. Flüsse verschwanden oder änderten ihren Lauf und ihre Richtung, wie bisweilen noch heute die Arme des Okavango, dessen von Angola angereiste Wasser inmitten des Wüstensandes versickern, nicht ohne den Blick in ein verlorenes Paradies zu erlauben. Wie der Abdruck einer Gigantenhand, die sich in den Sand krallt, spreizen sich die Finger eines der größten Inland-Deltas der Welt in die Wüste. Die Okavango-Swamps und ihr farben- und artenreiches Leben sowohl der Pflanzen- als auch der Tierwelt, von der winzigsten Motte oder dem kleinsten Käfer, über die vielleicht größte Vogelschau der Welt, bis zu Krokodilen, Nilpferden, Elefantenherden und Raubkatzen, muß man gesehen haben. Worte reichen nicht aus, um diese Schönheit zu beschreiben. Hier bilden Licht und Schatten, Wasser, Erde, Himmel und das Leben in seiner unermeßlichen Vielfalt noch eine natürliche Einheit. Bis vor kurzem fügte sich der Mensch hier nahtlos ein. Heute ist auch dieser Rest eines verlorenen Paradieses bedroht. Als ich Maun 1991 zum erstenmal sah, war es eine kleine Stadt mit einem kleinen Flughafen, einer gemischten Bevölkerung und Safari-Unternehmungen, denn von hier aus startet man traditionellerweise in das Delta. Nur drei Jahre später kam ich wieder und traute meinen Augen nicht. Eine große Stadt mit Einkaufszentren und Supermärkten, Banken, und was sonst noch alles dazu gehört, war wie über Nacht aus dem Boden geschossen. Das Zauberwort Tourismus verwandelte Maun, ob zum Vorteil oder zum Nachteil, bleibt jedem, der die Stadt kennt, überlassen zu beurteilen. Zwar wurde das ehrgeizige Projekt der Tswana, die Wasser des Okavango aufzustauen, mittlerweile verhindert, aber das Delta soll »parzelliert« werden.

Wann die Katastrophe geschah, die der Kalahari wieder wüste Zeiten bescherte, vermag niemand zu sagen. Doch existierten noch Reste des einstigen Super-Sees in den heutigen Salzpfannen vor »gut über 50.000 Jahren«. Damals war der See an die 945 Meter tief. Vor 46.000 Jahren senkte sich der Wasserspiegel, um vor 40.000 Jahren wieder sein altes Niveau zu erreichen. Vor 25.000 bis 10.000 Jahren war er immer noch 920 Meter tief. Erst während der letzten 10.000 Jahre trocknete der See endgültig aus. Nur wenn reichlich Regen fällt, füllen sich die Salzpfannen wieder, und die Baobob-Riesen in den Kubo- und Sova-Pfannen werden zu Inselbäumen. Im Okavango-Delta ertrinken dann die Bäume. Doch das geschieht immer seltener. Die Wüste erstickt an sich selbst, sie ver-

durstet, obwohl sich in ihren Tiefen ein schier unermeß-
liches Wasserreservoir zu befinden scheint. Unter den
sandigen Höhen bewegen sich wäßrige Tiefen, bisweilen
drängen Quellen ans Tageslicht, wie in den heiligen
Tsodiolo-Bergen im Nordwesten Botswanas. Diese bestehen aus vier Hügeln, den größten nannten die San den
»männlichen«, über 300 Meter ragt er felsig empor. Die anderen sind »weiblich«, einer heißt »das Kind«. Besonders
die weiblichen Tsodilo-Berge bergen eindrucksvolle Felszeichnungen.

Nördlich des größten weiblichen Berges fällt ein Felsen
jähe 60 Meter tief ab. Hier gab es einst einen kleinen See.
20 Meter oberhalb befindet sich im Fels eine gewölbear-
tige Öffnung, das Gewölbe krümmt sich nach unten fort
bis zu einem kreisrunden Teich, der von einer nie versiegenden Quelle gespeist wird. Woher sie kommt? Niemand
vermag es zu sagen. In der Nähe stößt man in Felsen und
Grotten auf seltsame Steintafeln, die ein vom Menschen
erzeugtes Muster kreisrunder Löcher verschiedener
Größe und Tiefe aufweisen, aber keines ist tiefer als 2
cm. Derartige Steine gibt es auch in Namibia. Dabei handelt es sich »um einzeln stehende oder um zwei aufein-
anderliegende Gesteinsplatten, die mit einem spitz zulau-
fenden Stein angeschlagen werden«. So kann man einen
weithin hörbaren Ton in verschiedenen Höhenlagen erzeugen. In der Nähe findet sich immer ein freier Platz, der
»möglicherweise zum Tanzen benutzt wurde«.[2] Die rätselhaften Steintafeln sind uralte Musikinstrumente! Heute ragen die Tsodilo-Berge tonlos empor. Ab und zu verirrt sich
hierher noch ein aus der Herde ausgestoßener Elefanten-
bulle, der seine einsame Spur in die schmale Sandstraße
stapft, die durch das dichte Buschfeld zu den Swamps
führt. In der Nähe gibt es ein Dorf »zivilisierter« San, in
dem Frauen, Kinder und alte Männer Souvenirs für die
Touristen anfertigen. Die Männer arbeiten irgendwo,

wenn sie Glück haben, als Tracker (Fährtenleser). Alkoholismus und Prostitution, undenkbar in einer traditionellen San-Kultur, machen sich breit. Trotzdem liegt an diesem uralten Platz noch heute greifbar Magie in der Luft, und wer Glück hat, mag, wenn er dem alten Buschmann-Pfad folgt, den Klang im Inneren noch hören, denn irgendwie hat er diese Felsen nicht verlassen.

Die Kalahari ist geheimnisvoll. Rätselhafte geologische Absonderlichkeiten verwirren die Forschung. So gibt es an mehreren Orten unter dem Sand Felsen, die auf den Einfluß des Mondes, auf den Vollmond-Neumond-Zyklus reagieren, wie das Meer bei Ebbe und Flut. Auf dieses in der Welt einmalige Phänomen stieß man erstmals bei der Anlage eines Bohrloches in Remotsa im Osten Botswanas. In solchen Bohrlöchern wird Grundwasser hochgepumpt. Genaue Untersuchungen ergaben das verblüffende: *Nicht* das Wasser, sondern die Felsen werden vom Mond »angezogen«. Die Felsspalten öffnen oder schließen sich und lassen den Grundwasserspiegel entweder steigen, weil das Wasser wegen der geschlossenen Spalten nach oben gepreßt wird, oder, öffnen sich die Felsspalten, fallen. Die Stärke der Gravitationskraft verändert sich je nach den relativen Positionen von Mond und Sonne, und diese Veränderungen entsprechen exakt den Gezeitenbewegungen. Der Mond, so überliefern Legenden der Bantu, ist die Tochter der Mutter Erde. Seine Geburt erfolgte aus der alten Kalahari. Tatsächlich ergaben Untersuchungen der anläßlich der ersten Mondmission 1969 auf die Erde gebrachten Gesteinsproben des Erdtrabanten, daß Erde und Mond aus einem gemeinsamen Körper hervorgegangen waren!

In der »alten Kalahari« lebte die »erste Nation aus Fleisch und Blut«, besagt die esoterische Überlieferung der Bantu. Sie waren die ersten Kinder der Großen Mutter Ma und des »allerheiligsten« Lebensbaumes. Als ursprünglicher Ort, an dem der Lebensbaum einst »sang«, wird das Gebiet der heutigen Okavango-Swamps angegeben. Mit seinem Gesang schenkte er den ersten Menschen Rat, Hilfe und Trost. Gehütet wurde der Lebensbaum von einer »allgegenwärtigen weißen Weiblichkeit«, der Großen Mutter Ma. Der Lebensbaum spielt auch in den Schöpfungsmythen von Ägyptern, Hebräern, Maya und Kelten, sowie bei Schamanen aller Kulturen eine bedeutende Rolle.

Südöstlich des Okavango-Deltas sollen am einstigen Ufer des Super-Sees geheimnisvolle Ruinen liegen. Izak Barnard, der seit über 30 Jahren die Kalahari bereist, sah elipsenförmige Steinkreise und Reste kyklopischer Mauern. Befand sich hier die sagenhafte »verlorene« Stadt der Kalahari, die »Stadt des Mondes«, von der Legenden der San berichten? Auch andere, realere Spuren von Siedlungen, auf die man in der Kalahari stieß, sind rätselhaft. Sie verweisen auf die Domestizierung von Tieren und auf frühe Metallverarbeitung, *bevor* die ersten Bantu-Stämme in das südliche Afrika kamen, und legen den Schluß nahe: »Die Erfindung der Technik ist bislang übersehenen, unbekannten, sogenannten Steinzeitmenschen zuzuschreiben«.[3]

So pulsiert die Kalahari in direktem Rhythmus mit dem Kosmos. Sie ist uralt, sie lebt, ist wunderschön und voller Rätsel. Die Menschen der Wüste nannten ihr »weites Land« Namib – Ka.la.hari bedeutet »Die fremde Frau«.

Indaba – Hört zu!

Nichts ist magischer als die Stimme eines afrikanischen Legendenerzählers, über dessen Gesicht der Flammenschein tanzt, während er uralte, über die Jahrhunderte überlieferte Worte formuliert. Über den Bäumen mag die Mondsichel auf dem Rücken liegen, und vielleicht huscht ein Buschbaby von Baum zu Baum. Das Feuer lodert hell auf und die Funken sprühen, als ob der Zauberstab einer Fee die Sterne vom Himmel holen wollte. Und wenn der Erzähler, bevor er zur Quintessenz seiner Geschichte gelangt, kunstvoll eine Pause einlegt, breitet sich die Stille erwartungsschwer über die Gesichter der Zuhörer. Dann mag ein Wispern und Raunen die Blätter tanzen lassen. Man blickt einander zu und ahnt jenseits der feurigen Lichtinsel eine andere, unsichtbare Zuhörerschar. Der Erzähler beendet seine Geschichte und *alle* sind zufrieden. Später, wenn man seine Matte auf dem festgestampften Dungboden in einer der Rundhütten ausgerollt hat und der lebendigen Stille der afrikanischen Nacht lauscht, kann es geschehen, daß die Worte wiederkehren und sich in Träumen manifestieren. Dichtung als Magie! Und man versteht, weshalb die Große Göttin in ihrer Eigenschaft als Heilerin nicht nur den Ärzten, sondern auch den Dichtern vorstand, den »Schmieden der Lieder«.

Indaba beginnen in Afrika die traditionellen Legendenerzähler, wenn sie sich abends um die Feuer versammeln, »kommt zusammen und hört zu«. Als Malinge, ein Knabe der Wakambi, dem »friedlichen Land im Süden«, das Marimba, die Göttin der Musik und der Tänze regiert, eine Falle erfindet, die zum grausamen Tod eines trächtigen jungen Steinbocks führt, erinnert Marimba den jugendlichen Erfinder an die »sieben heiligen Gesetze« der Wakambi. Malinge tötete nicht aus Hunger, was dem Menschen erlaubt ist, sondern aus »Lust am Erfinden«. Dadurch verletzt er das Gesetz (Tabu), das an den Untergang der »ersten Rasse« erinnert. Marimba verlangt, daß Malinge dem jungen Steinbock das Leben zurückgibt, was natürlich nicht gelingt. Der Mensch kann sich als »Gott« fühlen, weil er Leben *nehmen* kann, aber damit endet seine Göttlichkeit auch schon; Leben zu *geben*, das genommen wurde, ist ihm unmöglich. Malinge muß selbst sterben, um das Gleichgewicht wieder herzustellen. Marimba aber nimmt die tödliche Falle, verändert einiges hier, fügt anderes dort hinzu, und aus dem todbringenden Gerät entsteht das erste Xylophon, das man noch heute die Marimba nennt. Möge derlei, wünsche ich mir, das Schicksal aller Waffen sein.

Auffällig ist in dieser Legende das friedliche Land im Süden, das von einer Göttin regiert wird, die den Menschen sieben Gesetze gab und nicht zehn, wie es später dem hebräischen Mose zugeschrieben wird. Die Sieben war die heilige Zahl der Großen Göttin, die selbst die Neunheit repräsentierte, auf die man, wie Joseph Campbell in »Die Mitte ist überall« aufmerksam macht, überall dort stößt, wo man auf die Spuren der Göttin mit den tausend (verschiedenen) Namen trifft. Die Sprache der Zahlen, die »Numerologie«, ermöglichte es, in eine Region vorzudringen, die normalerweise jenseits der Erkundung liegt, um so die »Logik«, das göttliche *Wort* – logos – in Bereiche der Intuition auszuweiten und Bereiche des Geistes auszuloten, die ansonsten brachliegen müssen. Einstein machte seine Studenten darauf aufmerksam, daß sie ohne dieses Verständnis seine Kosmologie nicht verstehen würden können, und C. G. Jung schrieb, daß nur ein Poet seine Arbeit wirklich nachvollziehen könne.

Nicht nur die westliche Kultur ist dabei, ihre Legenden zu verlieren, die exoterische Hülle esoterischen Weisheitsgutes, auch in Afrika werden die Zusammenkünfte um die Feuer immer seltener. Man sitzt auch hier zunehmend in den die Natur ausschließenden Städten vor Fernsehgeräten, die Gesichter davor sind stumpf, und die Bilder, zumeist von Tod und Gewalt, erzeugen höchstens Alpträume. Werden wir uns von der künstlichen Betäubung unserer Sinne rechtzeitig genug befreien können, um die audiovisuellen Medien als das schätzen zu lernen, was sie sein können, Hilfsmittel und nicht Selbstzweck, Abbilder einer »Wirklichkeit«, welche die Wirklichkeit unwirklich erscheinen lassen? Erleben aus zweiter Hand ist nicht Leben. Es beraubt uns der Möglichkeit, mit unserer Umwelt über unsere Sinne in Resonanz zu sein, in einem ständigen Zwiegespräch zwischen innen und außen, zwischen dem Verstand, den wir Logik nennen, und den ihn unsichtbar dirigierenden, dahinterliegenden, unendlichen Tiefen des Bewußtseins, das die Trennung in Verstand und Gefühl nicht kennt. Wird sich die scheinbar unendliche Geschichte der »ersten Rasse« wiederholen? Wendet sich die Zeitspirale erneut herum und zurück, um uns in eine Zukunft hinein zu katapultieren, die eigentlich unsere Vergangenheit ist? Unsere gegenwärtige, bereits die vierte Welt oder Erde, wie die Mythen berichten, konnte nur aus der Zerstörung der dritten Welt hervorgehen, wie diese aus der zweiten, und die wiederum aus der ersten Welt. Aus welcher Zeit klingen Geschichten wie die von Marimba und Malinge zu uns herüber? Marimba soll bereits der »zweiten Rasse«, den Ba.Ntu, den »Menschen«, angehören. Wieviele Feuer beschienen sie? Die älteste bekannte Feuerstelle des Menschen, auf die man in Südafrika in Swartkrans stieß, ist 1,2 Millionen Jahre alt! Wie entstanden »Legenden« wie diese?

Am Anfang war bosenazelo, das Nichts, die Große Stille. Dann aber geschah etwas Wunderbares. Aus der Stille kam eine Stimme, die Stimme des Großen Geistes, der aus sich selbst geboren wurde, aus dem Nichts. Daß das *Wort* das Leben schuf, und daß Gott, der Namenlose oder der Große Geist, das *Wort* war, ist nicht erst eine Erkenntnis der Hebräer, sondern uralte afrikanische Überlieferung, hier der Nord-Sotho. Dieses *Wort*, die allgegenwärtige weiße Weiblichkeit, weilte anfangs in der Großen Göttin, sagen die Yerouba Westafrikas, es *war* die Große Göttin.

Auch das menschliche Wort formuliert sich, bevor es ausgesprochen wird, in der *Eingebung*, die den Gedanken gebiert, der unsere Worte lenkt und unsere Taten. Die erste gemeinsame Sprache aller Lebewesen war eine Art Traumsprache, die direkt aus den weiten Räumen der Intuition strömte (rechte Gehirnhälfte), bevor die Wahrnehmung der Welt in links (ratio) und rechts geteilt wurde. Enki, der Sohn der Mutter Erde im babylonischen Gilgamesch-Epos, dem ältesten bekannten schriftlichen Zeugnis aus dem dritten Jahrtausend v. Z., ist noch mit den Tieren der Steppe verbunden, deren Sprache er spricht. Auch die San berichteten, daß die »ersten Menschen« die gleiche Sprache wie die Tiere und die Pflanzen sprachen. Sprache ist hier als Schwingung, als Klang, zu verstehen, weshalb die Große Göttin stets die Göttin der Musik und des Tanzes war. Diese »Traumzeit« australischer Aborigines am Anfang aller Dinge wird als eine »absolute Basis des Seins« interpretiert, als ein »fundamentaler, ewiger Fluß, aus dem jegliche Differenzierung hervorgeht«.[4] Mit diesem metaphysischen Urgrund setzten sich Mystiker aller Zeiten und Kulturen, ob sie Schamanen waren, PriesterInnen oder Yogi, in einem veränderten, »mystischen« Bewußtseinszustand in Verbindung. Aus dieser *direkten* Erfahrung des undifferenzierten, ungeteilten *So-Seins*, einer direkten Einsicht in Form einer völlig nicht-intellektuellen Erfahrung der Wirklichkeit, wie sie in derart erweiterten Bewußt-Seins-Zuständen auftritt, und *nur* in diesen, ging jegliche Erkenntnis, jegliche Kultur, und jegliche Religion hervor, weshalb sie denjenigen, die diese uralte »Technik« nicht mehr beherrschen, unverständlich bleiben muß. Schamanen der sogenannten Naturvölker, die Vorläufer der Magoi und Priester, versetzten sich in diesen Zustand, der den Zugang zur »Traumzeit«, zur spirituellen Erkenntnis der Kräfte *hinter* den sichtbaren Dingen bildet, mit Hilfe bestimmter Praktiken, die zu Ritualen wurden.

Die dabei gemachte Erfahrung ist universell gültig, weil Menschen aller Rassen die gleiche physiologische Struktur, dieselbe Gehirnstruktur besitzen, und damit den gleichen fundamentalen Prinzipien unterliegen, dem kosmischen »Tanz« oder Klang der Schöpfung und seiner Melodie, dem *Wort*. Wissenschaftliche Experimente mit bewußtseinsverändernden Drogen bewiesen inzwischen, daß es bei dem außerordentlichen Zustand der »Erleuchtung«, die mit einer geistigen »Ekstase« Hand in Hand erfolgt, gewisse Grundmuster gibt, die zu Symbolen, der Grundstruktur von Sprache, Zahl und Schrift, wurden. Das zentrale Nervensystem, auf das derartige »entopische Muster« wie auf eine Leinwand projiziert werden, wo sie mit dem »inneren Auge«, dem sogenannten »dritten Auge«, wahrgenommen werden können, spiegelt den Evolutionsstand der Menschheit wider. Vor der Evolution sind wir alle gleich und mit denselben geistigen Fähigkeiten ausgestattet, dank denen wir die Involution wahrnehmen können, das *Wort* als gebündelte Schöpfungskraft, deren erkannte Gesetzmäßigkeiten, ursprünglich sieben an der Zahl, später als »Götter« mißverstanden wurden. Je »vernünftiger« die Menschen werden, je zivilisierter, desto mehr entgleitet ihnen diese absolute Basis des Seins, und nur Rituale und Legenden bleiben, die von nun an geglaubt werden müssen.

Diese »absteigenden« Töne, die In-volution des *Wortes*, die sich von ihrem Ausgangston oder Ur-Klang mehr oder weniger entfernt in der Seele verdichten oder manifestieren, bedürfen eines Resonanzkörpers, um widerklingen zu können. Die Seele stellt so etwas wie die Summe »vergangener« seelischer Bewußtseinszustände dar, deren Abfolge wir Zeit nennen. Diese »vergangene« seelische Entwicklung ist dem »Bewußtsein« der jeweiligen Verkörperung un-bewußt geworden, das bedeutet, daß sich die Seele, wie man noch bis vor kurzem den Menschen nannte, der Gesamtheit ihrer Entwicklung, ihres Bewußtseins, was sie am Beginn eines irdischen Zyklus bereits *ist*, erst bewußt werden muß, damit bewußte Höherentwicklung überhaupt möglich ist. Diese ständige Höherentwicklung – Evolution – verstand man als die Antriebskraft allen Lebens. Hierin lag die ursprüngliche Aufgabe der Re-ligion, dem Hilfsmittel des Menschen in einer immer komplizierter werdenden Welt, sich mit dem »reinen Klang«, mit »Gott«, wieder-zu-verbinden, was das Wort (von lat. religare) bedeutet.

Jedem Menschen, ja jeglicher Art von Leben, maß man ein bestimmtes individuelles Klangbild zu, eine persönliche Note, einen besonderen »Song«, und keines gleicht einem anderen. Wie auch unser Planet und alle anderen Himmelskörper mit einem eigenen Seelenmuster ausgestattet sind, schrieb man auch dem Kosmos als Gesamtheit aller seelischen Verwirklichungen ein eigenes Bewußtsein zu. Und *alles* ist in dieser Kosmologie miteinander durch Klangbilder, durch energetische Muster, verbunden, und dieses Gesamtmuster offenbart sich denjenigen, die sich mit diesem vieldimensionalen Bewußtsein jenseits der Begrenzungen unserer dreidimensionalen Welt in Verbindung setzen können, über der wie wir seit Einstein wissen, die vierdimensionale Zeit schwingt. Das ist nur außerhalb des auf unsere dreidimensionale Welt abgestimmten Körpers möglich. Die Eindrücke derartiger »Reisen« finden sich bei den ältesten Felsgravierungen und -zeichnungen der Vorfahren der San abgebildet. Daß sie, von wenigen Ausnahmen abgesehen, Erfahrungen von Schamanen im veränderten Bewußtseinszustand wiedergeben, ist eine Erkenntnis südafrikanischer Wissenschaftler.[5]

Im babylonischen Mythos wird Enki, der den »Feuerschoß« der Frau, die Göttin, »erkennt«, vom Tier zum Menschen, von dem sich das »Wild, das aufwuchs mit ihm in der Steppe«, nun abwendet. Von nun an spricht der Mensch seine eigene Sprache. Das ist die wahre Vertreibung aus dem Paradies, die unsere weitere Entwicklung zum vernünftigen Tier erst ermöglichte. Der Feuerschoß der Frau steht im Zusammenhang mit dem Blut der Göttin, dem Menstruations-Zyklus, und dieser in Wechselwirkung mit dem Zyklus des Zeitmessers Mond. Auf das Sinnbild der Vulva der Göttin als lunare Symbolik stößt man sowohl bei den ältesten Gravierungen der Europäischen Eiszeit, als auch bei Gravierungen der San. Yoni (Vulven) aus Stein wurden im südlichen Afrika stets gemeinsam mit dem Symbol des Männlichen, dem Phallus, gefunden. Die ältesten Symbole waren androgyner Natur, d. h. das Weibliche und das Männliche bildeten noch eine Einheit.

Durch viele Jahrtausende hindurch hüteten Frauen das »heilige Feuer«, das als Quelle der Lebensessenz mit der Vulva der Göttin, dem Mond, in Verbindung gesehen wurde. Das Symbol der sich zyklisch erneuernden Fruchtbarkeit der Göttin war die Schlange, deren Kraft sich in zwei verschiedene Richtungen, weiblich und männlich, positiv und negativ usw. manifestiert, nachdem die »Trennung von Himmel und Erde«, auf die man in allen Mythen stößt, erst einmal vollzogen war. Diese Art von Fruchtbarkeit verstand man als spirituelle Befruchtung. Erst als sich das Männliche, der Phallus, immer mehr in die Symbolik, und dadurch in das »Bewußtsein« der Menschen drängte, begann man, Fruchtbarkeit mit dem männlichen Samen und einer zunehmend nur noch als körperlich verstandenen Befruchtung *der* Frau *durch* den Mann gleichzusetzen. Ohne Kenntnis dieser ursprünglichen Bedeutungen muß der Stellenwert des Mondes in der afrikanischen Kosmologie rätselhaft bleiben. Daß diese lunare Kosmologie nicht nur in Afrika den Ton angab, belegen die Mythen der Völker und die Esoterik aller Religionen.

Das Mysterium des Mondes

Im Mittelpunkt der Frauen-Mysterien stand die Geburt des Lebens *aus* dem Tod, die sich am nächtlichen Sternenhimmel im zyklischen Wandel des Mondes widerspiegelt. Dreifach ist die Erscheinungsform des Mondes als einander gegenüberstehende Sichel-Monde, zunehmend und abnehmend, und als runde Scheibe von Vollmond, hell, und Dunkelmond. *In sich* vereint das zyklische Mondbild am nächtlichen Erscheinungshimmel die beiden in der Natur erkannten fundamentalen Gegensätze oder Gegen-stände. Wie die weibliche Vulva »blutet« der Mond, wenn er voll, spirituell am fruchtbarsten ist, um 15 Tage später (dem Zeitpunkt des Höhepunktes der körperlichen Empfängnisfähigkeit der Frau) als Dunkelmond (Neumond) für drei Tage in der »Unterwelt« zu verschwinden. Danach wird er als »Kind«, als junge Sichel, wiedergeboren. Später übernahm die Sonne als Symbol die Funktion des Dunkelmondes (Tag), um schließlich in vollkommener Umkehrung der ursprünglichen symbolischen Bedeutung das Sinnbild des Spiritualität schenkenden hellen Vollmondes abzulösen. Auf der solaren »Himmelsleiter« mit ihren 12 Sprossen stehen einander Sonne und Vollmond unversöhnlich gegenüber, wodurch die Verschmelzung und damit die Auflösung der Gegensätze, die nun nicht mehr in einem, sondern in zwei voneinander unabhängigen Himmelskörpern, versinnbildlicht wurden, ein Ding der Unmöglichkeit wird. Diese neue Kosmologie der »Väter« stand im Widerspruch zu den alten Mythen, die man übernommen hatte, weshalb die von den Griechen in ein solares Gottes- und ein geozentrisches Weltbild geteilte Kosmologie »unwissenschaftlich« wurde, abgesehen von den vielen Mißverständnissen, zu denen es bei der Interpretation der älteren Mythen kam, wodurch eine heillose Verwirrung entstand.

Wie stimmig die ältere lunare Kosmologie war, zeigt sich daran, daß es Neumond ist, Dunkelmond, wenn sich der Mond in seiner erdnächsten Position zwischen Erde und Sonne befindet, und Vollmond, wenn der Mond am weitesten entfernt und außerhalb der Erdbahn um die Sonne steht. Bei Dunkelmond verstärkt sich die Anziehungskraft des Erdtrabanten durch seine Erd- und Sonnennähe dramatisch, es kommt zu einem Anstieg des Erdmagnetismus, bei Vollmond verringert sich die erdmagnetische Kraft. Bei Neumond »empfängt« die Erde wie die Frau während ihrer fruchtbarsten Phase, weshalb Fruchtbarkeitsrituale stets zu Neumond stattfanden, wenn sich die »Poren der Erde« öffnen, bei Vollmond »sendet« sie über den Mond Energie in den Kosmos. Der Zyklus von Vollmond zu Vollmond dauert 28 Tage, das ist auch die Zeitspanne des Menstruations-Zyklus der »Mütter«. Daraus entstand der erste Kalender der Welt, 13 Monate zu je 28 Tagen und 4x7 Tagen pro Woche (364 + 1 Resttag). Nach Credo Mutwa war das der Kalender während der Steinzeiten in Afrika. Es war auch der sakrale, weil »zu den Sternen gehörende«, siderische Kalender der semitischen Zentralgottheit Mond und der heilige Kalender irischer Druiden. In ihm stand nicht die Sonne im Zentrum, sondern ein beliebiger Stern, dessen Aufgangspunkt man während der Nacht anhand eines Fixierpunktes, einer Bergspitze oder eines Baumes oder Steines, vermessen konnte. Die Dreizahl für die dreifache Erscheinungsform des zyklischen Zeitmessers Mond, und dessen dreitägigem Aufenthalt in der »Unterwelt«, dem Tod, wurde zum universellen Symbol für Tod und Wiederauferstehung. Sterne dienten als »Anzeiger« des »männlichen« Tages und der »weiblichen« Nacht, wie kommende Ereignisse noch heute in unserem Sprachgebrauch ihren »Schatten« vorauswerfen. So galt etwa die Erscheinung der Konstellation Jungfrau und Sirius, dem »östlichen Stern«, als traditionelles Zeichen des sich ankündigenden Morgen-Grauens, weshalb sich die frühen Griechen »graikoi« nannten, Anbeter der Grauen Göttin, die den Tag, die Sonne, ankündigt. Der Mythos von der Geburt der »neuen Sonne«, Christus, aus einer Jungfrau, und die Voraussage dieser Geburt unter einem Stern, ist in diesem Licht zu verstehen. Exoterisch wurde daraus die leibliche Geburt eines Kindes, das von keinem Mann gezeugt worden war. Tritt die Sonne in das Fische-Zeichen ein, steht ihr der volle Mond im Zeichen Jungfrau gegenüber! Und der Esels-Stall bezieht sich auf den »langohrigen« Seth, auf eine Konstellation im Orion zu Sirius, den die »Jungfrau« Hathor-Isis in Ägypten zwischen ihren Sicheln trug.

Ursprünglich symbolisierte man die Göttin durch die Vulva und das *aus* ihr geborene Männliche – die Parthogenese der Ur-Mythen, durch Stab, Rohr, Phallus, und später das Schwert. Das sie Verbindende ist das Blut, in dem der nephesch wohnt, die Seele oder der Atem Gottes, wie es die Hebräer überliefern. Das Universell-Männliche assoziierte man mit dem körperlichen und sterblichen Leben, symbolisiert durch Dunkelmond-Sonne-Tag, das Universell-Weibliche mit spiritueller Wiedergeburt und der Beseelung des Lebens – Vollmond-Nacht. Die »Weiße Göttin« verkörperte die Transzendenz, die aus der Nacht strömt, aus dem Kosmos, ihr Sinnbild war der volle Mond, dessen helle Seite auf die Sonne »zielt«, während seine, der Erde immer abgewandte Seite, auf einen Stern deutet. Ursprünglich war der Heros sterblich wie die Sonne, das Leben, der Tag, und die Göttin als Himmelskönigin unsterblich. Bis der Heros den transzendenten Aspekt der Göttin übernahm und zum hierosgamos, zum Schamanen und Priester wurde. Im patriarchalischen Mythos der Yerouba symbolisiert Odu den transzendenten Aspekt und *Sie* ist nun die Große Dunkle Göttin, die von nun an nur noch mit der Erde, und in Umkehrung der ursprüglichen Bedeutung, mit dem sterblichen Leben gleichgesetzt, und zur reinen Erdgöttin wird. Während der zyklische Mondlauf und -wandel die ganzheitlichen Zusammenhänge zwischen Erde, Mond, Sonne, Planeten, ja Fixsternen, klar sichtbar in den nächtlichen Himmel schreibt, »verdunkelt« die Transzendenz der Sonne die Gesetzmäßigkeiten der Schöpfungskräfte, der »Götter«. Es gab nichts mehr abzu-bilden, und die Götter gingen in den Untergrund.

Im Mythos der Bantu erfolgt die Geburt des Mondes als Folge des Kampfes zwischen der Göttin und dem »Ungeheuer«, dem Lebensbaum. Vor dieser Geburt war die Erde unfruchtbar, und Leben, wie wir es kennen, gab es noch nicht. Dieses entstand durch diese »allererste Hochzeit« zwischen der Göttin Ma und dem Lebensbaum. Auch im Mythos der Navajo-Indianer beginnt das menschliche Leben erst mit der Verbindung von »Sonne und Sich wandelnde Frau«, dem Mond als Sinnbild für die spirituelle Fruchtbarkeit. Zuvor gab es »Ersten Mann und Erste Frau«, wodurch das »Geschlecht der Ungeheuer« gezeugt wurde.

Diese »Heilige Hochzeit« zwischen Ma und dem Lebensbaum versinnbildlicht die nötige Balance zwischen Feuer und Eis, die paradoxerweise nur aus deren ständigem Kampf oder Widerspruch hervorgehen kann (Bantu). In der Sprache unserer Tage ist das der nötige Widerspruch zwischen Materie und der Anti-Materie, aber auch zwischen dem Christusgeist und dem Anti-Christusgeist, deren Gegensätzlichkeit in dieser Kosmologie unerläßlich für das materialisierte Leben sind, d. h. ohne sie würde es kein Leben und somit uns nicht geben. Nur durch die Verschmelzung in der »Heiligen Hochzeit« sind diese Gegensätze auf spiritueller Ebene kampflos aufhebbar. Eines der ältesten Symbole für diese Heilige Hochzeit ist das Zeichen Y, in dem noch deutlich die Verschmelzung zwischen Vulva und Phallus erkennbar ist. Der dazugehörende Laut i, in China »Wandlung« (I), findet sich auch bei der noch unentzifferten Kretischen Linear-Schrift als graphisches Symbol Y, das der allerheiligsten Rune der Kelten, Awen, gleicht. Die Darstellung auf einer Minoischen Vase wurde entweder als Heugabel oder – aus dem Bewußtsein unseres eigenen kriegerischen Selbstverständnisses heraus – als Waffe interpretiert, die eine Marschkolonne von Soldaten, die wohl Schnitter waren, tragen. Die Große Göttin war nicht nur immer die Mondgöttin, sondern auch die Gerstengöttin. I, Wandlung, symbolisierte im alten China nicht wie heute die Sonne, sondern den Vollmond, der, wie Frank Fiedeler in »Die Monde des I-Ging« aufmerksam macht, ursprünglich an erster Stelle Dunkelmond/Sonne gegenüberstand. Die Welt war zwar bereits in weiblich und männlich, in hell und in dunkel geteilt, aber noch stand die Verschmelzung der Gegensätze von *jeweils* hell und dunkel, Vollmond / Dunkelmond und Dunkelmond (Neumond) / Sonne im Mittelpunkt der Kosmologie, und damit im Mittelpunkt des Bewußtseins der Menschen.

Abgesehen vom esoterischen Gehalt der Beschreibung des der Vereinigung der beiden Ur-Kräfte Ma und dem Lebensbaum vorausgehenden Kampfes zwischen beiden (was sich auf die Trennung von Himmel und Erde und auf deren darauf wieder erfolgende Vereinigung dank des Mysteriums der Großen Göttin (Mond) bezieht), scheint die Legende auch von dem feurigen Prozeß zu berichten, welcher der Geburt der Erde in ihrer heutigen Landform vorausging. Der Lebensbaum schaufelt aus Zorn, weil die Göttin vor ihm geflohen war, einen »riesigen Ball aus Felsen und Erde und Sand« aus dem Makarikari-See in der Kalahari heraus, um ihn der »bis zu den Sternen« geflohenen Göttin nachzuschleudern. Der Ball trifft die Göttin an ihrem »silbernen« Kopf, bewußtlos stürzt sie durch den

Raum und in die Arme des Lebensbaumes, der sie von nun an für immer festhält, damit sie nie mehr ins Weltall entfliehen kann. Der »Ball« gerät in die Umlaufbahn der Erde und wird zum Mond, dem Hüter der menschlichen Fruchtbarkeit, dem zu Ehren noch heute in den dunkelsten Wäldern Afrikas geheime Rituale vollzogen werden (Credo Mutwa).

Womit, mit welcher Kraft, hält der Lebensbaum von nun an die Göttin fest? Es ist die Schwerkraft, die der Fliehkraft unseres Planeten entgegenwirkt, wodurch erst eine Atmosphäre und Leben auf der Erde möglich wurde, wie wir es kennen. Dank der Gravitationskraft der Sonne bleibt die Erde in ihrer Bahn, aber die des Mondes ist seiner größeren Nähe wegen um mehr als das Doppelte so stark als die der weitentfernten Sonne. Einer Theorie nach soll der heutige Mond aus dem Pazifik herausgeschleudert worden sein, und man ist an den einstigen Großkontinent Gondwanaland erinnert und an das sagenhafte »weiße Mu«, dessen letzter Rest Lemurien war, ein Archipel, der das südliche Afrika, Madagaskar und Vorderindien über eine Inselgruppe noch miteinander verband. Daß man den Lebensbaum in Afrika graphisch mit Tentakeln aus Wasserläufen, Erz- und Mineraliendepots darstellt, verweist auf den erkannten Zusammenhang zwischen den tellurischen, geomagnetischen Kräften, dem »Blutkreislauf« der Erde, zum geodätischen »Netz« am Himmel, und dem zwischen Mond und Erde befindlichen »Strahlungsgürtel« der Erde. Denn die »Zweige« des Lebensbaumes reichen bis zu den vier »Himmelsspitzen«, während seine Wurzeln im eisenkristallinen Kern der Erde verankert sind. Einen derartigen Zusammenhang ist die moderne Forschung erst ansatzweise dabei wiederherzustellen, und der Hinweis auf die Tiefe des Wissens, das sich in derart alten Legenden als Zeugnis von vor langer Zeit aufgrund nicht-intellektueller Erkenntnis gewonnenem Weisheitsgut erhielt, ist nicht zu übersehen.

Man brachte die Entstehung des Lebens auf der Erde als Wechselwirkung zwischen den kosmischen Kräften und dem Mond als eine Art verteilendem »Gefäß« in Verbindung, der zugleich Zeitmesser, Fruchtbarkeitsregulator und Seelen-Magnet ist. Der Mond galt als die Vulva der Erde, und die lunare Symbolik, die der Erdtrabant während seines zyklischen Wandels klar sichtbar in den nächtlichen Himmel schreibt, wurde zum Ur-Bild der Sprache, zur Basis der Kalender, von Zahl- und Schriftzeichen, wodurch unsere weitere rationale Entwicklung erst möglich wurde. Irdischerseits spiegelten die Vulva der Frau oder Göttin und ihr Blut die lebenspendende Kraft wider, die mit dem »Blut der Erde«, wie man noch heute in Afrika Eisen nennt, unlösbar verbunden ist.

Das Blut der Erde, der Diebstahl des Feuers und der Raub der sakralen Instrumente

In Afrika gibt es einen Vogel, den man »Lightning Bird« nennt, den Vogel der Blitze. An die fünfzig Zentimeter hoch, von unauffälliger brauner Farbe, steht er zumeist unbeweglich an subtropischen Gewässern, wo er sein eigenes Spiegelbild anzustarren scheint. Der Hammerkopf gilt als »Regenmacher«. Hinter dieser mystischen Angabe verbirgt sich wie immer ein realer Bezug, denn der Hammerkopf fliegt dann in die Berge, um sein Nest zu bauen, wenn das Sternbild der Plejaden im Osten vor der Sonne aufgeht. Er ist der Vorbote der Gewitter, der Regenzeit. Regen und moya, »spirit«, lassen einander in Afrika nicht trennen.

Im Verlauf vieler Generationen erscheint der Hammerkopf im Körperkleid eines Menschen. Als Adrian Bosher, den die Nord-Sotho Rradinoga, »Vater der Schlangen«, nannten, 1978 im Indischen Ozean ums Leben kam, soll ein solcher Vogel seine Flügel ausgebreitet haben und an seinen mythischen Geburtsort zurückgekehrt sein, in die Tiefen der See. Am nächsten Tag, erzählt man, zog vom Südosten her eine gewaltige Gewitterfront auf die heiligen Berge im Magkapeng im Nordwest-Transvaal Südafrikas zu. Blitze zuckten, der Donner rollte, und dann fiel Regen. Rradinoga war heimgekehrt. Er hatte moya.

Hört man den Wind durch das urtümliche rote Gestein im Magkapeng, heute die Waterberge, seufzen, zweifelt man nicht an solchen Geschichten. Und schon ist man dem Zauber Afrikas verfallen. Hier ist es kein Zufall, daß man nach drei mal sieben Jahren wiederkehrt, daß man denselben Priester wie Rradinoga trifft, durch das gleiche Ritual wie er geht, und einen ähnlichen Traum träumt. Und so stand auch ich eines Tages auf dem heiligen Boden im Magkapeng, einem uralten Begräbnisplatz. Noch heute kann man eines der Symbole, die sich hier in geheimen Felskammern finden, ein stilisiertes, von einem feinen Strahlenkranz umgebenes Gesicht, auf den Mauern so manchen dörflichen Sotho-Hauses sehen. Es ist das Symbol für Geburt und Leben schlechthin, das Symbol der Großen Mutter bzw. ihrer ältesten »Priesterin«, der Hebamme. Wie flüssige Bronze tropft hier die Sonne vom Himmel, der sich mit der terrakottafarbenen Erde vereint, als ob Himmel und Erde nie voneinander getrennt worden wären. Afrikas Erde übt eine magische Anziehungskraft aus, vielleicht weil sich tief in den verborgenen Schichten unseres Seins eine Erinnerung an den Weg verbirgt, den wir am Anfang unserer Geschichte auf solcher Erde zu gehen begannen. Ihre rote Farbe verdankt Afrikas Erde dem »Blut« der Erde, reichlichem Eisenvorkommen in Form von Eisenocker. Unerläßlicher Bestandteil bei Regenritualen ist auch heute noch der Hämatit oder Blutstein.

Am Anfang allen Ursprungs war eine Frau, erzählten auch die San. An *Sie* gibt es kaum noch eine Erinnerung, zu vollkommen war die Verdrängung der Großen Göttin aus dem Bewußtsein der Menschen durch die Kulturen der Väter. Bei den Bantu ist ihr Name Ma. Im Sumerischen ist Ma eine Abkürzung von Ama, »Mutter«, und bedeutet, »etwas das zu einem Ende kommt und wieder von neuem beginnt«,[6] einen Zyklus also. Dabei handelt es sich um den Jahreszeiten-Zyklus der Erde, den ihr Begleiter Mond auf seinem, zu den Sternen gehörenden Weg in den Himmel schreibt, indem er auf seinem Jahresgang als Vollmond bestimmte, zu Sinnbildern zusammengefaßte Sternenkonstellationen durchwandert. Die Sonne befindet sich dann im jeweils gegenüberliegenden Stern-Bild. Dieser Jahreszeiten-Zyklus ist das Symbol der Schlange, die sich in den eigenen Schwanz beißt wie das Jahr, dessen Ende und Anfang in einem kosmischen Zeit-Punkt liegen. Denn Zeit war für die alten Kulturen nichts, das sich linear messen ließ, sondern nur in Zyklen, deren Auswirkungen auf Natur und Mensch man beobachtete und in Symbole faßte. Man verstand das Phänomen Zeit als etwas, das seine eigene Dynamik besitzt, als Qualität und nicht als Quantität, als Ursache und Wirkung in einem, und nicht als abstraktes, totes Ding. Dem traditionellen Afrikaner, der weiß, daß das »Zentrum der Zeit« die Gegenwart ist, die Schnittstelle zwischen Vergangenheit und Zukunft, mußte die Hektik der Europäer, die stets hinter der Zeit herjagen, weshalb sie ihnen ständig davonläuft, geradezu grotesk erschienen sein, wie so viele andere unserer Verhaltensweisen auch. *Wir* halten sie für die richtigen, weil es die unseren sind, weil *unser* Bewußtseinszustand unser Verhalten prägt, und weil uns eine nur auszugsweise Sichtweise der Welt dazu verleitet, von diesem begrenzten Blickwinkel aus auf den Rest der Welt zu schließen, ohne daß wir erkennen können, daß das unzulänglich und im Grunde genommen für die anderen Erdenbewohner unzumutbar ist. Daß die Zeit ihre eigene Dynamik besitzt, die über unserer nur dreidimensional wahrnehmbaren »Wirklichkeit« schwingt, ist mittlerweile auch eine Erkenntnis der modernen Physik. Deren Begriff »Raumzeit« versinnbildlicht das Symbol der sich in den Schwanz beißenden Schlange. Wo Kopf und Schwanz innerhalb des »Flusses der Zeit« zusammentreffen, liegt das »Zentrum der Zeit«, der uns so flüchtig erscheinende gegenwärtige Punkt, der jedoch zugleich die Gesamtheit in sich einschließt.

Ma begegnet man auch im Namen der ältesten Gottheit der Basken, deren Ursprung ungeklärt ist. Maya oder Mari – »Geist«, wird von der Großschlange begleitet, und ihren Kopf krönt der Mond. Diese Großschlange, auf die man auch im Schöpfungsmythos der Ägypter und Hebräer und im Schamanentum stößt, ist das Sinnbild der Erde und Himmel verbindenden Kraft, der »Zeit«. Auf die Art dieser Kraft gibt die altägyptische Hieroglyphe Ta Mari Aufschluß, in deren von R. A. Schwaller de Lubicz übersetzten Text die »Heiligkeit der Erde« als »Magnet des Himmels« oder »Anziehung göttlicher Energie« beschrieben wird. Bei den Bantu symbolisiert das »Schlangenungeheuer« vieler Mythen das bereits patriarchalische Symbol Lebensbaum. Anfänglich sind Schlange (Ma) und Lebensbaum noch miteinander vereint. Während *Sie* ursprünglich den Lebensbaum in der alten Kalahari hütet bzw. in sich selbst enthält, wird sie im patriarchalischen Mythos *vom* Lebensbaum festgehalten.

Maya ist auch ein Schlüsselwort in der Hindu-Philosophie, das ursprünglich »Ursprung der Welt« bedeutete, in Sanskrit verwandt mit »groß« und »Maß«, »Geist«, »Magie« und »Mutter«, weshalb *Sie* auch die Mutter Buddhas ist.

Auch im bereits patriarchalischen, indoeuropäischen Rig Veda ist die magisch-schöpferische Kraft von Brahma, dem Großen Geist oder Großen Atem, Maya genannt, »Macht« oder »Kraft«, »Geist«, »spirit« – moya bei den Bantu!

Die Große Mutter Ma der Bantu symbolisiert ein Wesen, dessen sich der Große Geist bediente, der das Universum aus Gründen, »die niemand sich anmaßen sollte zu verstehen«, geschaffen hatte. Gott ist hier weder Vater noch Mutter, sondern reine Energie, und Ma entspricht der ersten Schöpfungskraft am Anfang aller Dinge.

Nachdem Ma die Sterne, die Sonne und die Erde erschaffen hatte, ruhte sie sich auf dem »Berg aus Eisen« aus, dem »Blutberg«, Taba-Izimbi, um die weiteren Anweisungen des Großen Geistes abzuwarten. Sie sehnte sich nach einem Gefährten, und so kreiert der Große Geist den Baum des Lebens, die ursprünglich in der Großen Göttin selbst enthaltene und durch Teilung hervorgegangene zweite Schöpfungskraft. Aus der Vereinigung dieser beiden Ur-Kräfte wird das Leben geboren. Daß Ma auf dem »Eisenberg« ruhte, ist kein Zufall, ebensowenig daß der Name des ersten Menschen in der Bibel, Adam, vom akkadischen Wort adamatu abstammt, das eine »bestimmte dunkelrote Erde« bedeutet. Das hebräische Wort adama und die Bezeichnung für rote Farbe, adom, leiten sich von den akkadischen Wörtern adamu und dam ab, die Blut bedeuten. Dam-Kina ist der babylonische Name für die Große Mutter, an hieß in Sumer »Himmel« und ki »Erde«, das sie miteinander Verbindende ist das »Blut«, dam. Die Keltische Eichengöttin Dione, die von einem Eichengott verdrängt wurde, gibt einen Hinweis auf die Heiligkeit des Blutes der »Mütter«. Vor Eichen, dem heiligsten Baum der Druiden oder »Eichenseher«, was der Name bedeutet, sollst du weichen. Eichen ziehen den Blitz an, elektromagnetische Entladungen.

Das »Blut der Erde«, Eisen, das »Blut des Mondes« und das Menstruationsblut der Frau stehen im Mythos in ursächlichem Zusammenhang. Eisenocker spielte nicht nur bei den prähistorischen Begräbnissen der Vorfahren des »modernen Menschen« eine bedeutende Rolle, wohl auch bei den Ritualen der Lebenden, wie in Afrika noch heute. Dr. Roger Baker entdeckte, daß der rituell aufgetragene Eisenocker das Eisen im Blut und darüber hinaus einen »magnetischen Sinn« aktiviert, den er bei Aborigines noch orten konnte. Dabei handelt es sich um »magnetische Zellen« hinter der Nasenscheidewand, die mit der Zirbeldrüse im Zentrum der »drei Gehirne« des Menschen in Verbindung stehen, welche die Evolution zum heutigen »modernen Menschen« widerspiegeln.

Die Zirbeldrüse orientiert sich an Magnetfeldern, sie schüttet Enzyme und Hormone aus, die unsere Gefühle steuern! Diese Zirbeldrüse entspricht dem geheimnisvollen »Dritten Auge«. Beim modernen Menschen ist der »sechste Sinn« verschüttet. Berücksichtigt man, daß Rituale zu bestimmten Konstellationen, etwa zu Neumond, stattfanden, wenn sich die »Poren« der Erde öffnen, die Austritte ihrer tellurischen Kraft, wird die Wechselwirkung deutlich, die man dem Blut des Menschen, dem »Blut der Erde«, und dem »Blut des Mondes« als *Kraft* zumaß.

Zwischen dem gemeinhin seinen »göttlichen« magnetischen Sinn nicht mehr aktivierenden Menschen und den »Göttern« vermitteln nach afrikanischer Geheimlehre die Kräfte der Natur und des Kosmos. Weil die fundamentalen Schöpfungskräfte, die »Götter«, die alleine direkt mit dem Großen Geist in Verbindung stehen, für den Menschen unerreichbar sind, kann Kontakt nur über die Ahnen hergestellt werden. Das ist jedoch nur jenen möglich, welche die »Sprache der Ahnen« beherrschen, Sangomas oder witch-doctors, wie die Europäer die Schamanen Afrikas nannten, die den »magnetischen Sinn« zu aktivieren verstehen.

Man verstand den Menschen als Teil der Natur, die mit den kosmischen Kräften, den »Göttern«, in wechselseitiger Beziehung steht. Daraus ging der Animatismus hervor, die bei Naturvölkern vorherrschende Überzeugung, daß *alle* Dinge ihrer Umwelt beseelt sind, und der Animismus, der »Seelenglaube primitiver Völker«. Daß dieser »Glaube« so primitiv nicht ist, sind wir erst dabei zu entdecken. Auch die moderne Physik ist zunehmend davon überzeugt, daß alle Gegenstände, lebende und auch »tote« Materie, »beseelt« sind, d. h. energetischen Gesetzen unterliegen. Mehr und mehr Astrophysiker oder Quantenphysiker sprechen heute wieder von Gott als »Seele des Universums«. Daß die Dinge der Umwelt in animistischen Religionen dadurch »willkürlich wirkende, der Beschwörung zugängliche Mächte« enthalten, ist die verständnislose Interpretation einer auf reinen Rationalismus ausgerichteten Religionswissenschaft, die ihrem Wesen nach den Kern der Botschaft nicht erfassen *kann*, weil er von metaphysischer Art ist. Daß *nichts* in Natur und Kosmos »willkürlich« wirkt, sondern daß *alles* ineinander verwobenen, zyklischen Gesetzmäßigkeiten und Mustern unterliegt, in *die* der in dieses Mysterium eingeweihte Mensch magisch, also verändernd eingreifen kann, ist zumindest im ersten Teil der Aussage nicht nur die Erkenntnis der modernen Physik oder der jungen Wissenschaft vom Chaos, sondern war eine Erkenntnis dieser »primitiven« Völker, die von deren Ahnen bereits vor Jahrtausenden gewonnen wurde. Dabei war kein »Glaube« im Spiel, sondern gelebte, erfahrene Überzeugung, weil sich diese »inneren« Erkenntnisse mit einer genauen Beobachtung von Natur und Kosmos verband. Das Wechselspiel zwischen inneren und äußeren Gesetzmäßigkeiten wurde

symbolisiert und zum »Gesetz«, zum *Wort*, der Glaubensgrundlage der Religionen.

Naturvölker sind davon überzeugt, daß die »Dynamik
der Natur« auf die Vereinigung von drei Ebenen zurückzuführen ist, auf die der potentiellen Energie der noch Ungeborenen, die der Lebenden und die der Toten, der Ahnen. Diese Vereinigung wird durch die Verschmelzung
zwischen »männlichen« und »weiblichen« Energien ermög-
licht. Frauen, das Universell-Weibliche, repräsentieren die
»Kraft des Lebens«, die Kraft, Leben *zu geben*, die sie
ihrem Menstruations-Zyklus verdanken. Diese weiblichen
Kräfte werden als die »herausragende Qualität in der
natürlichen Welt der Lebenden und der Sterbenden« verstanden.[7] Noch heute gehören in Afrika die Initiations-
rituale junger, erstmals blutender Frauen, wie sie auch im
vorhellenischen Griechenland und bei den Kelten bekannt waren, zu den wichtigsten und geheimnisvollsten
Ritualen. Die zukünftigen Frauen lernen mit ihrer spirituellen Kraft umzugehen, die zur Zeit ihrer Blutung am
stärksten wirksam wird. Hierin liegt die Ursache für die
Tabuisierung der Menstruation durch die »Väter«. Das
ursprünglich »heilige Blut« der Frau wurde dämonisiert
und die Frau »unrein«. Auf den »Ruhetag« des »blutenden«
Mondes, wenn er voll ist, geht nach Esther Harding der jüdische Sabbat zurück, der später zum christlichen Son-
nentag, zum Sonntag wurde. Besonders eindrucksvoll ist
der Python-Tanz der Venda, eines rätselhaften Bantu-
Volkes im Nordost-Transvaal Südafrikas. Die jungen
Frauen, die an der ursprünglich neun Monate währenden
Domba-Schule teilnehmen, tanzen den Tanz der
Großschlange, die man in Ägypten auch Typhon nannte.
Dieser Tanz hat weit mehr zu bieten als nur fast nackte,
rotglänzende Mädchenleiber, die sich schlangenartig vor-
wärtsbewegen. Angeführt wird der Tanz von der Pytho-
ness, der Hohepriesterin. Auch die Neunzahl verweist

darauf, daß es sich hier um das Relikt eines uralten matriarchalischen Rituals handelt, bei dem auch die »männliche« Seite der Göttin, ihre Transzendenz, berücksichtigt wird, und damit die eigene »männliche« Seite der Initianden. Der Python-Tanz bildet den Abschluß der Domba-Schule, an der traditionellerweise 50 Mädchen teilnahmen.[8]

Das Universell-Männliche repräsentierte bei »Aborigines« die »Kraft des Todes«, die Kraft, *Leben zu nehmen*, die für den Übergang zwischen den noch Ungeborenen und den Lebenden bedeutsam ist, auch beim Übergang zwischen den Lebenden als Sterbende und der Welt der Ahnen, der Toten. Die »Heilige Hochzeit«, die Verschmelzung zwischen dem Universell-Weiblichen und dem Universell-Männlichen, spielte in dieser uralten Kosmologie deshalb eine bedeutende Rolle, weil sie den Fluß der Energien von den Ungeborenen, Lebenden, Sterbenden, zu den Toten, den Ahnen, garantiert. Das ist eine spirituelle oder energetische Verbindung, die im Grunde genommen den *umgekehrten* Schöpfungsvorgang darstellt, auf dem alles Leben beruht. Als ihrem irdischen Spiegelbild kam dabei der »sexuellen Energie« die bedeutende Rolle zu, die im Jahreszeiten-Zyklus der Erde in Form von orgiastischen Ritualen oder »Gruppenhochzeiten« freigesetzt wurde. Die Männer der Naturvölker lernten in Initiationsritualen ihre ureigene Beziehung zum Tod und der damit verbundenen Kraft, Leben zu nehmen, mit den lebenserhaltenden Qualitäten des Weiblichen auszubalancieren. Wie es Robert Lawlor in seiner Studie zur Spiritualität australischer Aborigines ausdrückte, werden Frauen von der Natur geboren, Männer durch die Kultur gemacht, weshalb sich der Mann im Ritual mit der Kraft der Natur, mit seiner eigenen »Weiblichkeit«, Jungs anima, aussöhnen muß. Deshalb stehen scheinbar die Männerrituale im Vordergrund, auch bei den San. Während sich die Männer in Ekstase tanzen, geben die um sie herumsitzenden Frauen durch Klatschen und Gesänge den Ton an, ihre »weibliche« Spiritualität muß nicht geweckt werden, sie *sind* diese Spiritualität. Als mehr und mehr Krieger gefragt waren, *unterdrückte* man diese lebenserhaltende »Weiblichkeit« im Ritual und *förderte* den ureigenen Drang der künftigen Krieger zum Töten. Dennoch gab es im traditionellen Afrika immer noch ein ausgleichendes Gegengewicht. So ist von den Zulu bekannt, daß sich jeder Krieger nach dem Kampf mit so vielen Frauen vereinigen mußte, als der Krieger im Kampf getötet hatte. Jedes genommene Leben mußte ausgleichend »zurückgegeben« werden. Vermutlich gingen daraus die Gruppenhochzeiten hervor, denen ursprünglich eine kollektiv-reinigende Funktion zukam.

Mit der einseitigen Verdrängung des Universell-Weiblichen durch das Universell-Männliche geriet die »Dynamik der Natur« aus der Balance, warnen Aborigines, die auch darauf hinweisen, daß dadurch die »Seele der Erde« mit toten Seelen im gleichen Ausmaß gesättigt sei, als die Atmosphäre der Erde verschmutzt ist. Anfangs stellten die Schamanen der Stämme oder Völker stellvertretend für ihre Gemeinschaft diese Balance wieder her, indem sie die »Kollektivschuld« ihrer Gemeinde auf sich nahmen, sie wurden zum »Sündenbock«. Zur tatsächlichen Opferung des »schwarzen Mannes« kam es jedoch erst, als Schamanen zum hierosgamos, zum »Gemahl« der Erdmutter, wurden. Menschenopfer, die später durch Tieropfer ersetzt wurden, woran noch das christliche Opferlamm rinnert, sind stets ein Kennzeichen von Männerbünden, schreibt Mirca Elliade in »Schmiede und Alchemisten«. Und für Alexander Marshack ist das Menschenopfer das Kennzeichen degenerierter Sonnenanbeter. Die spirituelle Bedeutung des »Blutes« der »Mütter« war in Vergessenheit geraten, auch besaßen die Heroen oder Schamanen kein eigenes Blut, so daß von nun an fremdes Blut oder das Blut der Heroen fließen mußte. Von dieser Entwicklung legt die auf den Tod, auf die männliche Kraft, Leben zu nehmen, fixierte Kultur des kriegerischen modernen Menschen ein erschütterndes Zeugnis ab. Bereits für die Griechen war der Krieg der »Vater aller Dinge«.

Naturvölker wie die San benötigen keine Religion, nach der Generationen von Forschern erfolglos suchten, auch keine Priester und keine Herrscher, nicht weil sie primitiv waren, sondern weil jedes Mitglied ihrer Gemeinde, ob Mann oder Frau, die Mittel kannte, sich *direkt* wieder-zu-verbinden. Jeder San, gleich welchen Geschlechts, ist oder war ein »natürlicher« Schamane. Erst Kulturen, die sich aus der Einheit mit Natur und Kosmos gelöst hatten, bedurften der Priester-Schamanen, um die immer stärker anwachsenden »Schatten«, wie C. G. Jung das verdrängte Unbewußte nannte, rituell und kollektiv auszugleichen. Damit war die Basis für das spätere Be-Herrschertum durch Priesterkönige gegeben.

Rituale sind genau festgelegte, einander in bestimmter Reihenfolge ablösende Handlungen, die direkten Kontakt mit sowohl dem individuellen als auch dem kollektiven Unbewußten aufnehmen, das keiner »realen« Handlungen bedarf, sondern sich mit symbolischen Handlungen zufriedengibt. Mit Hilfe des Rituals konnte man innere Erfahrungen veräußerlichen, wodurch sich die in ihnen gebundene Energie freisetzen ließ. Der gleiche Vorgang spielt sich auch umgekehrt ab. Um nicht an der Natur zu sündigen, führten nur durch Initiationsstufen an Leib und Seele Gereinigte magische Handlungen durch. Die größten Magier waren ursprünglich die Frauen, weiß Credo Mutwa, als sie das »heilige Feuer« noch in sich trugen. Dieses »himmlische Feuer«, das Bewußt-Sein, das sich durch das Ritual eröffnete, wurde der Frau bzw. dem Himmel, den sie symbolisierte, gestohlen. So sind alle mythischen Feuerbringer stets als Diebe beschrieben, auch die Mantis der San, die Gottesanbeterin, die kein »Gott« der San war, wie das mißverstanden wurde, sondern ein Symbol für den kreativen »spirit« des Weibchens, welches das nach der Vereinigung unnütz gewordene Männchen tötet. Dabei handelt es sich um die exoterische Beschreibung des esoterischen Vorganges der Balancierung der »Dynamik der Natur«. Nicht das Männchen oder der Mann wird getötet, sondern es wird die Kraft, Leben zu nehmen, in die »weibliche« Kraft, Leben zu geben, transformiert. Daß Naturvölker, aber auch etwa das hochzivilisierte Ägypten, Tiere als Götter verehrten, ist ein weiteres grundlegendes Mißverständnis zwischen Europa und Afrika. Man verstand sie als Manifestationen der verborgenen archetypischen Kräfte, die hinter der Transformation der menschlichen Seele liegen. So betritt in der »Genesis« der San etwa der Löwe, der »König der Tiere«, erst spät die Weltbühne. Der Affe, in Ägypten der »Gott« Thoth, verkörperte Verstand, und tatsächlich ergaben einschlägige Experimente, daß Schimpansen, die zu den direkten Vorfahren des Homo gerechnet werden, die Anlage zum rationalen Denken bereits besitzen. Es ist der »Affengott« Thoth, der in Ägypten den Sonnenkalender einführte!

Mantis ist wie alle Schöpfungskräfte, alle »logoi«, ursprünglich weiblich-männlich. Am Anfang aller Dinge wird sie von einer Biene über die »dunklen Wasser der Flut« getragen. Wie C. G. Jung erkannte, ist das »Kollektive Unbewußte« der kosmische Ozean oder die dunklen Wasser der Flut in den Mythen. Auf die Biene der San stößt man auch im kretischen Ur-Mythos bei der »Bienengöttin« Kar oder Q're – hier scheint sich noch ein »Klick« anzudeuten! Bei den Maya ist die »Mutter« die Alte, Chira-can. Von ihrer schweren Last erschöpft, entdeckt die Biene einen Rastplatz, eine große, weiße Blume. In die Blüte dieser Blume bettet die Biene den Samen, Mantis, die Proto-Materie, und die weiße Blume versinnbildlicht die Seele, die Transzendenz der weißen allgegenwärtigen Weiblichkeit, die ursprünglich den »Lebensbaum« hütet.

Mantis raubt das Feuer vom Vogel Strauß, der wie alle die Mondfarben tragenden weiß-rot-schwarzen Vögel den Himmel symbolisiert, die intuitive Vision, den kreativen Gedanken, wie es Laurens van der Post ausdrückte. Daß der Vogel Strauß deshalb zu fliegen verlernt, wie der Mythos besagt, ist ein Hinweis darauf, daß die Kunst des »Fliegens«, sich in die unendlichen Weiten des Bewußtseins aufzuschwingen, das sich in den Wassern der Flut verbirgt, als Folge des Diebstahls verlorengeht. Je mehr die Dynamik der Natur außer Balance geriet, je mehr die »Heilige Hochzeit« von der Magie der Männerbünde verdrängt, und je mehr Bewußt-Sein nicht mehr aus Er-kenntnis, sondern aus Kenntnis gewonnen wurde, umso vollständiger und rascher konnte die ratio ihren einseitigen Siegeszug antreten. Die Menschen »erblindeten«, weil sie die Kunst, mit dem »dritten Auge« sehen zu können, verlernten, und von nun an sind alle Seher als blind beschrieben.

Mantis kommt im Feuer um, aber in ihren Kindern wird sie wiedergeboren, doch sind diese Kinder von nun an die Menschen, sterblich. Erst Mantis' Kindern gelingt es, das Feuer zu kultivieren, d. h. eine verantwortliche Priesterschaft schenkt den Menschen das nun veräußerlichte Mysterium, die Religion. Wie alle mythischen Feuerbringer, gab auch die Mantis der San den Dingen Namen, sie be-dingte sie. Nur das Un-bedingte, der Große Geist, ist namenlos. Weil von nun an nur noch der Name und nicht mehr der ursächliche Begriffsinhalt im Bewußtsein der Menschen verankert ist, grenzt der Name ein, grenzenlos ist nur die unmittelbare Erfahrung. Etwas ist nicht mehr

»dieses und jenes«, es ist nur noch »so«, und wird dadurch zur begrenzten Wahrheit, die nicht mehr hinterfragt und bedingungslos akzeptiert wird. Weil aber die Wurzeln der menschlichen Sprache den Klang des ursprünglichen Symbols einer Schöpfungskraft in sich tragen, aus deren wechselweise wirksam werdender Gesamtheit die Schöpfung besteht, *kreiert* das ausgesprochene Wort von nun an »Bewußtsein« und eine scheinbare Wirklichkeit. Nicht selten werden deshalb Wörter, die für festgelegte und erstarrte Dinge stehen, zu Waffen und führen zu Argumenten und zum Streit, zum Krieg, der letzten Endes nur die Unfähigkeit der Menschen bezeugt, vorhandene Widersprüche auflösen zu können. Alte Sprachen beziehen sich stets auf Ereignisse und Geschehnisse und nicht auf Dinge, und so erlaubt nur die Sprache des Mythos die größtmögliche Annäherung an die Wahrheit, die überhaupt mit Worten aufzustellen ist, und das über die Grenzen von Kulturen und Religionen hinweg. Während der Mythos sowohl die Esoterik, das Geheime, als auch die Exoterik, die äußerliche Hülle der Wörter in Parabelform in sich vereint, trennten die Religionen Esoterik und Exoterik, behielten die Geheimlehren für sich, die in Klosterarchiven verschwanden, und die Exoterik und nicht mehr die Esoterik wurde zur Glaubensgrundlage.

Im hebräischen Ur-Mythos verläßt Adams erste Frau, Lilith, die keinen Eingang in die Bibel fand, den »ersten Menschen«. Ihr Name, von lajil (hebr.) heißt »Nacht«. Bei den San ist es eine »Sternenfrau«, die in den Himmel zurückkehrt, weil der Mann, der Mensch, ihre Seele nicht mehr erkennen kann, die sich in einem »Kästchen« befindet, das der Mann nie zu öffnen versprach. Als er es dennoch tut, ist es für ihn leer, für sie birgt es alle Schätze der Welt, die sie zum Segen der Menschheit von den Sternen auf die Erde brachte. Der Mythos bezieht sich auf den Diebstahl der Frauen-Mysterien. Der erste Schritt zur vollkommenen Vertreibung der »Mütter« war der Raub des Heiligen Feuers gewesen, der die Teilnahme der Männer an den ursprünglich nur Frauen zugänglichen Mysterien ermöglichte. Wie griechische Mythen von vergewaltigten »Nymphen« eindrucksvoll aufzeigen, übernahmen die dadurch entstehenden Männerbünde schließlich mit Gewalt die Mysterien und schlossen die Frauen, die zunehmend nur noch auf ihre körperliche Weiblichkeit reduziert wurden, schließlich vollkommen davon aus. Dieser Entseelung der Frauen ging der Diebstahl ihrer sakralen Instrumente voraus. Gerd Chesi berichtet von einem Ritual der Tukano-Indianer, bei dem ein Schamane den ersten Dieb verkörpert, der den Frauen die sakralen Instrumente ihrer Mysterien raubt, wodurch er die Herrschaft der Männer über die Frauen institutionalisiert. Im griechischen Mythos wirft Athene die Flöte weg, damit sie der Hirtengott Pan finden, bzw. Hermes neu erfinden kann. Damit begann sich die »technische Ordnung« von der »moralischen Ordnung« zu trennen, formulierte es Alexander Marshack, die sich in der religiösen und kulturellen Autorität der Großen Mutter verkörpert hatte. Schließlich machten sich die Eroberer der Bronzezeit selbst zu Göttern. Denn im Zugang zum Mysterium und der Kenntnis natürlicher und kosmischer Gesetzmäßigkeiten, die es schenkte, lag der Schlüssel zur individuellen Machtausübung, die seither das menschliche Streben bestimmte. An das *Davor* blieben nur Legenden, ferne Erinnerungen an eine andere Welt, an ein anderes Bewußtsein der Menschen, das unterging, weil es uns unbewußt wurde. Ein begrenzter innerer Kosmos, wie ihn die hebräischen Propheten institutionalisierten, auf deren Überlieferungen das Christentum basiert, das die Welt während der letzten zweitausend Jahre formte und prägte, führt folgerichtig zu einem auch äußerlich begrenzten Kosmos. Während sie bewußt einem Kosmos folgten, der nicht jenseits des Mondes reichte, hatten ältere Völker in Mesopotamien und Ägypten die Himmelsläufe der sieben sichtbaren »Sphären« am Tierkreis entlang in mathematische Gesetzmäßigkeiten zu bündeln verstanden und die Erde als Planeten in diese kosmische Ganzheit mit einbezogen. Aus dem Widerspruch zwischen Religion und der sich aus der Al-Chemie entwickelnden Wissenschaften ging das »wissenschaftliche Bewußtsein« unserer jüngsten Vergangenheit hervor, ein »entfremdetes Bewußtsein«, weil es kein ekstatisches Verschmelzen mit der Natur mehr gibt, sondern nur vollkommene Trennung von ihr. Hand in Hand damit erfolgte die Fixierung auf nur noch materielle Werte. Ohne das Alibi des Christentums, schreibt Curzi Malaparte in »Die Haut«, könnte sich der Kapitalismus nicht halten. Erst gegen Ende des christlichen Fische-Zeitalters beginnen wir zunehmend wieder zu erkennen, daß etwas in unserer Entwicklung entsetzlich schief zu laufen droht. Vom Konflikt-zum-Paradox-zur-Verkündigung umreißt Robert Johnson den »göttlichen Fortschritt«, den die modernen Wissenschaften dabei sind zu erreichen, aber wir bewegten uns wohl bloß im Kreise, und es müßte richtig heißen, von der Verkündigung zum Konflikt-zum-Paradox-zur-Verkündigung. Alles begann im »Paradies«, berichten die Mythen, aber das Paradies der ersten Menschen lag ganz woanders, als wir vermuten.

Die Wiege der Menschheit

Marimba, die Göttin der Musik und der Tänze, ist noch als Besitzerin, ja als Erfinderin der sakralen Instrumente, als »Schamanin«, ausgewiesen. Doch hütet sie bereits in ihren sieben Geboten die Erinnerung an eine Katastrophe, welche die »erste Rasse« auslöschte. Weil Marimba schon der »zweiten Rasse« der Ba.Ntu, der Menschen, angehört, muß diese Erinnerung tiefer in die Zeit zurückweisen, *vor* die Anfänge der heutigen Menschheit, in das Zeitalter der Halbgötter oder vielleicht sogar der »Götter«, die nach übereinstimmender Auskunft der Mythen als erste die Erde besiedelten, als sie noch ein »Obstgarten«, ein Paradies war. Auch daß Marimba das erste Instrument, die Makweyana Bogenharfe, aus der todbringenden Waffe eines Jägers schuf, wie ihr Mythos besagt, stellt wohl mehr als nur ein hübsches Gleichnis dar.

Der »Fall« der Götter in das Menschsein fand im Paradies statt. Und daß sich dieses Paradies auf unserer Erde befand, lange bevor der »moderne Mensch« (Homo sapiens) auf der Weltbühne erschien, deuten nicht nur die Mythen an, auch Erkenntnisse der modernen Forschung verweisen darauf. So ergaben genetische Untersuchungen von Khoi-San, daß deren Vorfahren nicht immer steinzeitliche Jäger und Sammlerinnen gewesen waren! Von 110 untersuchten Menschen wiesen drei Toleranz gegenüber Milchzucker auf. Diese Toleranz wird vorwiegend vererbt, seltener kann sie durch über einen langen Zeitraum hindurch fortgesetzten tierischen Milchkonsum erlangt werden. Sie ist fast ausschließlich auf die kaukasoide Rasse Nordwesteuropas, Amerikas und einiger Ackerbaukulturen beschränkt. Daß sich die Menschen im ersten »goldenen« Zeitalter von der Milch der Schafe und Ziegen ernährten, berichtet auch der vorgriechische, pelasgische Mythos. Aus dem Vorhandensein einer derartigen Toleranz im Genhaushalt der Khoi-San schlossen die Forscher Dr. Nurse und Jenkins, daß die Vorfahren der San ein Leben als seßhafte Hirten und Bauern geführt zu haben scheinen, und *danach* zu einer Jäger-und-Sammler-Gesellschaft zurückkehrten![9] Weil Khoi-San, bevor sie in die unwirtliche Kalahari zurückgedrängt wurden, wo sie seit an die 40.000 Jahren nachweisbar sind, auch fruchtbare

Gebiete im südlichen Afrika besiedelten, können nicht klimatische Gegebenheiten für diese Lebensart verantwortlich gewesen sein. Laurens van der Post gegenüber gaben San an, daß sie als Folge des durch die Erfindungslust der »ersten Menschen« herbeigeführten Unterganges der Welt *freiwillig* dieses Leben wählten!

Auf einem Gletschergestein in Driekopseiland, in der nördlichen Kap-Provinz Südafrikas, befindet sich die größte Ansammlung der Welt von geheimnisvollen Schriftsymbolen an einem Ort. Manche gleichen auffallend frühen Schriftzeichen, wie man sie aus Andalusien kennt, die als Vorläufer keltischer Runen gelten, andere ähneln frühen semitischen Schriftzeichen, der kretischen Linear-Schrift, oder erinnern an Petroglyphen aus Libyen (Nordafrika), dem Kaukasus, altägyptischen Hieroglyphen, wieder andere sehen altchinesischen Schriftzeichen zum Verwechseln ähnlich. Obwohl die Bedeutung der Symbole der Forschung noch unbekannt ist, gibt es die Theorie, daß es sich hier um die Aufsplitterung einer Ur-Sprache in verschiedene Sprachen handeln könnte, um eine Art kodiertes Wörterbuch der verlorengegangenen Ur-Sprache der Menschheit.[10] Hinweise auf diese Ursprache entdeckte der Sprachwissenschaftler Richard E. Fester in allen Weltsprachen. Er konnte sechs »Urwörter« rekonstruieren, von denen die ersten vier, Ba, Kall, Tal, Tag, mit ursprünglich rein »weiblichen« Wertigkeiten besetzt waren. Auch gibt es die Vermutung, daß es sich bei dieser Ur-Sprache um eine Klick-Sprache gehandelt haben könnte, wie sie Khoi-San-Sprachen eigen ist und auch manchen Bantu-Sprachgruppen (Nguni). Verbirgt sich hier das Rätsel der »ersten Sprache« der »Sternenkinder«, die »Zehntausende von Jahren« zuvor gesprochen wurde, auf die alle Stammessprachen zurückgehen sollen?

Von den ägyptischen Hieroglyphen abgesehen, entdeckte man die bislang ältesten bekannten Schriftzeichen in Sumer (Uruk) und Elam (Susa). Elamiter und Sumerer verwendeten verschiedene Zahlensysteme, aus denen ihre Schriften hervorgingen. Beide Schriften entstanden scheinbar unabhängig voneinander um die zweite Hälfte des vierten Jahrtausends v. Z. in Mesopotamien. Die Elamiter waren schwarzhäutig, sie verehrten die Große Mutter unter dem Namen Keririscha. Erst als während des zweiten Jahrtausends die Eroberungen indoeuropäischer Völker einsetzten, begannen sich männliche Gottheiten durchzusetzen. Die Sumerer, deren Herkunft ungeklärt ist, kamen nach Biblischer Angabe zu jener Zeit, als alle Menschen noch eine gemeinsame Sprache besaßen, in das Zweistromland, das sie entdeckten, als sie westwärts zogen. Besiedelungsspuren fand man in Sumer seit dem sechsten Jahrtausend. Die älteste Stadt der Welt wurde an der Südwestküste Anatoliens ausgegraben, in Catal Hüyüc. Sie war ein religiöses, aber auch bereits ein Handelszentrum. Das ist bedeutsam, denn letzten Endes machte die Erfindung des Handels die Zahlschrift, die Buchhaltung, nötig, während die – wie in Ägypten – als Hieroglyphen verwendeten Bild-Schriftzeichen als heilig galten. Zumindest von Sumer, das wohl erst mit den Wirkungen einer Flut fertig werden mußte, auf deren Spuren man im Zweistromland während des vierten Jahrtausends stößt, bevor sich seine Kultur etablieren konnte, ist die präzise Kenntnis von einem Kosmos bekannt, der »Absichten hat«, wie es José Arguelles der Maya-Kosmologie zuschreibt. Die Sumerer nannten sich selbst »Schwarzköpfe«. Ägypten wiederum war vom Süden, von Oberägypten her besiedelt worden, das Nildelta lag noch bis etwa 3.000 v. Z. unter Wasser. Auf die ältesten archäologischen Funde, die alle Elemente der ägyptischen Kultur bereits enthielten, stieß man im Sudan, und der afrikanische Ägyptologe Cheikh Anta Diop stellt in »Les Nations Nègres et Culture« trocken fest, »die fundamentalen Elemente der ägyptischen Zivilisation finden sich nicht in Unterägypten, nicht in Asien oder Europa, sondern in Nubien«. Das Wort »nubisch« ist mit »negroid« gleichzusetzen. Sowohl Diodor Siculus als auch Herodot bezogen sich bereits auf Nubier als Ahnen der Ägypter, Nubien galt als das »Herz« Afrikas, und die Länder des Amam, die Länder der Ahnen, nannten die Ägypter die »Erde der Götter«.[11] Ama war ein sumerisches Wort für »Mutter« – Zufall? Wohl kaum, denn der in der Bibel genannte Cham oder Ham, der Ägypten erstmals besiedelte, gilt auch als »Ahnherr der Neger«, und die Kemiten oder Chamiten waren die schwarzhäutigen Bewohner Ägyptens. Chamite bedeutet schwarz, auch Elfenbein, daraus wurde der Ausdruck hamitisch. Ham ist bereits ein hethisches (indoeuropäisches) Wort, das jedoch ursprünglich, wie etwa in Kam-dake, der Pharao-Mutter, immer mit Frau oder Mutter in Verbindung stand. In Kamerun (Ndyaya) fand man eine Hieroglyphenschrift von exakt demselben Typus wie die ägyptische – nach Kamerun verweisen Proto-Bantu-Sprachen! Allerdings stieß man in Nubien auch auf eine bereits alphabetische Schrift, die man meroëtische Schrift nannte, die jedoch noch nicht entziffert ist; in der Sierra Leone fand sich eine syllabische Schrift der Vaïs, eine kursive Schrift der Banas, und eine wiederum alphabetische Schrift der Nsibidis. Und wieder gibt es auch Spuren von Khoi-San-Kulturen. Funde in Westafrika gleichen solchen, auf die man in Oberägypten stieß, man entdeckte Hinweise auf »bartlose«, langschädelige Menschen mit braunem oder schwarzem, gewelltem Haar, wie sie auch sumerische Abbildungen wiedergeben. Während die Babylonier, die Sumer eroberten, Bärte trugen, sollen die Menschen der »ersten Rasse« bartlos gewesen sein, besagt der Mythos der Bantu – »sie hatten keine Haare am Körper«. Bartlose Menschen erwähnt auch der brahmanische Mythos im Zusammenhang mit den Bewohnern eines im Süden versunkenen Kontinentes und den ersten Menschen, die Oberägypten besiedelten. In Oberägypten fanden sich auch Abbildungen »fettsteißiger« Figuren, wie sie von frühen Darstellungen der Großen Mutter weltweit bekannt sind. Dies ist auch eine besondere körperliche Eigenschaft von Khoi-San-Frauen, dank derer sie in ihrem Körper Fett für Dürrezeiten speichern können, und nur eines von vielen Zeugnissen für die erstaunliche Anpassungsfähigkeit früherer Menschen. Eine Lapislazuli-Paste, die Glas schneiden kann, gibt Rätsel auf, und die Entdeckung der bislang ältesten »Endlosschraube«, die bis dahin den Griechen zugeschrieben wurde, gedrechselt aus Elfenbein (!), sorgte für Überraschung. Man fand auch feinste Kupfer- und andere Elfenbeinarbeiten, Kämme, Löffel, Vasen und Nadeln mit Öhren. Datiert sind die Funde mit 4100 – 3800 v. Z., doch ist nicht anzunehmen, daß diese Kunstfertigkeit erst zu dieser Zeit entstanden war. Handelt es sich um das Erbe einer untergegangenen Kultur, das in eine andere Welt hinübergerettet worden war? Stieß man nicht auch in der Sahara auf das älteste Zeugnis einer Ackerbaukultur?[12] Auch Susa war von einem Neger begründet worden, nach Strabon von Thriton, einem König der Äthiopier. Diese Kuschiten der Bibel, »Söhne« des Cham, sind bereits Vermischungen zwischen hellhäutigeren Menschen und Nubiern. Ausgrabungen in Elam brachten kleinwüchsige, »kurzschädelige« Menschen zum Vorschein, wie man sie bislang den Kelten zuschrieb, allerdings als Angehörige einer negroiden Rasse, die sogenannten Aryano-Negroiden, die sich auch in Japan, auf den Philippinen, in Neuguinea, und als Anu in Babylon fanden.[13] Aus all dem geht zumindest eines deutlich hervor, daß weder die Geschichte der ersten Hochkulturen, noch die Geschichte Afrikas bereits geschrieben ist. Oder wird all diesen Hinweisen nicht nachgegangen, weil einfach nicht sein kann, was nicht sein darf?

Unbestritten ist, daß die Wiege der Menschheit in Afrika stand. Vor zwei Millionen Jahren verließ der frühe Mensch (Homo Erectus) Afrika und besiedelte die Welt.[14] Zu dieser Zeit war es weltweit trockener geworden und mehr und mehr Savannen breiteten sich aus, welche die Wälder zurückdrängten. Die physische Erscheinung dieses frühen Ahnen der Menschen veränderte sich und paßte sich dem jeweiligen örtlichen Klima an. Rassismus nach Hautfarbe ist absoluter Unsinn, weil die Hautfarbe auf dem quantitativen Unterschied in der Produktion des Vitamin D beruht, das gegen extremes Licht, gegen extremen Sonnenschein schützt. Wärmere klimatische Bedingungen bringen großgewachsenere, kältere kleingewachsenere Menschen hervor. Schlitzaugen wie bei Eskimos oder Mongolen schützen vor Schneeblindheit, krauses Wollhaar oder breitflächigere Nasenrücken wie bei negroiden Menschen, sind fürsorgliche Vorkehrungen der Natur gegen extreme Hitze. Durch viele Jahrtausende bestimmten klimatische Bedingungen ausgesetzt, verändern sich die erbtragenden Gene, und die verschiedenen »Rassen« entstehen.

Vor an die 30.000 Jahren starben die letzten Vertreter dieser frühen Menschen, die Neandertaler, aus, die nicht zu den direkten Vorfahren des »modernen Menschen« (Homo Sapiens) gezählt werden. Sie waren anders als diese, aber keinesfalls primitiv. Manche ihrer Symbole wurden zur Grundlage unserer Zahlschriften, das Zeugnis ihrer Gravierungen belegt die Kenntnis der Trinität des Mondes, und im Zentrum ihrer Verehrung stand die Vulva der Großen Mutter, wie die Höhlenforscherin Marie E. P. König als erste entdeckte. Sie sorgten für ihre Alten und Verkrüppelten, bestatteten ihre Verstorbenen mit rotem Ocker und gegen Osten, und mit Blumenbeigaben. Richard Leaky bezeichnet sie aufgrund der Zeugnisse, die sie uns hinterließen, als »hochspirituell«. Allerdings mußten sie in der extrem feindlichen Umwelt einer Eiszeit leben. Ihr äußeres Erscheinungsbild entsprach nicht der Witzblattfigur Neandertaler, das Mißverständnis war durch die Rekonstruktion des Skelettes eines von Arthritis verkrüppelten Mannes entstanden, von dem Rückschlüsse auf *den* Neandertaler gezogen wurden. Ihre Gehirnkapazität war größer als die des »modernen Menschen«, also unsere, was auch auf die sie ablösenden Cro-Magnoiden zutraf, die bereits als unsere direkten Vorfahren gelten. So amüsant der keulenschwingende Neandertaler sein mag, er existiert nur in unserer Vorstellung, und die Geschichte des Werdens bis zum »modernen Menschen« scheint eher eine Geschichte der Degeneration zu sein als das Gegenteil. Diese Feststellung Richard Leakys, die uns vielleicht schmerzen mag, weil wir uns gerne schon als »Krone der Schöpfung« bezeichnen, trifft sich mit der esoterischen Überlieferung der Völker. Nach ihr entwickelten sich die Menschen von einstigen spirituellen Wesen zu mehr und mehr körperorientierten, eher primitiven Geschöpfen zurück, die sich mehr und mehr ent-sinnten. Die Sinne aber, von denen wir nur noch fünf von einstigen zumindest sechs besitzen, sind die Antennen des Menschen zu seiner natürlichen Umwelt und zum Kosmos. Den durch unsere nur noch einseitige rationale Entwicklung verlorengegangenen sechsten »magnetischen« Sinn mußten spätere Kulturen mit Hilfe des Mysteriums erst wieder mühsam zurückerobern.

Vor etwa 200.000 Jahren transformierte »Eva«, wie die amerikanischen Genforscher Wilson und Cane die genetische Ur-Mutter aller heute lebenden Menschen nannten, den frühen Menschen zum »modernen Menschen«. Genmäßig kommen »Eva« heute nur noch die San am nächsten![15] Eva kam wie Adam aus Afrika,wie auch revolutionierende Erfindungen der Menschheit ihren Ausgang in Afrika nahmen. So wurde etwa dieWerkzeugtechnik der Älteren Steinzeit, die nach Funden in St. Acheul in Frankreich Acheuléan-Kultur genannt wird, vor zwischen 1,5 Millionen bis 200.000 Jahren im südlichen Afrika bereits durch die komplexere der Mittleren Steinzeit ersetzt. Das geschah in Europa erst vor 100.000 Jahren mit dem Auftreten des frühen Homo sapiens.[16]

Der für die Forschung glückliche Umstand der genmäßigen Nähe der heutigen Khoi-San zu »Eva« ist auf eine vollkommene Isolation dieser Menschen vom Rest der Welt zurückzuführen, die etwa 4.000 bis 40.000 Jahre angedauert hat. Früher abwandernde »Afrikaner« hatten sich mittlerweile mit anderen, bereits entstandenen Rassen vermischt, auch die Bantu. Aber auch die San sind bereits vermischt! Daß sich rassische Elemente nicht zur Klärung der Rätsel unserer Vergangenheit eignen, weil es das reinrassige Element so gut wie nicht gibt, ist eine Erkenntnis der modernen anthropologischen Forschung. Faszinierend ist der Nachweis der Genforschung, daß *auch* die Vorfahren der heute auffallend kleingewachsenen, »gelbhäutigen«, und mongolid wirkenden San der großen, negroiden Völkergruppe des gesamten subsaharen Afrika zuzuordnen sind, die Menschen Westafrikas und die Bantu miteingeschlossen. Ihre heutige Kleinwüchsigkeit und die »mongolischen« Züge verdanken die San wie auch die Mongolen einem Vorgang, den man Infantilisation nennt. Irgendwann hatten die Vorfahren der San aufgehört, physisch erwachsen zu werden. Auf dieses Stadium in der Entwicklung stößt man bei allen Menschen welcher Rasse auch immer, nur daß diese weiterwachsen. Die »Verzwergung« der San ist umso erstaunlicher, als heute feststeht, daß ihre Vorfahren riesenhafte Menschen waren! Kleinwüchsige San lassen sich im südlichen Afrika erst seit Beginn der Mittleren Steinzeit vor ca. 60.000 Jahren nachweisen, zuvor war der kleine Buschmann, zumindest im

Süden, die Ausnahme und nicht die Regel. Je weiter nördlich man auf Fossilien stieß, desto größer gewachsen waren die Ahnen der San! Weil sich die meisten Khoi-San im südlichen Afrika seriologisch von den meisten anderen afrikanischen Völkern unterscheiden, *obwohl* sie mit der subsaharen Bevölkerung Afrikas, den Menschen Westafrikas und den Bantu ein gemeinsames genetisches Ur-Erbe besitzen, nimmt man heute an, daß sich die proto-negroide Rasse Afrikas in zwei Hauptzweige teilte, in einen der später »verzwergenden« Menschen und einen der großgewachsenen negroiden Völker, deren gemeinsame Vorfahren riesenhafte Menschen waren. Diese Abzweigung muß vor langer Zeit begonnen haben, vermutlich vor ca. 210 Millionen Jahren. Das war eine Epoche, die von dramatischen Klimaveränderungen durch Eiszeiten geprägt waren – vor an die zwei Millionen Jahren verließen Homines erecti Afrika! Abgeschlossen war diese Zweiteilung aufgrund archäologischer Funde mit Sicherheit vor 6.000 Jahren, auch 10.000 bis 15.000 Jahre sind angegeben.[17]

Nach der Theorie südafrikanischer Forscher migrierten »moderne Menschen« vor 200.000 bis 120.000 Jahren vom südlichen Afrika aus nordwärts bis nach Europa und Asien, und vermutlich auch nach Amerika, denn die Ur-Bevölkerung Amerikas waren Cromagnoide. Zur Vermischung mit kaukasischen Völkern kam es erst, als weitere Zuwanderungen über die während der letzten Eiszeit vor 30.000 Jahren vereiste Beringstraße von Asien her erfolgten.

Die Cromagnons galten gemeinsam mit den kleingewachseneren Combe-Capelle-Menschen als Ahnen der Europäer. Alle diese Namen gehen jeweils auf den ersten Fundort einer Spezies zurück. Cromagnoide sind in Israel seit an die 80.000 Jahre nachweisbar, in Europa sind sie nicht vor 40.000 Jahren anzutreffen. Die ältesten Spuren der großen, robusten Art des »modernen Menschen« fanden sich jedoch in Südafrika. Die Funde in der Border-Höhle an der Grenze zu Swaziland werden auf 100.000, die in der Klasies-River-Höhle auf mehr als 120.000 Jahre geschätzt, um die genaue Datierung tobt seit Jahren ein gelehrter Streit. »Cromagnoide Negroide« fanden sich auf Malta, den Kanarischen Inseln und in Menton in Frankreich. Interessanterweise besitzen die negroiden Völker des südlichen Afrika (Bantu) einen hohen Prozentsatz der »cromagnoiden« Blutgruppe 0, jedoch nicht die Khoi-San, die zumeist einen hohen Anteil der Blutgruppe A und einen niederen der Blutgruppe B aufweisen. A wird den kleingewachseneren Combe-Capelle-Menschen zugeschrieben, auf deren größte Dichte man im Norden bei den Lappen, den Nordnorwegern, und im südlichen Finnland trifft, in ganz Europa macht ihr Anteil nur 25-30 % aus. Die Gruppe B ist bei asiatischen Völkern vertreten und fehlt völlig bei Indianern und den Ur-Einwohnern Australiens. In Europa kommt sie nur in Rußland oder Preußen vor (0-10 %), in Navarra (Frankreich), und in ehemals phönizischen oder punischen Gebieten. Hingegen ist ganz Irland im Westen »cromagnoid«, auch der von Berbern bewohnte Teil des Atlas, sowie die Kanarischen Inseln. Der höchste Prozentsatz der Blutgruppe 0 sowie des Gens 0 findet sich bei den Basken. Auf das cromagnoide Element stieß man bei Äthiopiern, Berbern und Basken, den Guanchen der Kanarischen Inseln, aber auch bei Stämmen am Kaukasus und an der südlichsten Spitze Arabiens, in Nordwestafrika, Südbritannien, Irland, auf Kreta, Sizilien, den Pyrenäen, in Griechenland und im südlichen Kleinasien. Alle diese Länder weisen Menschen mit einer hohen Konzentration der Blutgruppe 0 auf, das Kennzeichen cromagnoider »riesenhafter« Vorfahren, wie Louis Charpentier aufgrund ausführlicher Untersuchungen vermutet.[18]

Trotzdem besitzt die geheimnisvolle Sprache der »cromagnoiden« Basken, Eskuara, nicht nur gewisse Ähnlichkeiten mit den hamitischen Sprachen Afrikas (Bantu), sondern auch mit Khoi-San-Sprachen. So heißt etwa Stein oder Felsen bei den Basken haitz, und die Khoi-Khoi verehrten Heitze-Eibib in einem Stein über einer Quelle. Auffallenderweise ist Eskuara eine agglutinierende Sprache, d. h. selbständige Bildungssilben werden lose, ohne Veränderung des Stammes an die Wortwurzel angefügt. Im Gegensatz zu indoeuropäischen analytischen Sprachen ist Eskuara eine »synthetische« Sprache, bei der alle abstrakten Wörter aus dem Denken ausgeschlossen sind. Dabei scheint es sich um eine »mathematisch konstruierte« Sprache zu handeln. Cromagnoide Vorfahren werden oft mit Atlantis in Verbindung gebracht, während Khoi-San, mongolische und asiatische Völker, vermutlich auch die Sumerer, als Nachfahren des älteren und noch sagenhafteren, im Pazifik versunkenen Kontinentes Mu angesehen werden.

Im Mythos der Bantu flieht Amarive, die Rote, einzige Überlebende der »ersten Rasse«, gemeinsam mit Odu, einem künstlich geschaffenen (genmanipulierten?) Wesen nordwärts aus der alten Kalahari, um ein Land zu finden, das von den »schrecklichen Erdbeben« verschont geblieben war. Im Gebiet des »wunderbarerweise der Zerstörung entgangenen Bu-Kongo« trifft Amarive »Froschmenschen«, von denen auch der chinesische Mythos berichtet! Im Mythos der Bantu sind sie als gigantisch, blaßgrün und intelligent beschrieben, als Vertreter einer aussterbenden Rasse. Aus Amarives Vereinigung mit Gorogo, dem Häuptling der Froschmenschen, wodurch Amarive den Lebensfunken dieser aussterbenden Rasse weiterträgt, gehen kleine, gelbe, froschartige Menschen hervor, die Buschmänner und Pygmäen. Sie lernen mit Giftpfeilen zu jagen und rotten die »Froschmenschen«

aus, wie Gorogo, ein Seher, in einer Vision noch vor der Vereinigung mit Amarive voraussah. Damit stirbt eine »nahezu perfekte Rasse«, beinahe so perfekt wie die Kaa-U-La-Vögel, denen wir am Anfang der Geschichte vom Untergang der »ersten Rasse« begegnen werden. Mit Odu schenkt Amarive schließlich der »zweiten Rasse«, den Ba.Ntu, den Menschen, das Leben.

Beziehen sich die schrecklichen Erdbeben auf jene, die dem Feuchtsystem der Kalahari ein jähes Ende setzten? Entstanden war der Super-See vermutlich vor an die 2 Millionen Jahren. Damals verließen Homines erecti Afrika! Aber Reste des Super-Sees gab es noch vor gut über 50.000 Jahren. Das Auftreten des »modernen Menschen« wird vor etwa 200.000 Jahren angesetzt. Bedeutet das nicht, daß die »erste Rasse« der alten Kalahari ihr phantastisches Reich zwischen vor 2 Millionen und 200.000 Jahren bereits errichtet und wieder zerstört hatte? Weshalb finden sich dann keine Spuren davon, oder gibt es sie und wurden sie nur übersehen? Und wie fügen sich die riesenhaften »Froschmenschen« ins Bild? Zumindest für dieses Rätsel bietet sich eine Lösung an, denn wie von manchen Indianervölkern bekannt ist, verwendete man den Schleim einer bestimmten Krötenart als Halluzinogen (Buffatin), von dem heute bekannt ist, daß es ein Gefühl des Durch-die-Luft-Fliegens erzeugt. Felszeichnungen der Vorfahren der San geben derartige »Flüge« wieder. Amarive trifft die »Froschmenschen« im Gebiet des Kongo, und einer Theorie der modernen Forschung nach, weisen die Khoi-San in das südliche Zentralafrika zurück!

Die Menschen der »ersten Rasse«, die ersten Kinder der Großen Mutter Ma und des Lebensbaumes, hatten sich in ihrer Vielzahl über die alte Kalahari ausgebreitet. Es gab noch keine verschiedenen Rassen, alle Menschen waren gleich. Sie besaßen die Hautfarbe von Afrikas roter Erde, die goldenen Augen der Großen Mutter Ma und keine Haare am Körper. Sie waren Riesen. Es gab keinen Zorn und keinen Haß, kein Mein und kein Dein. Mehr als tausendmal zehn Jahre herrschte Friede auf der jungfräulichen Erde. Vom Aufstieg und vom Untergang dieser ersten Menschen berichten die »verbotenen« Legenden der Bantu, »die niemals einem Fremden erzählt werden dürfen«. Das »Auge« war herabgestiegen und vernichtete die sündhaft gewordene Menschheit. Dieses Auge war etwas, »das den Menschen gegeben worden war, um ihnen mit seiner Kraft zu dienen«, dessen Kraft sich jedoch gegen die Menschen kehrte, die die Götter herausgefordert hatten, weil sie ihre eigene »Göttin« erschufen.

»Rette uns, Ra-Mu«, berichten tibetanische Legenden vom Flehen der Menschen des sagenhaften Mu, »als der Stern Bal dorthin fiel, wo heute nur Meer ist. Da erzitterten die sieben Städte mit ihren goldenen Toren und ihren Tempeln, eine große Flamme erhob sich, und die Straßen füllten sich mit Rauch. Und die Männer und die Frauen, die mit kostbaren Kleidern angetan, und mit wundervollem Schmuck behängt waren, flehten – vergebens«.[19] Aus ihrer Asche entstand eine neue Menschenrasse. Auch im Koran ist von einer Rasse von Riesen die Rede, an die »gar nichts mehr« erinnert, denn »der Wind verwandelte alles zu Asche«.

Am Anfang vom Ende der Ersten Rasse der alten Kalahari stößt man im Mythos der Bantu auf einen verkrüppelten Riesen, der furchtbare Waffen erfindet und die Welt in den Untergang führt. Die mythologischen Spuren dieses ersten Herrschers der Menschheit finden sich weltweit.

Wer waren diese Riesen der Ersten Rasse, die Roten, die gewaltige Lasten mit der Kraft ihres Geistes transportierten und damit auch reisen konnten, wie San von den »ersten Menschen« erzählen und von denen auch Legenden der Hopi und anderer Völker berichten? Welche »Göttin« erschufen sie, deren entfesselter Kraft sie zum Opfer fielen, so daß *nichts* von ihnen blieb außer Mythen?

Lo! So sei es. Versammeln wir uns um eines der funkenstiebenden Feuer unter dem afrikanischen Sternenhimmel, um der »verbotenen« Geschichte zu lauschen, der Geschichte vom Aufstieg und Untergang der ersten »Rasse der Menschheit«, der »Rasse, die starb«. Es könnte unsere eigene Geschichte sein, die Geschichte vom Aufstieg und Fall des »modernen Menschen«.

Lo!
Ich werde reden.
Geist meiner Ahnen, gib mir Kraft fortzufahren
und der Welt zu berichten,
was die Heiligen der Kariba
von den ersten Menschen erzählen.

Ich werde meinen Mund öffnen,
den Mund eines Verräters,
der aus Überzeugung Gutes für sein Volk zu tun,
die Geheimnisse seines Landes verrät.

Dies ist die Geschichte,
die niemals einem Fremden erzählt werden darf,
die verbotene Geschichte,
die alle Weisen kennen,
aber tief in ihrer Seele verschlossen halten,
die Geschichte der Rasse, die starb.

Mutwa, Credo, Indaba my Children, Johannesburg 1965,
Übersetzung der Autorin

Die Rasse, die starb

Die »verbotene« Geschichte

In der schattigen Tiefe einer von Reben umrankten Höhle gebar einst eine schöne Frau, die einige Nelesi nennen und manche Kei-Lei-Si, das erste mißgestaltete Kind, mißformt nicht nur im Fleisch, sondern auch in der Seele. Seinen eingefallenen Körper krönte ein großer flacher Kopf mit einem Kyklopenauge, und er atmete mit pfeifendem Ton durch ein einziges Nasenloch. Über dem Horizont stieg der teuflische Stern der Selbstgerechtigkeit auf, und Zah-Ha-Rellell wurde zum ersten Erfinder furchtbarer Waffen und zum ersten Herrscher auf Erden. Mit ihm kam alles Übel in die Welt.

Wann immer den ersten Menschen ein Kind geboren wurde, brachte es die Mutter sofort zu den zweiköpfigen, sprechenden Kaa-U-La-Vögeln, um es segnen zu lassen. Als Kei-Lei-Si ihren deformierten Sohn einem alten Kaa-U-La-Vogel präsentiert, erkennt dieser sofort das Böse, so monströs, daß es, wenn nicht kontrolliert, das Universum mit seinem Einfluß überschwemmen würde. Und der Kaa-U-La-Vogel spricht, »Im Namen der Menschheit und im Namen der Sterne und im Namen aller noch Ungeborenen, Frau deiner Rasse, ich befehle dir, töte das Ding in deinen Armen. Kein Baby hältst du, sondern das nackte Böse, das die menschliche Rasse mit einer blutigen Zukunft bedroht«. Kei-Lei-Si aber liebt ihr Kind, das für sie schön ist und nicht mißgestaltet. Sie flieht vor den Kaa-U-La-Vögeln und sucht Zuflucht in einer Höhle am Ufer eines unterirdischen Flusses, der sich meilenweit durch ein Tunnel- und Höhlensystem schlängelt.

Jahre vergehen. Eines Tages kehrt Kei-Lei-Si vom Krabbenfang in die Höhle zurück und findet ihren Sohn beim Feuer sitzen. Unbeweglich starrt Za-Ha-Rellell auf ein Stück Eisenstein in der Glut, das Kei-Lei-Si selbst in die Höhle gebracht hat, um damit Feuer zu schlagen. Dabei summt der verkrüppelte Riese einen gleichbleibenden Ton. Entsetzt prallt die Frau zurück, denn sie erkennt, daß ihr Sohn etwas kreiert, daß der Ton, den er summt, eine Inkarnation ist (die »Verkörperung von etwas Geistigem«), das dem bislang leblosen Eisen befiehlt, Form und Leben anzunehmen. Und das lebendige Ding wächst und wächst, und Beine wie die einer Heuschrecke beginnen sich zu formen – dann ein Paar drachenartige Flügel und ein rattenähnlicher, metallener Schwanz mit einem kristallinen Stachel voll grünem Gift. Za-Ha-Rellell hatte seine erste tödliche Waffe »inkarniert«, zum ersten Opfer wird seine Mutter. Sterbend erkennt Kei-Lei-Si ihres Sohnes Zukunft und sieht all das Böse, das die Erde und das Universum verschlingen würde. Der Riese verläßt die Höhle, und hinter ihm schwärmen die metallenen Tokoloshes aus, auf sein Wort bereit, zu versklaven und zu töten.

So beginnt die phantastische Herrschaft von Za-Ha-Rellell, der auch als Tsaraleli oder Sarelili überliefert ist. Wie so viele Tyrannen nach ihm berief er sich auf »göttlichen Auftrag«. Er wäre gekommen, um die Menschen der ersten Rasse von den Kaa-U-La-Vögeln zu befreien. Von nun an müsse niemand mehr selbst das Land bestellen oder die Ernte einbringen, weil die metallenen Sklaven den Menschen alle Arbeit abnehmen würden. Alle wilden Tiere sollten getötet werden, damit das Land sicher für die Menschen wird und nur noch ihnen gehört. Vor den Menschen liegt ein Leben in Luxus, ohne Sorge und Arbeit. Und die Menschen der ersten Rasse glaubten den Versprechungen Za-Ha-Rellells. In einem Krieg, der ununterbrochen hundert Tage dauerte, vernichtet Za-Ha-Rellell die Kaa-U-La-Vögel. Die Millionen rothäutiger Menschen verstanden nicht, was geschah, bis sie, viele Jahrhunderte später, gemeinsam mit Za-Ha-Rellell in Agonie sterben sollten, sie, die man später »die Rasse, die starb«, nannte.

* * *

Zwei Generationen später regiert Za-Ha-Rellell, der inzwischen das Geheimnis der Unsterblichkeit entdeckt hatte, ein phantastisches Reich, von dem die Legenden erzählen, es sei das Reich von Amarive oder Murive. Die Menschen lebten in goldenen Häusern und konnten sich auf Wunsch von Ort zu Ort begeben, alles was sie zu tun hatten, war, vor ihr Haus zu gehen und sich irgendwohin zu wünschen. Niemand mußte mehr weite Strecken gehen. Die metallenen Tokoloshes nahmen den Menschen jegliche Arbeit ab. Diese »Roboter« bearbeiteten das Land und lagerten das Korn. Kein Feuer mußte mehr entzündet werden, ein »Kommando« genügte, und das Essen kochte in den Töpfen. Alles geschah, ohne daß jemand eine Hand rühren mußte. So wurden die Menschen immer träger. Schließlich verloren sie auch die Fähigkeit sich fortzupflanzen und wurden steril. Nur die Sängerin, Amarive, behielt ihre Gebärkraft.

Za-Ha-Rellell aber beginnt Verbotenes zu erforschen, das Geheimnis der Lebenskraft und der ewigen Jugend. Er experimentiert mit Tieren, aus deren »Mark« er menschenähnliche Wesen als Sklaven erschafft, die Bjaauni, die auf der tiefsten Stufe stehen, von grünlich-dunkelbrauner Farbe sind und haarlos. Aber im Unterschied zu den steril gewordenen ersten Menschen können sie sich fortpflanzen. Sie sind jedoch weder fähig zu sprechen noch selbständig zu denken. Blind gehorchen sie jedem Befehl.

Die Große Mutter Ma und der Lebensbaum verfolgten die Entwicklung ihrer Kinder mit Entsetzen. Sie beschlossen, die Menschen, die begannen, sich gottgleich zu fühlen, zu warnen. Es fing an, ohne Unterlaß zu regnen und zu hageln, und innerhalb kurzer Zeit versank das Reich in einer Flut. Die halbe Bevölkerung Amarives ertrank hilflos in ihrer mächtigen, glitzernden Stadt. Za-Ha-Rellell aber ließ riesige Flöße bauen, auf denen er neue Städte aus purem Gold errichtete. Eine künstliche Sonne begann unter der Wolkendecke zu schweben und heller zu scheinen als sogar die Sonne selbst. Die Warnung der Großen Mutter Ma blieb unbeachtet, bis Za-Ha-Rellell eines Tages daranging, seine größte Sünde zu begehen. Diese letzte Herausforderung an den Großen Geist stellte alles Bisherige in den Schatten.

* * *

Im Inneren seines goldenen Palastes, in dem Millionen wertvoller Steine das Licht widerspiegelten, saß der monströse Tyrann auf einem Stuhl aus Gold und Elfenbein; er war in goldene Gewänder gehüllt, die mit Sonnensteinen und Perlen verbrämt waren. Große, goldene Gefäße, die voll von Bier waren und sich von selbst füllten, glitten zu dem kyklopenköpfigen Herrscher, der Hunderte seiner Edlen in einem Halbkreis um sich versammelt hatte. In der Mitte stand ein silberner Käfig, in dem sich Bjaauni-Sklaven bis auf den Tod bekämpften. Einer nach dem anderen starb zum Vergnügen der Versammlung, bis nur noch ein Bjaauni übrig war, der Favorit Za-Ha-Rellells, Odu, sein Meisterwerk, der beste Kämpfer von allen und der vollkommene Sklave seines Herrn – ein wahrer Gigant.

Za-Ha-Rellell hatte beschlossen, sich die Große Mutter Ma und die Kraft des Lebensbaumes untertan zu machen, um zum »Herrscher über die Schöpfung« zu werden. Vom »Palast der Schöpfung« aus sendet er metallene Sklaven in die »spirituellen Bereiche«. Das letzte Sakrileg begann. Die metallenen Sklaven, die fähig sind, sich unsichtbar zu machen, von Za-Ha-Rellell jedoch in seinem Palast in einem »Kristall« beobachtet werden können, verwunden den Lebensbaum und entführen die Große Mutter Ma der Menschen in ihrer »alles überstrahlenden« Herrlichkeit. Für sie, die alle Achtung vor heiligen Dingen verloren haben, ist ihre »silbrige Form« nur ein Ding aus einer anderen Welt, und so bestaunen die Bewohner der Goldenen Stadt die Große Mutter zu Tausenden. Aber noch während sie staunen und starren, beginnen sie zu sterben.

Die »strahlende Hitze der Göttin« schmilzt die Haut von ihren Körpern, und während die Große Mutter die Kinder, die sie gebar, verflucht, erschüttert ein Erdbeben die Welt. Aus dem Inneren der Erde brechen Feuer hervor, die Wasser beginnen zu kochen, und die glänzenden Städte Amarives unter der kochenden Flut zu verschwinden. Die große Hitze läßt selbst die Steine schmelzen. In der Hauptstadt beginnt ein großes Schlachten. Odu lehnt sich gegen seinen Herrn auf und tötet Za-Ha-Rellell, seinen Körper, nicht seinen Geist. Denn sterbend erkennt der Tyrann, daß die Menschheit irgendwie überleben, und sein Geist in den Herzen der Menschen überdauern würde. Die große Stadt aber versinkt für immer unter dem kochenden Meer, und die echte Sonne durchbricht die Wolken. Ein Mann und eine Frau reiten auf dem Rücken eines Fisches der aufsteigenden Sonne entgegen. Amarive, die Rote, die Sängerin und Tänzerin, einzige Überlebende der ersten Rasse, und Odu, das künstlich geschaffene tiermenschliche Wesen, fliehen nordwärts, während hinter ihnen Kontinente versinken und neue emporsteigen, und Millionen Menschen der ersten Rasse ihr ewiges Grab finden. Aus der Vereinigung Amarives mit Gorogo, dem

»Froschmenschen« am Fluß Ba-Kongo, werden Pygmäen und Buschmänner hervorgehen, aus der mit Odu, der dank der Großen Mutter Ma mehr und mehr vom Tier zum Menschen wird, zu sprechen und selbständig zu denken beginnt, die zweite Rasse, die Ba.Ntu, »die Menschen«, geboren. Aber während Amarive, die »Mutter der Nationen«, unsterblich ist, ist Odu, wie seither alle Menschen, sterblich.[20]

Fischmenschen und Raumfahrer

Mit der Ankunft von »Fischmenschen« in der nördlichen Hemisphäre beginnen die Ursprungsmythen vieler Völker. Japanische Chroniken vom 9. bis zum 11. Jahrhundert berichten von seltsamen fischähnlichen Wesen, die nach ihrer Ankunft im Schilf lebten. Die Hopi-Indianer überliefern, daß die Menschen eine Flut im Schilfrohr überlebten, und sumerische Abbildungen zeigen Fisch-Menschen. Der Fischgott der Philister war Dagon, der auch als ein westsemitischer Gerstengott auftrat. Apollodorus berichtete nach den verlorengegangenen babylonischen Geschichten des Berossius (Material aus den keilschriftlichen Tempelarchiven Babylons) von amphibischen Wesen, die seine Kultur begründeten. Höchst komplizierte Mischwesen, halb Fisch, halb Mensch, tauchten aus dem Erythräischen Meer auf. Das Fischwesen hieß Odakon. Das Erythräische Meer ist die Zusammenfassung von Rotem Meer, Persischem Golf und Indischem Ozean. »Schilfmeer« nannten die Hebräer das Rote Meer, und wie bei den Hopi Menschen eine Flut im Schilf überlebten, werden bei den Zulu die Menschen aus dem Schilfrohr geboren. Amarive, die Rote, und Odu, ritten nach dem Untergang der ersten Rasse auf dem Rücken eines Fisches in die aufgehende Sonne und flohen nordwärts!

Nach den Dogon Westafrikas, deren Name an Dagon, den Fischgott, erinnert, landeten »sie« in einer Arche. Amma, der Gott des Alls, hatte sie zur Erde gesandt. Sie nannte man Nommo, »Einzelwesen«. Nommos sind »die Herren des Wassers«, auch die »Unterweiser« oder »Mahner«. Als die Arche landete, ließ ihr Gewicht das Blut (die Erde) zum Himmel spritzen. Diese »Unterweiser« ähneln auffallend den Kachines der Hopi, welche die Überlebenden einer Katastrophe unterwiesen und belehrten. Sie waren »strahlende« Wesen.

Mit den Lunariern, der »dritten Wurzelrasse«, deren Bewußtsein nur in der Gattung als Ganzes enthalten war, habe die eigentliche menschliche Evolution ihren Anfang genommen, besagt die Geheimlehre der Hindu. Diese »Lemurier« dachten anfangs nicht als Individuum, als Einzelwesen, wie sie bei den Dogon nach einer Flut auftauchten, sondern als Geschlecht oder Klan, wie es auch im alten China von einem sagenhaften und ausgerotteten »Keimvolk« beschrieben ist. Dieses »Geschlecht« war in Analogie zur dualen Ordnung in der Natur zweigeteilt, männlich und weiblich, androgyn. Auf dieses charakteristische »Doppelwesen«, das Weibliche und das Männliche als Einheit, trifft man in allen alten Mythen und bei androgynen Statuetten ab der späteren Altsteinzeit. Wie der Ägyptologe Cheikh Anta Diop in »Les Nations Nègres et Culture« aufmerksam macht, war die traditionelle afrikanische »Gottheit«, die der afrikanischen Kosmologie zugrundeliegt, androgyn wie noch Amon, der als Amon-Rá zum Sonnengott der Phönizier wurde, Amma bei den Dogon. Der chinesische Mythos beschreibt die Entwicklung zum »Einzelwesen« als »Trennung von Himmel und Erde«. Nach Frank Fiedeler führte Chung-Li, »Doppelschwarzhaar«, diese Trennung durch. Er ist ein Symbol für das sexuelle Menschenbild des »Keimvolkes«, dem stets die Dreizahl beigefügt ist. Schließlich besagt die brahmanische Überlieferung, daß die Überlebenden eines im Süden versunkenen Kontinentes, die Rote Riesen waren, als erste Oberägypten besiedelten. So sind die Namen Amarives, der Roten, und Odus, Symbole für die Überlebenden einer sagenhaft fernen ersten Kultur der Menschheit im Süden, die im Verlauf ihrer Entwicklung vom »Doppelwesen« zum Einzelwesen geworden war, das seine Egokraft wie Za-Ha-Rellell in den eigenen Dienst, und nicht mehr in den Dienst des »Geschlechtes« oder des Klans stellt, was wohl eine Revolution im Bewußtsein der Menschen darstellte, die zum individuellen Herrschertum überleitete. Die Überlebenden einer Katastrophe im Süden scheinen im Norden nicht nur aus dem Wasser, sondern auch vom Himmel gekommen zu sein. Das überrascht nicht weiter, denkt man an Za-Ha-Rellells Erfindungen.

Noch heute zünden in Japan in der Nacht vom 31. Juli zum 1. August nach altem Mondkalender die Menschen auf dem Meer von Kuomamoto unzählige rot-orange-gefärbte Lichter an. Shiranui, das unbekannte Feuer, soll an die Menschen erinnern, die »von den Sternen« gekommen waren. Von Flugschiffen und Unterseebooten berichten viele Mythen in ihrer bildhaften Sprache. »Gerade wenn ihr (die Menschen) jeweils mit der Schrift und mit allen anderen Erfordernissen einer Stadt eben versehen seid, so kommt nach dem üblichen Abstand der Jahre wie eine Krankheit die Flut wieder vom Himmel gestürzt, und läßt nur noch die von euch übrig, die sich weder auf die Schrift noch auf die Musenkunst verstehen«, sagt der ägyptische Priester und Hüter der Archive zu Solon, dem griechischen Staatsmann, dem er von Atlantis erzählt. Dadurch erneuert sich die Menschheit immer wieder, »ohne jedes Wissen von all den Ereignissen hier bei uns und bei euch, wie sie sich in den früheren Zeiten begeben haben«. Platon übernahm Solons Aufzeichnungen, aber nicht den Namen, den er griechisierte, wie Proklos in seinem Kommentar zum Timaios aufmerksam macht. Die Menschheit war bereits mehrere Male und auf viele Arten vernichtet worden, »am gründlichsten durch Feuer und durch Wasser«.[21] Die erste Welt ging durch Feuer unter, erzählten die Hopi, die zweite durch Eis, die dritte durch eine Flut, aus der unsere heutige, bereits die vierte Welt geboren wurde. Und jedesmal mußten die Überlebenden in beinahe allem neu beginnen. Doch gab es immer auch Wissen, das von einer Welt in die nächste gerettet werden konnte, alles andere wurde den Menschen unbewußt und zur Legende. Jenen, die nur das nackte Leben hatten retten können, mußten derartige Wissensträger freilich wie Gottwesen erschienen sein. Auch so manche technischen Errungenschaften einer früheren Welt scheinen gerettet worden zu sein, und auf deren Spuren stößt man nicht nur im Mythos.

Im Museum in Bagdad gibt es Objekte, die in einem entlegenen Teil des Irak gefunden wurden. Lange Zeit hielt man sie für Kultgegenstände, bis man entdeckte, daß es sich dabei um Kerne elektrischer Batterien handelt, die mindestens 2.000 Jahre vor Galvani entstanden waren. Bei Esmeraldas in Ecuador fanden sich auf dem Meeresgrund Linsen aus geschliffenem Glas, in Mittelperu stieß man auf einen irdenen Krug, der eine zähe schwarze Masse enthielt, die Steine in weichen, knetbaren Kitt zu verwandeln vermochte. In Oberägypten fand man die »Lapislazuli-Paste« einer Khoi-San-Kultur, die Glas schneiden konnte, und beim Bau früher ägyptischer Tempel wurde eine Betonmischung verwendet, die um vieles dauerhafter ist als unsere heutige. Auch Spuren einer verlorenen Metallurgie in Mittelamerika geben Rätsel auf, wie die Reste eines »mechanischen Computers«, die man in einem Schiffswrack auf dem Meeresboden vor der ägäischen Insel Antikythera fand. Kythera war während des Mittel-Minoikums (1700 – ca. 1550 v. Z.) ein Handelszentrum von Ägyptern, semitischen Völkern und Völkerschaften von Abuzir am Nil bis nach Eschunna jenseits des Euphrat in Mesopotamien. Und woher stammen die Verglasungen in der Wüste Gobi, wie sie infolge der Hitzeentwicklung nach einer atomaren Explosion auftreten? Welchem Zweck dienten die nur aus der Luft im Gesamten zu erkennenden gigantischen Bodenmarkierungen in Südamerika (Peru), die von Däniken als Landeplätze für Raumschiffe interpretierte? Auf derartige großräumige Markierungen stieß man auch in der Westsahara, ebenfalls auf Pyramiden- und Kegelstümpfe und auf das technische Wunderwerk eines Bewässerungssystems, dessen Durchschnittslänge 4,8 km beträgt. 230 derartige Anlagen sind noch sichtbar, vermutlich gab es eine Tunnelstrecke von nahezu 1.600 km Länge! Die Tunnel waren auf dem Felsgrund der Sahara errichtet worden. Mehr als hunderttausend Gräber fand man mittlerweile, das deutet auf eine hohe Bevölkerungszahl. Nach Diodorus Siculus befand sich westlich des heute verschwundenen Triton-Sees in der Sahara ein sagenhaftes Festland mit einer hochentwickelten Kultur, das Land der Meropen, deren Königin Merope war. Theomompus nannte die Meropen die »Menschen, die Atlantis bewohnten«.

Auch bei den sagenhaften sieben Weltwundern der Antike handelt es sich wohl um das Zeugnis einer »versunkenen« Kultur, um Hinweise auf das Wissen und die technischen Fähigkeiten früherer Kulturen, das verlorenging, als die letzten Meister ihres jeweiligen Faches in den Wirren der auf die Katastrophen folgenden Völkerwanderungen untergingen. Die Zahl Sieben ist wohl kaum ein Zufall, wie nichts im Mythos zufällig ist, und so deuten diese »Weltwunder« auf jene Kultur(en) zurück, in deren Mittelpunkt die heilige Zahl Sieben gestanden war, als es noch keine zehn »Gebote« gab, sondern sieben, wie es vom sagenhaften Reich der Marimba, dem friedlichen Land im Süden, überliefert ist.

Auch die Sprachen der Völker liefern Hinweise auf einen gemeinsamen Ursprung. Nga nennen die Sibiren die Schamanen, Angakok die Eskimo, Ngaka oder Nyanga die Bantu (Sotho). Im sakralen Baum-Kalender-Alphabet Irischer Druiden, dem Beth-Luis-Nion, stößt man bei dem Wort N(e)gal, das für Schilf steht, auf die Wortwurzel Ng, die kein Bestandteil indoeuropäischer Alphabete ist, wie Ranke-Graves aufmerksam macht, und auch im Altgälischen gibt es kein Wort, das mit dieser Wurzel beginnt. Sie war Bestandteil des karischen Dialektes Kleinasiens, der in den »minoischen« Raum zurückweist, und als Na oder Nya (Nga) auch eine Wortwurzel der Basken. Nach einer Flut wurde die Menschheit aus dem Schilfrohr geboren, Ngetal bei den irischen Druiden, Uthla.nga bei den Zulu. Ranke-Graves ordnet in seiner Rekonstruktion dieses Baum-Kalender-Alphabetes die Wurzel Ng dem früh verschollenen dreizehnten Stamm der Hebräer zu. Als deren »Mutter« gibt er Dina an, die Zwillingsschwester der D.anu! Waren die Menschen dieses »früh« verlorengegangenen Stammes oder Volkes jene »Auserwählten«, die den Untergang überlebt hatten? Als Nachfahren von »Auserwählten« begreifen sich nicht nur die Hebräer, sondern auch die Hopi, die seit den Anfängen der Menschheit, wie sie sagen, stets das »Gesetz« befolgten, was darauf hindeutet, daß dieses »Gesetz« den Menschen von allem Anfang an gegeben und auch bekannt war.

In Kenia gibt es die Ngong-Berge, die Mond-Berge. Ngongotaki nannten die Maori Neuseelands die höchste Spitze eines Berges, auf dem sich eine alte Kultstätte befand. Auf ihr stand »vor langer Zeit« der Schrein Te Tuahu a te Atna's. Das erinnert auffällig an die Tuatha de Danaan, die Kinder D.anus, die als Vorfahren (auch) der Kelten gelten. Als »Wohnsitz des Feenvolkes« gilt dieser

Schrein. Wie andere Völker auch bezeichnen die Maori die Menschen einer früheren, verschwundenen Rasse als Feen. Als ihren Namen geben sie Ngati-Rua an. Die Menschen waren großgewachsen, und die Farbe der meisten wird mit kiri puwhero, als rötlich überliefert. Sie trugen pekangi, rotgefärbte Leinengewänder, wie tibetanische Lama noch heute, waren friedlich und ernährten sich von den Früchten des Waldes und von Fisch. Sie konnten fliegen. *Nach* ihnen kamen »fremde Gottmenschen«, die einer kleiner gewachsenen, dunkelhäutigen Rasse angehörten. Diese Nan Mato sollen den Milanesern von heute ähnlich gesehen haben. Zwei Brüder, Olochipa und Olochepa, schafften die »riesigen Steine« für die gigantischen Gebäude im Norden der Insel herbei, indem sie sie »durch die Luft fliegen ließen«. Das ist eine Fähigkeit, die auch Hopi, Bantu und San früheren Menschen zuschreiben. Auch die Ainu, die Vorfahren der heutigen Kaukasier, beherrschten sie. Wie Ba-Nt.u bedeutet Ainu »die Menschen«, I-nit bei den Eskimo, Ai-nit auf Valaf (Westafrika). Ein »allmächtiger Hauptgott« hatte die A.nu gemacht. Sein Name ist Aionina. Inanina war ein sumerischer Name der Großen Göttin, die später zu (Io)Nina oder Nana, dem Mondgott, vermännlicht wurde, Io die prähellenische Göttin des östlichen Mittelmeeres. Io heißt »Mond«. Ya nannten die Polynesier »Gott«, Jod die Juden, im Alt-Ungarischen Io-V, der »große und gute Gott«; ion (Gr.) heißt Veilchen, auch rot, und Violett ist die sakrale Farbe des »blutenden« Vollmondes, des älteren Vor-Bildes der Sonne, auch die heilige Farbe der Priesterinnen der Großen Göttin D.anu. Wie die Frauen der San ihren heiligen Grabstock, der bei ihren sakralen Felszeichnungen eine bedeutende Rolle spielte, trugen auch die Klane der Ainu, einer »rätselhaften« Rasse, die lange Zeit die japanischen Inseln entlang eines Küstenstreifens von über 2500 km Länge an der äußersten Flanke Asiens bewohnten, hölzerne Stäbe, die vor der Jagd geopfert wurden. Sie nannten sie inao. Die Klane waren nach Totemnamen benannt, und wie den Kelten war ihnen der Mistelzweig heilig. Auf Ainu trifft man auch in Sibirien im vierten und fünften Jahrtausend, auf die Mondfarben rot und schwarz, auf Spiral- und Mäandermuster, es wurde Ackerbau und Fischfang betrieben, und es gab »Larven«, das ist ein altes Wort für Maske. Die unirdisch anmutende Schönheit dieser transparent wirkenden Frauengesichter mit den übergroßen Augen berührt auf seltsame Weise. Sahen so die »Götter« aus?

Auch die Vorfahren der Ainu, denen die Schlange heilig war, konnten fliegen. Sie besaßen die Fähigkeit, sich unsichtbar zu machen, und – sie führten einen Luftkrieg. Einen solchen Luftkrieg schreiben die Maori auch den dunkelhäutigen fremden »Gottmenschen« zu, die auf die ersten Roten gefolgt waren. *Danach* kam es zur Katastrophe.

Wieder weisen Spuren nach Afrika, denn nach altägyptischen Quellen besiedelten »schwarzhäutige« Anu als erste Oberägypten. Anu.bis, der »Hundsstern«, Sirius, wies ihnen den Weg in den Norden. Anu war ein Hauptgott in Sumer, und An, die Zwillingsschwester von Baal, keine andere als D.anu oder Dam-Kina (Babylon). Bei den Babyloniern ist *Sie* bereits zur Gattin eines Gottes innerhalb der vermännlichten Triade geworden – An-Ea-Bel. Ea herrschte gemeinsam mit Dam-Kina über das »Untergeschoß der Erde«, über das südliche Afrika, vermutet Zecharia Sitchin in »Der zwölfte Planet«.

So geben die Sprachen und Mythen Auskunft über einen gemeinsamen Ursprung, auf Wanderungen *vor* und nach einer Katastrophe, die auf einen Luftkrieg folgte, auf Menschen, die fliegen und sich unsichtbar machen konnten, die mühelos riesige Steine bewegten; und allerorten finden sich Hinweise auf eine lunare Kosmologie und auf

D.anu, den geheimen Namen der Bantu für die Große Göttin. Es scheint, als ob der Mythos von Za-Ha-Rellell, dem ersten Erfinder furchtbarer Waffen und erstem Herrscher und Tyrannen auf Erden, im Zeitraffer die Geschichte der verlorengegangenen »Rassen« der Menschheit vom Höhlenbewohner bis zur Erfindung der Eisenschmelze wiedergibt, dem Wendepunkt, der in direkter Linie zu den roboterartigen, giftigen Kreaturen aus Metall führt. Das ist eine Entwicklung, die auffallend an das Werden des »modernen Menschen« erinnert. Also beschloß ich das Pferd vom Schwanz her aufzuzäumen, um zu versuchen, mich über das Zeugnis von Kulturen, aus denen unsere gegenwärtige Welt hervorging, durch die Zeit rückwärts zu tasten und der »ersten Rasse« der alten Kalahari auf die Spur zu kommen.

Riesen, Giganten und Kyklopen

Um zu arbeiten, zog ich mich für eine Weile in die ehemalige katholische Missionsstation in Mafeking zurück, deren kleine Häuser inmitten eines blühenden Gartens nun Reisenden zur Verfügung stehen. Diese friedliche Oase, umbrandet vom prallen Leben in einer Squatter-Siedlung, wie sie in Afrika am Rand jeder modernen Stadt aus dem Boden springt, schien mir die zutiefst traurige Fehlleistung des modernen Menschen, seine Rassendiskriminierung, auf ironische Weise zu unterstreichen. Denn hier fand ich in der Bibel weitere Hinweise, die auf bedeutende Kulturen des alten Afrika hindeuten. Lange Zeit war die Bibel die weitverbreiteste und oft auch einzige Lektüre südafrikanischer Buren (Bauern), die hier »ihr« (?) neues Kanaan zu finden glaubten, weshalb man an den seltsamsten Orten in Südafrika auf biblische Namen stößt. Im Magkapeng glaubten die treckenden Buren gar

Ägypten erreicht zu haben, weil manche Felsen rot und gewaltig und pyramidenförmig in die Höhe ragen. Die wörtliche Auslegung des Alten Testamentes hebräischer Patriarchen, in dem abgesehen vom älteren esoterischen Gehalt die Besitzansprüche der Eroberer Kanaans gerechtfertigt wurden, hatte letzten Endes die Politik der Rassentrennung (Apartheid) zum Gesetz erhoben, die als *Wort* und damit gottgewollt von Kirchenkanzeln verkündet und gerechtfertigt wurde.

»Und wieder war Krieg in Gath«, heißt es, »und da war ein riesenhafter Mann mit 24 Fingern und Zehen, jeweils 6 Fingern an jeder Hand und 6 Zehen an jedem Fuß, und auch er war ein Sohn des Giganten« (1. Chronik. 20.6). In »The Secret Country« (Wales) beschreiben J. und C. Bord den Fund einer monströsen Figur in einem Irischen Sumpf mit jeweils sechs Fingern und Zehen. Auch in Brayton, im amerikanischen Tennessee, sollen Überreste eines Riesen mit sechs Zehen aufgetaucht sein. 1981 wird aus Critenden in Arizona die Entdeckung eines »Sarkophages« gemeldet, der das Skelett eines Riesen mit jeweils sechs Zehen an jedem Fuß enthielt, gleiches berichten russische Anthropologen vom Kaukasus. Im Hindukusch und in Nepal stieß Uwe Topper auf der Spurensuche nach dem Erbe der Giganten auf Überlieferungen von Riesen mit 24 Fingern und Zehen, in China entdeckte er dieses Merkmal als Zeichen edler Abkunft, und in Arabien sah es Topper selbst als Familienmerkmal. Auf der Farm eines südafrikanischen Freundes traf ich eine alte Bantu-Frau mit sechs Fingern, und die Überlieferung besagt, daß Amarive, der Roten, *nach* der Katastrophe ein sechster Finger gewachsen war! Verbirgt sich hier der Hinweis auf eine Mutation, wie sie nach Katastrophen, bei denen große Mengen Radioaktivität freigesetzt werden, auftreten kann? Schmolz nicht die Haut vom Körper der Menschen, die die geschaffene »Göttin« bestaunten, wodurch die Welt in Flammen aufging? Auf einem Felsen im Ost-Transvaal Südafrikas befindet sich in unzugänglichem Berggebiet der Abdruck eines riesigen, über einen Meter fünfzig hohen Fußes mit sechs Zehen. Hinterließ einer der Riesen den Schatten seines Fußes, als die Erde verbrannte und die Felsen schmolzen, wie sich die Schatten verglühter Menschen nach dem Atombombenabwurf auf Hiroshima und Nagasaki in Stein einbrannten? Würden zukünftige Erdenbewohner auf der Spurensuche unserer, durch eine atomare Katastrophe »versunkenen« Welt, nicht von einem derartigen Zeugnis Rückschlüsse auf einen vom Menschen selbst herbeigeführten Untergang ziehen? Oder wurde der Fuß derart meisterhaft in den Felsen gemeißelt, daß er wie ein natürlicher Abdruck aussieht? Er soll von einem Riesen mit nur einem Arm und einem Bein stammen, den eine »alte Frau« in einem »Sack« versteckt hielt, erklärten San. Seinen Namen geben sie als Me.Tsing an.

Nach Apollodorus gingen Erde und Himmel in »tödlichem Haß« auseinander, um danach wieder »in Liebe vereint zu werden«. Das bezieht sich auf die Trennung von Himmel und Erde, die eine Katastrophe auslöste. Der chinesische Mythos schreibt diese Trennung dem ausgerotteten Keim- oder Ur-Volk zu. Herodot berichtet in seiner Theogenie, daß die Riesen aus der *Paarung* zwischen der Erde und der Unterwelt (Himmel) entsprangen. Nach der Trennung und darauf folgender Katastrophe werden Himmel und Erde wieder in Liebe vereint, woraus die Riesen hervorgingen. Diese waren vielleicht keine körperlichen Riesen mehr, sondern geistige, denn vereint wurden Himmel und Erde wieder durch das Mysterium – während des zweiten »silbernen« Weltzeitalters degenerierten die Menschen, die vorher Riesen waren, überlieferte Hesiod. In diesem zweiten Weltzeitalter gab es bereits die vier Jahreszeiten und erstmals »Götter«.

Weil Zeus ihre Brüder, die Titanen, in die Unterwelt verbannte, waren die Giganten zornig geworden. Sie sind als langhaarig, bärtig, und mit Schlangenschwänzen beschrieben. Ohne vorherige Warnung schleuderten sie von ihren Bergspitzen Felsen und Feuerbrände in die Höhe, und ein himmlischer Kampf entbrannte. Die Erinnerung an Giganten verbindet sich also mit gewaltigen Katastrophen, denen die Trennung von Himmel und Erde vorausging. Ein »Gott« verbannte die Titanen in die Unterwelt, in das Unbewußte, das heißt, er führte eine neue Religion ein, einen neuen Kalender. Denn die weiblichen Titanen und die »Brüder« der Giganten waren Symbole der sieben Planetensphären oder Tage oder »Töne« der Woche, die »Töchter« von Atlas, dem Anführer der Titanen, dessen Titanin der Mond war. Homer erwähnt Atlas als den, »der selbst die Säule hat«, bzw. ist, er symbolisiert die Weltachse oder Polarachse, und die sieben Schöpfungskräfte, die Titanen, waren dual wirksam werdende Kräfte, eben »Töne«, insgesamt vierzehn an der Zahl – weshalb es ursprünglich jeweils einen Titanen und eine Titanin gab. Vierzehn war eine atlantische Zahl, schreibt Uwe Topper. Tage nannten die Maya »Töne« – kin; ch'i (China) oder ki (Sumer) ist die Lebensessenz, die Kraft der Erde.

Als Namen der ersten Giganten sind die »hundertarmigen« Riesen Briarëus – »stark«, Gyges – »erdgeboren«, auch Riese (von gigas), und Kottos angegeben. Sie waren von halbmenschlicher Gestalt. Das bezieht sich vermutlich bereits auf die »Halbgötter«, die auf die verschwundenen »Götter« des ersten »Goldenen« Weltzeitalters gefolgt waren. Erst nach ihnen begann das Zeitalter der Menschen, besagt die ägyptische Überlieferung. Diese Halbgötter scheinen einen »Kreis« von acht Göttern gekannt zu haben und noch keinen zwölfteiligen Zodiak oder Himmelskreis. Dionysos (Osiris) oder Pan gehörten in Ägypten zu diesem »Götterkreis«, berichtete Herodot, und offenkundig auch die »Hundertarmigen«, denn sowohl bei Ägyptern als auch den Dogon Westafrikas steht jeweils die Zahl 80 für 100 und 800 für 1.000![22] »Vier Paare sind die Wurzel für Ursprung und Zivilisation«, besagt die ägyptische Esoterik (2x4 = 8), dahinter verbirgt sich das Mysterium der ägyptischen Hekat, »Hundert«, dessen Bruchteile, das »Heilige Udjat«, bei den Mysterien von Isis und Osiris um Tod und Wiedergeburt eine bedeutende Rolle spielten. Und auch die acht Trigramme des chinesischen Orakelbuches I-Ging gehen darauf zurück. Das deutet darauf hin, daß die Siebenzahl der Kosmologie einer im Strom der Zeit versunkenen Kultur von »Göttern« bereits von einer männlichen Transzendenz als achte Kraft verdrängt worden war – auch Christus sah man »im Licht« der Achtheit, die ebenso der ägyptische Gott Thoth symbolisierte, der in Ägypten den solaren Kalender einführte. Wie bei den Yerouba war *Er* (Odu) nun die transzendente Kraft, und *Sie* die Große, Dunkle Göttin – Hekate, deren Name »Hundert« bedeutet.

Den drei gigantischen Brüdern folgten die Kyklopen nach, »Schmiede« und »Erbauer gewaltiger Mauern«.

Legenden von einbeinigen oder einäugigen, kyklopenartigen Riesen, wie auch Za-Ha-Rellell beschrieben ist, kennt man in Afrika vom Süden über die Großen Seen bis in den Norden. Die Stämme verehrten heilige Steine und heilige Bäume, sie hüteten heilige Feuer, die nie erlöschen dürfen, und Recht wurde an heiligen Versammlungsorten gesprochen. All das sind auch keltische und hebräische Bräuche.

Der keltische Gargantua war »der vom Riesenstein«. Was für eine seltsame Fügung, daß ich mich nun am »Ort des Riesensteins«, in Mafeking, befand. Als namensgebender Urahne libyscher Garamanten, gilt der Gigant Garamas, ein Sohn von Gaia, der Erde. In seinem Namen trägt er die Wurzel á.rá für Schlange, auch Kar-s, der »Bie-

nenkönigin« Kretas, oder Kaliis, der Indischen »Verschlin-
gerin«, der auch als »Zeit« gedeutet wird. Libyen galt im
Altertum als ein Synonym für Afrika und wohl nicht nur
Nordafrika, denn Herodot schrieb, Libyen »ist ja doch
rings um vom Meer umflossen, abgesehen von der Stelle,
wo es (am Roten Meer) mit Asien zusammenstößt« (Historien IV/42). Andererseits unterschied Herodot zwischen
Libyen – Afrika, und Ägypten (II/119); was sich vielleicht
darauf bezieht, daß nach seiner Angabe die Ägypter keinen Heroenkult kannten, während man in Afrika allerorten auf einen »Heiligen König« stößt, dessen Ritualtod und
Verjüngerung im Mittelpunkt von Ritualen stand. Auch *das*
war keltisches und hebräisches Brauchtum. Im Mittelpunkt stand die Kraft des Heiligen Königs, aus dessen
Macht ja der Anspruch zum Herrschen abgeleitet wurde.
In Libyen, in Afrika, wurde Neith am einstigen Triton-See
in der Sahara geboren, wie die ägyptische Isis an einem
Ort, »an dem es stets feucht ist«. An solchen Orten wächst
Schilf, *aus* dem die Menschen nach einer Flut hervorgingen. Bei den Griechen wurde Neith zu Athene, wie der
ägyptische Priester Solon aufmerksam macht, dem er im
Tempel der Neith in Sais am Nildelta von Atlantis erzählt.
Athene erinnert wiederum an den Schrein Te Tuaha a te
Atna, von dem die Maori im Zusammenhang von »roten
Menschen« einer verschwundenen und friedlichen Rasse
berichten. Athene-Neith nannte man auch Atheana, und
die Verbindung zur sumerischen Inanna, sowie zu D.anu
oder der römischen Mondgöttin Diana ist deutlich. In Libyen, dem »Löwenland«, das man auch als »Land des
Mondes« kannte, gab es Amazonen, Riesen, Kinder
D.anus, und Hyperboreer, die über die Danäer als Ahnen
der Kelten gelten.
   Nach griechischer Überlieferung sollen sich die Garamanten vor den Giganten aus der Erde erhoben haben.
Sie waren Hyperboreer, denn wie sich in g.ara die heilige

Kobra der Ägypter andeutet – a.rá, oder im Namen der hebräischen S.ara, der Stammesmutter Isaaks, verbirgt sich die Großschlange Bo.rea auch im Namen der Hyperboreer. Großschlangen nennt man in Afrika noch heute die Höchstinitiierten, die sich der transzendenten Kraft der »Schlange« bedienen können. Auch der griechische Apoll, ursprünglich ein Orakel-Heros im Dienst der Großen Göttin in Delphi (»Uterus«), war, nachdem er die »Schlange« aus ihrem Heiligtum vertrieben hatte, ein hyperboreischer, ein transzendenter Gott.

Antiken Quellen nach waren die Garamanten kuschitisch-berberischer Abstammung. Die Berber vom Atlas werden gerne als Nachfahren der »Atlanter« bezeichnet, und Kuschiten sind äthiopische, bereits vermischte Völker. Herodot nannte die Ägypter östliche Äthiopier. Ihr Name leitet sich vom Piktogramm kush ab, das sowohl »rot« als auch »Neger« bedeutet. Dieses Rätsel ist leicht lösbar, denn man bezeichnete auch die indianischen Völker Amerikas nicht als Rothäute, weil sie etwa rothäutig waren, sondern wegen ihrer rituellen Körperbemalung. Garamanten wurden sowohl als weißhäutig und blond mit blauen Augen beschrieben, wie auch Teile der Ur-Bevölkerung der Kanarischen Inseln, die Guanchen, oder manche Berber vom Atlas, aber es gab auch schwarz- oder braunhäutige Guanchen und Libyer, und es gibt auch dunkelhäutige Berber. Letzten Endes weisen die Beschreibungen nur darauf hin, daß Garamanten bereits Vermischte verschiedener Rassen waren.

»Eindeutig negroide« Menschen besiedelten Nordafrika ab dem 12. Jahrtausend bis in das 2. Jahrtausend, als die hellhäutigeren, kleingewachsenen Eroberer indoeuropäischer Völker und sich mit ihnen verbündende und vermischende semitische Stämme tiefer in den afrikanischen Kontinent vordrangen. Sie sind wohl die Menschen, die man im Altertum Libyer nannte. Auf das »eindeutig negroide« Element stößt man in Ostafrika zwischen 7.500 und 4.800 v. Z. Ein derartiges Element läßt sich bei Funden in Westafrika nicht vor Beginn der Eisenzeit nachweisen, obwohl die Menschen Westafrikas wie die Bantu und das gesamte subsahare Afrika genmäßig der großen negroiden Familie Afrikas zuzuordnen sind! Vermischt waren auch bereits die Menschen der vorhellenischen Bevölkerung Griechenlands, sie waren Libyo-Berber. Gewisse Übereinstimmungen in Sitten und Gebräuchen bestehen zwischen Guanchen, Berbern, Basken und Äthiopiern, aber auch zu den Menschen des Hadramant im äußersten Süden der arabischen Halbinsel, dem heutigen Yemen, die als Ahnen der Phönizier gelten. Ihr Name bedeutet wie der der Äthiopier oder Kuschiten »rot«, und auch die Philister, deren Riesen Goliath der jüdische König David besiegt, waren wie die Khoi-Khoi Südafrikas, die sich selbst ava khoib, »rote Menschen«, nannten, Rote. Der Name der »Ur-Einwohner« der Kanarischen Inseln, Guanchen, bedeutet »Menschen«, gi.zon im Baskischen, khoi.b bei den »Hottentotten«! Wie der erdgeborene Gigant Gyges bezeichneten sich auch die Basken als »aus der Erde Geborene«. Wie die Khoi-Khoi errichteten die Guanchen der Kanaren einem höchsten Wesen Steinpyramiden, und wie die Kelten kannten sie weibliche Druiden, die Magnaden. Auf den Kanaren entdeckten die geistlichen Herren Bontiér und Le Verrier der Expedition Betencourt 1.402 cromagnoide weiße und negroide Menschen, »semitische«, mediterrane, braunhäutige, bereits vermischte, und einen »kurzköpfigen« Menschenschlag, der als mit den Kelten verwandt gilt. Allerdings fanden sich solche Menschen wie schon erwähnt auch als Anu. Und weil sich das negroide Element wie seriologische Untersuchungen ergaben, anpassungs- und vermischungsfähiger als alle anderen »rassischen« Elemente erwies, ist der Schluß naheliegend, daß die Ahnen der Kelten Aryano-Negroide, »negroide Arier« waren, und nicht umgekehrt. Das ist ein neuerlicher Hinweis darauf, daß sich derart trennende Klassifizierungen nicht dazu eignen, die Rätsel unserer Vergangenheit zu lösen. Deutlicheren Aufschluß vermögen das traditionelle Brauchtum der Menschen, ihre Sprachen und ihre Mythen zu geben.

Wie die Ägypter, bei deren vordynastischen Ahnen man dank einer Inschrift auf einer Stele von Philäe auf nahezu das gleiche Rassengemisch wie bei den Kanaren stieß, mumifizierten auch die Guanchen ihre Toten. Bevor man in Ägypten subtilere Mittel entwickelte, verwendete man dazu roten Eisenocker! Vermutlich stößt man deshalb bei cromagnoiden Bestattungen stets auf »rote Knochen«. Auf Kontakte zwischen Kreta und den Kanaren weisen Schiffsabbildungen und ähnliche Alphabetzeichen hin, die wiederum Symbolen der Berber vom Atlas ähneln, deren Sprache Tamaziert heißt, »die Weiße Dame«! Zur Zeit der Entdeckung durch die Europäer lag der Weizen der Guanchen weit über der Qualität des europäischen. Die Guanchen waren Viehzüchter, Taucher, Schwimmer und Ackerbauern, sie kannten Bier und Wein, und mangels Rohstoffen auf den Inseln erzeugte man die sakralen Schilder aus der Rinde des Dragonier, eines Baumes mit rotem Saft. In Phönikien ersetzte die rote Farbe der Kermes-Schildlaus den roten Eisenocker, auch der »König der Juden«, Jesus von Nazareth, ist mit einem purpurroten Kermes-Gewand beschrieben, das er bei seiner »Krönung«, seinem Opfergang, trug. Sportliche Wettkämpfe wurden auf den Kanaren veranstaltet, wie bei den Priesterinnen der Danäer in Argos, es gab Vielmännerei und keine Einehe, die eine indoeuropäische Erfindung ist, und alles in allem stellte diese Bevölkerung der Kanaren ein hochzivilisiertes, religiöses, aus verschiedenen Rassen vermischtes und friedliches Volk dar, das sich an die karge, aber fruchtbare Gegebenheit ihrer vulkanischen Inselwelt gut angepaßt hatte, auch an die Isolation vom Mutterkontinent Afrika, der mit den Inseln unterseeisch verbunden ist. Alle diese Menschen oder Völker, Guanchen, Berber, Basken, Kreter, Ägypter, Äthiopier und die Vorfahren der Phönizier aus dem sagenhaften Land der Königin von Saba (Yemen), weisen Übereinstimmungen auf, die auf eine sehr frühe gemeinsame Herkunft ihrer Ahnen deuten können, bevor die verschiedenen Rassen entstanden. Wie es unwahrscheinlich ist anzunehmen, daß wir Erdenbewohner die einzigen Lebewesen im All sind, ist es wohl, solange das Gegenteil nicht vollkommen auszuschließen ist, unwahrscheinlich vorauszusetzen, die Erde habe in ihrer langen Geschichte keine *anderen* intelligenten Wesen hervorgebracht.

Unsere »Geschichte« beginnt zumeist mit Sumer und Ägypten, dem Land der Pharaonen am Nil. Die »rätselhafte« Sphinx bewacht sein Delta, die so rätselhaft nicht mehr ist. Ihr ägyptischer Name war arq ur, »etwas das zu Ende geht« (und wie das sumerische ma »wieder beginnt«) und »groß« oder »Haupt«. Auf die Kalendersymbole Löwe und Adler als Symbol für die »erhöhte Schlange«, die geflügelt ist, stieß man auch in Babylon, denn die Sphinx stellt zweifellos das Mysterium der »großen Zone«, des Zodiak dar, dessen Mysterium auch in der jüdischen Geheimlehre, der Qua-ba-lah, dem eigentlichen »Haus Gottes«, überliefert ist. Ak.di.zo = Qua.ba.lah. Ak (Ägypten) oder Qua, wie die »Bienengöttin« Kretas Qu're, steht für den reinen Geist Gottes, di(s) bedeutet wie ba (brh als Wurzel) Transzendenz, die Kraft Gottes, und Zo (Zu) oder lah, erst die »Schlange«, später die Sonne, die »lunare Mitte«, denn diese Mitte ist überall. Kousch, den »Gott des Himmels« der Äthiopier, nennt man in Westafrika arc-enciel, »Bogen am Himmel«. Die Ka.ri.ba an der Grenze des nördlichen Zimbabwe zu Zambia galt als größtes Heiligtum im südlichen Afrika. Ungeachtet des erbitterten Widerstandes der einheimischen Bevölkerung wurde hier von der weißen »Herrenrasse« ein Stausee erbaut. Man stelle sich das Sakrileg vor, den christlichen Petersdom oder das heilige Zentrum der Mohammedaner, Mekka, unter Wasser zu setzen. Ka.ri.ba bedeutet »Fluß der Zeit«. In der nun überfluteten Schlucht der Kariba sollen sich Höhlen mit Felszeichnungen befinden, welche die Geschichte der Menschheit sowohl der Vergangenheit als auch der Zukunft wiedergeben! Hier erfolgt nach der Überlieferung die »Transformation des Menschen«, wenn sich der »Fluß der Zeit« umkehrt, die Zukunft in die Vergangenheit *zurückkehrt* und zur Gegenwart wird. Die Weisen der Kariba verließen diesen Ort vor langer Zeit, ohne Spuren zu hinterlassen. Sie gaben an die Bantupriester die ältesten Überlieferungen weiter, die sie nach Auskunft Credo Mutwas »Buschmännern« verdankten! Sie waren große Heiler und die Bewahrer des Wissens. Wie die langhaarigen und bärtigen Giganten der Mythen sind auch diese geheimnisvollen Weisen als bärtig und langhaarig beschrieben. Doch müssen diese Priester-Schamanen nicht unbedingt nur Männer gewesen sein, denn die Große Göttin wurde auch mit einem Bart abgebildet, wohl um anzudeuten, daß sie sowohl das Weibliche als auch das Männliche in sich vereinte. Diese Weisen waren »Schlangen«, und die Giganten besaßen Schlangenschwänze. Daß Überlieferungen der Sotho wie europäische Legenden von Seejungfrauen mit grünlicher Farbe und roten Haaren berichten, mag sich darauf beziehen, daß die »Schlangen« einst Frauen waren. Als Meer-Jung(e)frauen sind sie wohl beschrieben, weil Ma.ri.a »die vom Meere« war, wie ihr Name besagt, wobei das Meer den kosmischen Ozean symbolisiert, aus dessen Transzendenz die »Schlangen« ihre spirituell-magische Kraft schöpften. Ihre grüne Farbe erinnert an die sagenhaften »Froschmenschen«, die Giganten einer ausgestorbenen Rasse, und die Haare von Khoi-San und Bantu wirken noch heute durch das rituelle Auftragen von Eisenocker blutrot.

Kousch geweihte Tempel als »Bogen des Himmels«, der sich dieses Attribut der Göttin aneignete, gab es im Memphis, in Theben, und in Meroë im Sudan. Einer seiner Namen ist Khon, Son oder Chon, den die Griechen Herakles nannten. Sein Geburtsort war Taïba, das ägyptische Theben, das die aus dem Süden kommenden A.nu begründeten. Son oder Chon ist Ham oder Cham, den die Bibel als ersten »Ägypter« erwähnt, ein Synonym der Antike für Afrika, und als »Ahne« der Neger war er wohl ein Nubier. Der griechische Mythos schreibt die Aufgabe, den Himmel neu zu ordnen, Herakles zu, also Son oder Chon, Cham oder Ham – Koush.

Herakles, Großbaumeister und Schmiede

Jenseits der »Säulen des Herkules«, dem Vorläufer von Herakles, soll Atlantis gelegen sein. Herkules' Name bedeutet »Held der Hera«, Herakles »Ruhm der Hera«, dazwischen liegt bereits ein feiner Unterschied. Hera war – von e.ra – ein Name der Erd-Mutter, woran noch heute die Ära, ein Zeit-Raum, erinnert. Die Säulen des Herkules bezeichnen hier die Meerenge von Gibraltar. Allerdings benannten die Griechen erst Homer zuliebe diese Meerenge, welche die beiden Kontinente, Europa und Afrika, voneinander trennt, nach Herkules. Man nannte sie auch Säulen des Chronos und Säulen des Briarëus, dem ersten der Giganten. Herodot bezeichnet Herakles als »uralten ägyptischen Gott«. Nach eigener Angabe der Ägypter waren bis zur Regierungszeit des Amasis 17.000 Jahre verflossen, als der Götterkreis von acht auf zwölf Götter erweitert, und Herakles in ihn aufgenommen wurde (Historien II,43). Das trifft sich mit einer Angabe von Diodorus Siculus, wonach der ägyptische Herakles, Son oder Chon, in einer Flut ertrank. Mit dieser Flut ist offensichtlich die letzte Flut gemeint, die nach dem jähen Ende der letzten kleinen Eiszeit vor etwa 12.000 Jahren den Mittelmeerraum verwüstete. Um diese Zeit wird in etwa der letzte Untergang von Atlantis angesetzt.

Zwei Säulen des »Herakles« sind auch aus Tyrus (Kanaan) überliefert, die eine war aus lauterem Golde, die andere aus Smaragd, das des Nachts leuchtete. Diese Beschreibung Herodots (II, 44) bestätigt die Abbildung auf einer bei Tyrus gefundenen Stele. Die zwei Säulen beziehen sich bereits auf einen solaren Kalender, auf den Kreis von zwölf Göttern, den Zodiak, der üblicherweise den Sumerern zugeschrieben wird. Die Spuren des »ältesten Vorläufers« des Herakles, des Giganten Briarëus, lassen sich von Nordafrika bis in den Kaukasus verfolgen, und so überrascht es nicht, daß man auf »Säulen« auch in anderen Teilen Europas, Kleinasiens und auch in Asien trifft. Säulen symbolisierten wie auch Bäume Kalender-Alphabet-Zeichen bzw. dahinter verborgene Schöpfungskräfte. Vielleicht fixierten sie wie davor Bäume oder Bergspitzen oder Steine den Aufgang der Sterne und die Wanderungen des Mondes, wonach die »Punkte-Bilder« vom Himmel abgeschrieben werden konnten. Derartige Punkte-Bilder finden sich sowohl in Andalusien als auch in Sibirien und auch im südlichen Afrika u.a. auf einem Granitfelsen, den ich zur Zeit der Wintersonnenwende am 21. Juni besuchte. Der felsige Hügel ist geradezu mit Punkte-Bildern übersät, die zu Sinnbildern geordnet, und schließlich zu den Tierkreis-Zeichen wurden. Hier befand sich ein »Opferplatz« der San, erzählte mir Credo Mutwa, der das gigantische Yoni-Symbol aus Stein, das sich hier in der Nähe befindet, rituell wiederbelebte. Während auf der einen Seite die Sonne auf afrikanische und atemberaubende Weise unterging, stieg auf der gegenüberliegenden die volle

Mondscheibe langsam empor. Der ganze Berg wurde blutrot. Uwe Topper vermutet, daß die Punkte-Bilder in Andalusien, die den Himmel der nördlichen Sphäre ordneten – besonders Orion, Waage, Zwilling und Löwe konnte Topper leicht erkennen – von den Riesen stammen. Waren sie noch körperliche Riesen wie die Vorfahren der Khoi-San oder bereits »verzwergt«?

In einem griechischen Mythos bewacht der »hundertarmige« Gigant Briarëus Chronos, die Zeit, in einem anderen wird Dionysos, als dessen Amme Io gilt, von Argos Panoptes, »alle Augen«, einem hundertäugigen Ungeheuer, bewacht. Das verweist noch auf den alten Acht-Götter-Kreis. Argo heißt weißschimmernd, und das »Ungeheuer« ist die »weiße allgegenwärtige Weiblichkeit« der Bantu, die transzendente Kraft der Großen Göttin, die *Sie* ihrem Heros schenkte. Herakles stiehlt den Hund des Giganten Geryon, dieser Hund ist Sirius, der »Hundsstern« im Schwanz des Großen Hundes, und das hundertäugige Ungeheuer, das die Giganten bewachen, das alte Sternbild Argo, das sich »einst ganz und gar am Himmel befand«. Heute ist nur noch das Steuerruder der Argo erkennbar, Canopus, ein Stern, der einst auf einen südlichen Polarstern gezielt haben dürfte, denn er gehört der südlichen Himmelssphäre an. Darauf deutet auch die Angabe hin, die Argo wird nun vom Schwanz des Hundes (Sirius) mit dem Heck voran, also verkehrt nordwärts gezogen![23] Im Zentrum des ältesten bekannten Kalenders, der sich seit Mitte des 5. Jahrtausends in Ägypten nachweisen läßt, stand Sirius, und auch bei den Dogon nahm dieser Stern den Platz ein, »wo heute die Sonne ist«.[24]

In einer anderen Version des Mythos erschlägt Herakles den dreiköpfigen Giganten Geryon und raubt dessen »rotes Vieh«. Daß die Giganten dreiköpfig waren, erinnert an das »Keimvolk« im chinesischen Mythos, dem gleichfalls stets die Dreizahl beigefügt war. Der Name Geryon bedeutet »aus der Erde geboren«, auch Riese, als aus der Erde Geborene verstanden sich auch die alten Basken, deren Vorfahre ein Riese war, Thubal; Tobelianer nannten die Römer die Basken. Das Wort geryon hat im Griechischen keine Bedeutung, aber bei den Basken hieß garion »guter Weizen«. Uwe Topper vermutet als »rote Insel«, wo der Diebstahl erfolgte, Gades, das heutige Cadiz, nahe der Säulen des Herkules, doch handelte es sich vermutlich um eine »Insel« am Erythräischen Meer, der Zusammenfassung von Rotem Meer, Persischem Golf und Indischem Ozean, wo das sagenhafte Fischwesen Odakon aufgetaucht war. Auch im Zusammenhang mit dem vorkeltischen Heiligtum von Avebury, einem »neuen Jerusalem«, das Ende des dritten Jahrtausends im südlichen Britannien errichtet wurde, ist von einem König als »dreifach verkörpertem Geryon« die Rede. Aveburys Erdwall umschloß ein Ring von hundert Säulen! Von Erythräa, der »roten Insel«, kamen auffallenderweise die Edomiter, Verbündete des Stammes Israel, die man auch Hundemenschen« nannte. Ihr Heros war Edom, »der Rote«, Adam bzw. Adamos, der Heros oder Sakralkönig auch der Da-näer, der »Vorfahren« der Kelten. Ebenfalls ein Hundemensch war der Biblische Kaleb, der den »Heiligen Geist« nach Hebron brachte. In der Kulthöhle Machpelah in Hebron wurde der Stammvater der Hebräer, Abram, von einer Priesterschaft, den Melchisedekiern, in das Mysterium eingeweiht und zu Abra.(c)ham, d. h. er erhielt den Titel Cham oder Ham und wurde zu einer »Großschlange«, zu einem »Unsterblichen«. Ursprünglich war die Kulthöhe, das »erste Jerusalem« der Hebräer, der Großen Göttin Thethys geweiht, der »Mutter des Okeanos und aller seiner Kinder« – Thethys ist bereits ein hethitischer (indoeuropäischer) Name. König David verlegte das Heiligtum der Hebräer dann in das »neue« Jerusalem. Aber der Edomiter und Hundemensch Kabeb entspricht im Mythos Sarpedon, einem Sohn oder Bruder des »Minos«, der Lykien besiedelt hatte. Die demokratischen, weil mutterrechtlichen Bräuche dieses Volkes an der Südwestküste Anatoliens, muteten bereits Herodot als »seltsam« an, obwohl er als Karer selbst von dieser Kultur abstammte, die in den »minoischen« Raum zurückweist.

»Herakles« war vor der Flut von Oberägypten aus nordwärts aufgebrochen, und wohl auch west- und ostwärts, überall dorthin, wo sich auch Spuren von »Argonauten« und Spuren des Giganten Briaräus finden. Zuvor mußte er sich das Kalender-Mysterium aneignen, das sich im Besitz der »Giganten« befand. Alle in den Mythen überlieferten Viehdiebstähle und Tötungen von hundertarmigen oder auch hundeköpfigen Giganten beziehen sich stets darauf. Der Grund für den Diebstahl war, daß sich im Kalender-Alphabet-Mysterium das Geheimnis des unaussprechlichen (geheimen) Namens der *Kraft* Gottes verbarg, nicht Gottes, der namenlos war, wie im traditionellen Afrika noch heute.

Andererseits erschlugen drei »Hundertarmige« die Titanen und vertrieben Chronos, der sich in eine Schlange verwandelte, in den Norden. Das heißt, daß auch Giganten den alten Kalender erschlugen, die alte Zeit Chronos-Saturn, denn Saturn gilt als Planetenherrscher des ersten »goldenen« Zeitalters (Hesiod). Hier verbirgt sich auch der Hinweis auf ein Bündnis von Zeus-Herakles mit dem pelasgischen Stamm der Kotter. Kottos war der letzte von den drei ersten Giganten. Historische Spuren der Kotter fanden sich am Schwarzen Meer und in Thrakien. Als »göttlicher Vater« von Cottius, dem Sakralkönig der Kotter, nannten die Römer Donnus oder Don, die vermännlichte D.anu. Es war schon seltsam! Auf den Spuren der Großen Göttin war ich um den halben Erdball gereist, um sie in Afrika zu finden, und war ihr doch von Anfang an so nah gewesen. Denn *Sie* verbirgt sich auch in den Namen des russischen Flusses Don und der Donau (Da.nube, lat.), an deren Ufern ich geboren worden war. Auch der Name des ersten der Giganten erinnert an sie bzw. ihre Transzendenz, denn in Bri.arëus ist wie in der Großschlange Bo.rea, oder im »Atem Gottes« der Hindu, Brahma, die Wortwurzel b.r.h enthalten, die wie das indoeuropäische »dis« Transzendenz bedeutet. Dis war ein »hyperboreischer« Gott der Kelten und Dione (D.anu) die »Eichengöttin« wie Atlas ein »Eichenheros«. Als Brizo galt sie als die hyperboreische Göttin von Delos, bevor der griechische Lichtgott Apoll auf dieser Insel geboren wurde. Sie ist die keltische Brigid und die christianisierte Hl. Brigitte, deren Namen ich bei meiner Taufe auch erhalten hatte! Als Schutzgöttin stand sie sowohl den Heilern, den Dichtern, aber auch den Schmieden vor.

Den drei hundertarmigen gigantischen Brüdern folgte wiederum eine Triade nach, die drei einäugigen Kyklopen Brontes, Steropes und Arges (Argos). Von Thrakien zogen sie nach Kreta und Lykien, ihre Söhne traf Odysseus in Sizilien. Diese Riesen trugen auf ihrer Stirn das »eine Auge«, vermutlich handelte es sich dabei um eine Tätowierung oder Bemalung, wie sie von den Britannien erobernden Pikten und in geschichtlicher Zeit noch von Thrakien her bekannt war. In Afrika ist es noch heute Teil einer rituellen Bemalung bei den geheimen Schmiede-Mysterien.

Giganten besiedelten die Ägäis und waren wohl die ersten »Argonauten«, denn von Briarëus, den man auch Ägir nannte, soll sich der Name für die Ägäis herleiten. Ägir ist Egir, und Ekim der Name des Riesen-Stammes in der Genesis! Ägir war »braunhäutig« und »heiter«. Mit den zornigen Giganten scheint er nichts zu tun zu haben, allerdings war Ägis auch ein Name der libyschen Neith, und so führen die Spuren auch hier wiederum nach Libyen zurück, nach Afrika, von wo aus die Ägäis ursprünglich besiedelt wurde.

Auch der »weise« und »gerechte« Rhadamantys besiedelte die Ägäis, er gilt bereits als Sohn des Schmiedegottes Hephaistos, das war ein Titel Eingeweihter in Ägypten, die man auch Ptah nannte. Ptah war der »Entwickler«, der »die Dinge formt«, er hob das Land der Ägypter aus dem Wasser empor, indem er an den Stellen, an denen der Nil steigt, Deiche errichtete. Ptah soll nicht nur Ägypten, sondern auch »das Bergland« und »das ferne Ausland« erschaffen haben. Aber alle ihre »alten Götter« waren ursprünglich aus dem Süden gekommen, gaben die Ägypter an. Abbildungen zeigen einen gehörnten Kopfschmuck, das lunare Symbol auch der kretischen »Doppelaxt«. Mit cretea, der »starken beherrschenden Göttin« steht auch Rhadamantys in Verbindung, er gilt als stolzer Besitzer von 3.000 Stuten, was bereits auf einen Sonnenkalender hinweist (30 Tage). Rhadamantys richtete »auch die Asiaten«! Als Orakel-König herrschte er über die Unterwelt, die eleusinische Flur. Dieses Elysium gibt Homer als am Ende des festen Landes liegend an, Elysium ist das »Apfelland«, und »Land der Apfelbäume« bedeutet auch der Name des vorkeltischen Heiligtums Avalon! Nach Erzählungen der Karchodonier setzte sich das bewohnte Libyen, Afrika, noch über die Säulen des Herakles fort, was auf eine Zeit vor dem Versinken einer »Verlängerung Westeuropas« hinweist, von der druidische Legenden im Zusammenhang mit dem Untergang von Asgard (Atlantis) berichten. Waren damit die »glücklichen Inseln« gemeint, die Kanaren? Sind sie die mythischen Hesperiden mit den goldenen Äpfeln? Jedenfalls flohen die sieben Töchter des Atlas nach dem Sieg des Herakles über Geryon und damit vor der letzten Flut auf die Kanaren.[25] Daß das sagenhafte Riesen-Reich Seefahrt betrieb, geht auch aus einem Hymnos an Isis hervor, den man auf der ägäischen Insel Andros fand. Er besagt, »Den Menschen habe ich zuerst das Wagnis empfohlen, die Meere zu befahren«. Andros, »Mann«, gilt als

Kreter und als Gefolgsmann von Rhadamantys, der auch als Bruder des Minos beschrieben wird. Dessen Sohn war Herakles! All das deutet auf eine seefahrende Kultur vor dem endgültigen Untergang von Atlantis hin, die auch zu technischen Meisterleistungen imstande war, wie sie das Bewässerungssystem in der westlichen Sahara darstellt. Dort lebten die Meropen, die Menschen, die Atlantis bewohnten oder früher bewohnt hatten.

Prof. Flinders Petri machte darauf aufmerksam, daß das System in der Sahara gleichmäßige und regelmäßige Niederschläge voraussetzte. Nun, ein entsprechendes Klima gab es während der neolithischen Feuchtphase der Sahara (8000 – 3000 v. Z.), die eigentliche Klimakatastrophe jedoch, die zur Versandung der Sahara führte, fand wesentlich früher statt und war um 7000 v. Z. spätestens abgeschlossen. Bereits damals setzten Abwanderungen ein, davon ist Cheikh Anta Diop überzeugt. Manche Völker wanderten nordwärts nach West- und Nordeuropa, andere ostwärts nach Ägypten und weiter nach Kleinasien, wieder andere zogen südwärts, wo sich in den Tiefen des afrikanischen Kontinentes ganze Völkerschaften verloren zu haben scheinen. Unter ihnen waren wohl die Proto-Bantu, deren Nachfahren viele Jahrtausende später im südlichen Afrika eintrafen, von dem ihre fernen Vorfahren vor über 100.000 Jahren nordwärts aufgebrochen waren.

Das Tunnelsystem der Garamanten, das die Araber für sich beanspruchen, die jedoch nicht vor dem siebenten Jahrhundert v. Z. nach Afrika kamen, wird gerne auch »indoeuropäischen« Libyern zugeschrieben, die jedoch nicht vor dem dritten Jahrtausend im Mittelmeerraum nachweisbar sind. 700 v. Z. nahmen die in Fessau eindringenden Araber den letzten Garamanten-König gefangen. Einigen war die Flucht nach Mali gelungen, wo man bei den Dogon auf eine sehr präzise Kenntnis des Kosmos stößt. Aber nicht nur die Garamanten errichteten gewaltige Bewässerungsanlagen, auch das sagenhafte Reich der Königin von Saba im heutigen Nordyemen soll ein einziger blühender Garten gewesen sein, und auch die »hängenden Gärten« von Babylon zeugen noch davon. Nach Berichten des Arabers Rasis erbaute Pyrrus, ein König der Kureter, im heutigen spanischen Cadiz eine Wasserleitung. Der kuretische Baumeister leitete das Wasser in einer großen, steinernen Leitung vom Tempel etwa 60 km weit in die damalige Stadt, das heutige Cadiz. Reste dieser gigantischen Arbeit aus meterhohen Kalksteinblöcken, die mit Nuten zusammengefügt waren, kann man noch heute bei Ebbe sehen.[26]

Kureter sind Kreter, sie gelten als die daktylischen Lehrer des Kindes Zeus und als Begründer von Knossos. Ihre Namen entsprechen den Fingern, dem geheimen Kalender-Alphabet Eingeweihter, das man sozusagen in den 28 Fingergliedern der Hand eingeschrieben trug. Dieses sakrale Hand-Alphabet ist auch von Indien her bekannt. Die als Riesen beschriebenen Daktylen unterrichteten sowohl den mythischen Orpheus als auch den historischen Pythagoras, es handelte sich dabei also um eine Priesterelite, welche mit den Schmiede-Mysterien in Verbindung stand, man nannte sie »Meister der Öfen« und »machtvoll durch das Feuer«. Auf ihre Spuren stößt man im gesamten östlichen Mittelmeerraum. Daktylen sind auch als Priester der »bärtigen« Kybele, der Gottheit der Berge, der Bergwerke und der Höhlen angegeben.

Großbaumeister halfen auch König Salomon beim Bau seines Tempels, der sich deshalb um Hilfe an den Herrscher von Tyris wandte. Ihre Symbole waren Zirkel und Hammer, noch die Symbolik der »Kinder Solomons« in Frankreich, einer Bruderschaft der Bauhütten, welche die Notre-Dame-Kathedralen in Frankreich erbauten. Zirkel und Hammer sind bis in unsere Tage Symbole von Freimaurerlogen.

Nach einer von Clemens Alexandrinus in Protreptikos (II, 20) überlieferten Tradition waren die Kabiren oder Korybanten, und Kureter, die Kreter, ursprünglich wiederum drei Brüder, von denen einer von den beiden anderen getötet wurde. Sein Haupt soll am Fuß des Olymp begraben sein. Das deutet auf den mumifizierten Kopf eines Sakralkönigs hin, wie es auch ein Brauch in Afrika war. Derartige Orakelköpfe wurden in heiligen Höhlen aufbewahrt. Das Haupt des ägyptischen Osiris soll in Abydos bestattet sein, Orpheus' noch nach dem Tode singender Kopf bezieht sich darauf, einen »sprechenden Kopf« erwähnen die Maya im Zusammenhang mit dem Ursprung ihrer Vorfahren, und auch der Kopf von Adamos, dem Roten, war in der Kulthöhle Machpelah in Hebron begraben, den sich die Verbündeten des Stammes Israel, die Edomiter, als Edom mit den Vorfahren der Hebräer teilten. In dieser Kulthöhle rief Kaleb den Geist der Ahnen an. Bis heute kämpfen Israeliten und Ismaeliten um die Grabstätte ihres einst gemeinsamen Heroen. Was Adam oder Edom für diese Stämme war, war Orpheus für die Griechen, welche die eleysinischen Mysterien von den »Müttern« übernommen hatten, und Osiris für die Ägypter, einem »Dionysos«, allerdings war Osiris ohne Isis undenkbar, wie Dionysos ohne Demeter.

Der nordische Mythos nennt ebenfalls Riesen als ursprüngliche Kulturbringer und nicht Zerstörer. In ihm ehrt die Seherin Wölva Riesen als »Erzieher«. Der erste der Asen war Odin, der auch als »Schmied von Liedern«, als »Sänger«, beschrieben ist. Odu, der »Vater« der Bantu, wird von der Großen Mutter Ma, bzw. dem Mysterium ihrer Tochter Amarive, der Sängerin und Tänzerin, vom Tier zum Menschen, wie der babylonische Enki durch die »Tempelhure«.

Noch heute kann man »jenseits« von Cadiz, nahe dem heutigen Tanger in Marokko, die »Herkuleshöhle« besuchen, deren Wände mit perfekten konzentrischen und riesigen Kreissymbolen überzogen sind, wie man sie auch von Malta und anderen Megalith-Fundorten her kennt. Sie entsprechen Gravierungen mit einem gigantischen Zirkel, was von einem Führer demonstriert wird. Nicht weit davon entfernt gibt es Steinkreise. Die konzentrischen Kreise gelten als das magische Symbol der Schmiede, die als Kulturbringer nicht nur die »Erzieher«, sondern auch die Techniker und Großbaumeister ihrer Kulturen waren. Noch die Phönizier erbauten in Cadiz, dem alten Gadir, dem Herkules einen Tempel. In einer Ode, die Kaiser Theodorus v. Byzanz gewidmet war, wird Gadir als älteste Stadt von allen bezeichnet, aber eine noch ältere Stadt befand sich an der Westküste. In ihr gab es nach Strabon einen Kronos-Tempel. Aus dem Fels gehauene Grundmauern, eine Turmbasis, Treppen und Zisternen, sowie »eigenartige runde Behälter in Form eines aus dem Fels gehöhlten Bienenkorbes mit offener Spitze«, sind auf dem Berg Median Sidonia noch zu erkennen. Und hier wird es besonders spannend, denn die Beschreibung dieses eigenartigen Turmes erinnert an den gleichfalls rätselhaften Turm der berühmten Ruinen Zimbabwes.

Das Großreich der Ma.Iti, die Königin von Saba und die »schwarzen Riesen« der »zweiten Rasse«

Die berühmten Ruinen von Zimbabwe werden heute einer afrikanischen Kultur, den Shona (Bantu) zugeschrieben, eine Vor-Zimbabwe-Kulturstufe befand sich in Südafrika, in Botswana, und Mozambique.[27] Im Mythos steht das spätere Zimbabwe mit einem einstigen »phönizischen« Großreich im südlichen Afrika in Verbindung, deren Menschen Credo Mutwa die Ma.Iti nennt. Danach wurde Zimbabwe bei einem Aufstand der versklavten einheimischen Bevölkerung gegen ihre »roten« Unterdrücker zerstört, für welche die »schwarzen Riesen« das begehrte Gold aus der Erde holen mußten. Tatsächlich gibt es allerorten in Zimbabwe antike Goldbergwerke. Aus verständlichen Gründen wurde ihre Lage geheimgehalten, als während des 16. Jahrhunderts die Portugiesen nach Zimbabwe kamen, um nach dem sagenhaften Gold zu suchen.

Dieses mythische »phönizische« Großreich im südlichen Afrika läßt sich von Legenden rund um die Kalahari nicht trennen. Die Große Kalagadi, die jeweilige Königin dieses Volkes, das auch die Magadi-Salzpfannen und die Swamps des Okavango besiedelte, soll mehrere tausend Jahre regiert haben! *Sie* war die »fremde Frau«, nach der die Ka.la.hari benannt sein soll. Die Menschen dieses Volkes werden als Mischung aus afrikanischen Stämmen, Khoi-Khoi, und anderen Rassen beschrieben. Einige von ihnen hatten sehr lange Haare und auffällige gebogene Nasen, wie manche A.Rabi. Die Frauen trugen eine phantastische Haartracht, die Männer eine Art gehörnten Kopfschmuck. Sie verehrten die Große Mutter als Mondgöttin, die sie Neni oder Nanana nannten, und ihre jeweilige Königin galt als lebende Inkarnation von Ka.ba.tu oder Likwere, der Göttin des Mondes. Viele Generationen lang lebte dieses Mischvolk in den Swamps des Okavango in Häusern aus Schilf, von denen manche auf großen Flößen schwammen. Sie waren Fischer und Jäger und betrieben Ackerbau, auch bauten sie eigenartige Setzlinge in den Wasserteichen an, sobald die großen Ebenen überflutet waren. Handelte es sich dabei um Reis? Sie errichteten eine große Stadt, bei der es sich wohl um die geheimnisvolle »Stadt des Mondes« in der Kalahari handelt, nach der Generationen von Abenteurern und auch Forschern aufgrund der alten Legenden immer wieder vergeblich suchten, weil ihre Ruinen, kaum gesichtet, wieder vom wandernden Kalahari-Sand verschlungen wurden. Nach Legenden der San errichteten »vergangene Zivilisationen« zwischen Zimbabwe und der Küste eine Kette von Befestigungen, um den Transport von Gold und Silber zu gewährleisten. Entlang des Limpopo-Flusses, der Zimbabwe von Südafrika trennt, sollen sich bis in die Kalahari sagenhafte Königsgräber befinden, die noch nicht entdeckt wurden. Die San erzählten, daß die Schätze durch einen Fluch geschützt sind, den die Priester der verschwundenen Kultur dieses »verlorengegangenen Volkes« aussprachen. In einem Artikel in »The Star« vom 10.10.1951 heißt es, »das Mindeste, was das Land für die versunkene Stadt in der Kalahari tun kann, ist sie zum nationalen Denkmal zu erklären, dessen Lage zur Zeit unbekannt ist«. Credo Mutwa beschreibt die Frauen dieses mysteriösen Volkes als Kriegerinnen und ihre Königinnen als große Magier. Die letzte Königin, die das »heilige Feuer« hütete, konnte nach Belieben Blitze erzeugen und Stürme herbeirufen. Der Untergang kam durch eine schreckliche Epidemie, die nur wenige Menschen überlebten, unter ihnen befand sich die letzte Königin, die eine Schlacht gegen Giganten austragen mußte, welche zu dieser Zeit den größten Teil des südlichen Afrika besiedelten. Es gibt eine Vielzahl von Legenden über die Ma.Iti und manche widersprechen einander, aber seit sich auf Madagaskar Beweise dafür fanden, daß die Insel wesentlich früher als bislang angenommen mit der ägyptischen Kultur in direkter Verbindung stand, sind sie nicht mehr als »unsinnig« abzutun. Vermutlich verbirgt sich hier auch die von Prof. Raymond Dart festgestellte Ursache für die Abstammung des besonderen Bantu-Rindes von indischen Vorfahren! Und auch die berühmte Felszeichnung in Namibia, die »Weiße Dame vom Brandberg«, ist wohl in diesem Licht zu sehen. Ihr Entdecker Abbé Breuil verglich sie mit minoischen Wandgemälden! Nach Credo Mutwa stellt sie einen

Prinzen der Ma.Iti dar, allerdings zeigt die Figur den mädchenhaften Ansatz von Brüsten und erinnert auffällig an Artemis, die »Mondgöttin« der Phönizier. Die letzten Überlebenden des ausgelöschten Volkes zogen nordwärts und vermischten sich mit den Stämmen. Waren unter ihnen die Vorfahren der Shona, die Zimbabwe erbauten?

Die Königin von Saba sandte Goldexpeditionen in das sagenhafte Pu(n)t, das neben Kusch (Äthiopien) und Kanaan, dem späteren Phönizien, als einer der ersten »Söhne« von Ham gilt. Klärung mag sich in dem Hinweis Gordons verbergen, daß es sich im Sprachgebrauch von Homer bei Phöniziern eigentlich um Minoer handelt.[28] Bezieht sich der Bantu-Mythos von einem tausendjährigen phönizischen Großreich im südlichen Afrika womöglich auf die Ahnen von Kuschiten, Phöniziern und Minoern? Tatsächlich gibt es ein all diese scheinbar verschiedenen Kulturen verbindendes Element – die »Göttin« Mari, »Geist«, auch der Basken.

In Ägypten war Ta Mari die »Heiligkeit der Erde« als Anziehung kosmischer Energie. Ay Mari nannten die Ägypter Zypern, auf dem Aphrodite, die man auch die Rote nannte, aus dem Meer »stieg«, an Land ging. Ein Mari gab es auf Kreta und in Mesopotamien am Euphrat, das bereits 1800 v. Z. von Hammurabi geplündert wurde. Ma.rimba regiert bei den Bantu als Göttin der Musik und der Tänze ein friedliches Land im Süden! Ama.rive war die Rote, Überlebende der ersten Rasse der alten Kalahari, die Tochter der Großen Mutter Ma, Ma.ria wurde zur christlichen Mutter (des) Gottes, nach E. Paar bedeutet -rim im Sumerischen »ein Kind gebären«. Schließlich hieß die Hauptstadt der Sabäer, des Volkes der Königin von Saba, Marib,[29] und die Esoterik der Shona kennt Mari als Symbol für »die letzte Instanz aller Dinge«!

Alle erwähnten Kulturen stehen mit »Roten«, mit Riesen oder Halbgöttern und Schmieden in Verbindung, auch der sagenhafte König Miletos, der das Volk der Milaneser begründete. Wie Sarpedon, Kaleb und Rhadamantys, verweist auch er in den »minoischen« Raum. Miletos kämpfte gegen den Riesen Astërios, die Große Göttin Asterië, als A'st schrieb man Isis in Ägypten! Sein Name bedeutet »die Farbe roten Ockers oder Bleis«, er war ein Sakralkönig. Der griechische »Noah«, Deukalion, überlebt gemeinsam mit Pyrrah, der Roten, die Flut; Pyrrha war die Göttin der Puresati oder Pulesati, der Philister, der »roten Menschen«, wie die Khoi-Khoi rote Menschen waren, oder die Phönizier Rote oder Blutige. Ihr Vogel Phönix, der sich aus der Asche erhebt, verweist bereits auf Brandopfer. Die Philister sollen als erste Eisen als Kriegswaffe eingeführt haben, die Bibel beschreibt ihre Riesen mit sechs Fingern und sechs Zehen! Dam-Kina war die »rote Erde«, die noch mit dem Himmel verbunden war, und Stämme, die sich Danäer nannten, gab es in Lydien, Phrygien, Lykien, und im östlichen Mittelmeer. Sie waren, wie Ranke-Graves in »Die Weiße Göttin« aufmerksam macht, bereits mit eroberten Cherethitern (Kretern) vermischt. Daraus gingen die Philister hervor; die Danäer gelten als Vorfahren der Kelten, und deren Ahnen als Hyperboreer, d. h. als transzendente Menschen eines vergangenen Weltzeitalters. Nachfahren der Überlebenden dieser Welt bildeten neue Stämme und zogen u. a. nach Sizilien, Italien, Nordafrika und Spanien, ein Teil der Nachfahren der »Roten« blieb in Kleinasien oder wanderte südwärts in den Yemen und wohl auch nach Sumer, denn Anu, der Himmelsgott, kämpft, bevor er seine Herrschaft antreten kann, gegen Alalu, der am Anfang der sumerischen Mythologie steht. Aus diesem chaotischen Stammesgemisch nach der letzten Flut, die mit dem Untergang von Atlantis in Verbindung gebracht wird, gingen u. a. auch die Hebräer hervor, die von den Philistern und vor allem von den Sabäern wesentlich beeinflußt wurden.

Man nannte die Sabäer, das Volk der Königin von Saba, auch Minäer, und neueste archäologische Funde deuten darauf hin, daß die Minäer vom kretischen Kulturraum in den Yemen kamen – wie Rhadamantys, der sowohl über die eleuysinische Flur im äußersten Westen des nördlichen Afrika, als auch über Kreta und Asien – Kleinasien – herrschte. Der Ursprung der »Minoer« ist unbekannt. Gegen 2500 v. Z. waren Hirten und Bauern auf Kreta aufgetaucht, niemand weiß, woher sie kamen. Um 1450 v. Z. verschwanden sie vor einem katastrophalen Ausbruch des Santorin-Vulkans ebenso spurlos wie sie aufgetaucht waren. Dann gab es vor etwa 3.000 Jahren »plötzlich« im Nordyemen ein Volk, das sich Minäer nannte. Plinius der Ältere (1. Jh. n. Z.) erwähnt sie als »die, die ihren Ursprung zurückführen, wie sie selbst glauben, auf König Minos von Kreta«. Aber *es gab keinen König Minos*, denn Minos war, wie der Name »Mondwesen« besagt, der Titel des Sakralkönigs oder hierosgamos wie anderswo Herakles oder Hephaïstos oder Ptah oder Ham. Die Vertreibung sowohl von »König« Rhadamantys als auch von Sarpedon oder Miletos, alles Brüder oder Söhne des »Minos«, *durch* den Minos, bezieht sich wohl auf die Vulkankatastrophe im ägäischen Raum, denn das Mondwesen stand mit der »Erdkraft« in Zusammenhang. Neuesten Forschungen nach soll nach 1500 v. Z. allerdings nicht der Kegel des Santorin explodiert sein, wie man bis vor kurzem annahm, weil man innerhalb des abgesprengten Kegels an den Kraterrändern Spuren einer früheren Besiedlung fand. Vermutlich kam es Mitte des zweiten Jahrtausends »nur« zu einem katastrophalen Ausbruch. Wie die Katastrophe der Versandung der Sahara, scheint auch das Inferno, welches die Explosion des an die 2.000 Meter hohen Vulkankegels ausgelöst haben muß, zu einem wesentlich früheren Zeitpunkt stattgefunden zu haben. Auch die Übereinstimmungen zwischen den Menschen des Hadramant im südlichen Yemen, die als Vorfahren der Phönizier angesehen werden, mit Sitten und Gebräuchen der Guanchen auf den Kanaren, Basken, Berbern und Äthiopiern, aber auch zu Stämmen des Kaukasus, lassen einen wesentlich früheren Zeitpunkt für die Aufsplitterung einer Mutterkultur wahrscheinlich erscheinen, als das Auftreten der Minoer, Minäer, Milaneser, Sabäer, Danäer und Hebräer. Und so kann es sich bei dem mythischen Großreich im Süden Afrikas um eine Kolonie von »Atlantis« gehandelt haben, das wohl bereits der Dritten Welt angehörte und eine Weltkultur war, aus deren Untergang die Vorfahren all dieser Stämme hervorgingen, deren gemeinsames Bindeglied anfangs noch Mari war. Möglicherweise verbirgt sich das Rätsel ihres Ursprunges in Zimbabwes Turm.

Tyris, das zur Zeit König Salomons Expeditionen in ein südliches Goldland sandte, besaß Tarsis-Schiffe, die allem Anschein nach Afrika umrundeten, denn aufgebrochen waren die Schiffe vom Roten Meer, aber als sie an den Säulen des Herkules vorüber in das Mittelmeer zurückkehrten, hatten sie die Sonne auf ihrer rechten Seite, berichtet Herodot. Tarsis, wohl Tartessos nahe der Säulen des Herkules, heißt »Schmelzerei«. Stehen die Reste der seltsamen nach oben offenen Türme sowohl in Südspanien als auch in Zimbabwe mit den Mysterien der Schmiede in Verbindung? In »Die großen Eingeweihten« beschreibt Edouard Schuré die esoterische Überlieferung von einer »zweiten Rasse« »schwarzer Riesen«, die »nach der roten Rasse« die Erde bevölkerte. Diese Riesen breiteten sich in vorgeschichtlicher Zeit über Südeuropa aus, erbauten ihre kyklopischen Städte in den Bergen Afrikas, am Kaukasus und in Zentralasien. Zur Zeit ihrer Hochblüte besaßen sie religiöse Zentren in Oberägypten und in Indien. Sie errichteten gigantische Schmelzöfen! Im Mittelpunkt ihrer Kosmologie standen die Sterne und eine zentrale Gottheit – das Universum. Und – ihre Religion wird mit dem Sabäismus verglichen![30]

Auf den Spuren dieser sagenhaften Riesenkultur von Magoi und Schmieden stößt man überall dort, wo sich die Wortwurzel »al« findet wie bei Al oder Ahal, wie die Basken die *Kraft* nannten, welche die »Idee der Gottheit« enthält. Wie Mircea Eliade in »Schmiede und Alchemisten« deutlich macht, verstand die Kosmologie der Erdmutter die Schöpfung als von einem Ur-Stoff ausgehend. Die Vorstellung von der Schöpfung durch »ein höchstes himmlisches Wesen« trat erst mit der Machtübernahme durch die Männerbünde der Schmiede in den Hintergrund. Der Große Geist war namenlos, nur die »Idee der Gottheit« erhielt einen Namen, denn »das Tao ist ewige Namenlosigkeit«. Marcel Granet führt den hochgeistigen Taoismus bis auf die Bruderschaft der Schmiede zurück, den Bewahrern der höchsten Zauberkünste der Magie und des Geheimnisses der Ur-Mächte. Lao Tzu war ein alter taoistischer Meister unbekannten Ursprungs, das ihm gelegentlich zugeschriebene Chuang-Tzu ist mit dem Tao Te Ching das bedeutendste und älteste schriftliche Werk des chinesischen Taoismus, dessen Ursprünge allerdings nach Indien verweisen. Ein Name von Lao Tzu war »Alter Dan«! »Den« war der Name des Königs der ersten Dynastie Ägyptens! In der Kenntnis dieser höchsten »Zauberkünste«, der Hohen Magie aufgrund des Wissens um die Geheimnisse der Urmächte, lag die große Herausforderung für einen dieser Magier, sie für den eigenen Machtgebrauch zu nützen. Die Bantu kennen ihn als Za-Ha-Rellell. War er ein »Alter Dan« oder ein »Den«?

Al oder A.hal nannten die Basken die Kraft der Idee Gottes, Alalu im alten Sumer, Alt-Lath war die ägyptische und palästinische »Schlangengöttin«, d. h. die Göttin besaß noch ihre Transzendenz, und W. Drummond machte darauf aufmerksam, daß auch das »Haus Gottes«, welches der Vorfahre der Hebräer, Jakob, errichtete, Beth-El, ursprünglich als Beth-Al geschrieben wurde. El heißt sol! Und weil die Konsonanten l und r in vielen alten Sprachen austauschbar waren, kann, wie El ursprünglich Al war, auch Rá, später Ré, der als ägyptischer Sonnengott mißverstanden wurde, la oder al gewesen sein, auch e.ra, die »Erde«, bzw. der Zeit-Raum, die Raum-Zeit, auch Ararath, woher die Chaldäer kamen (Noah), und á.rá, die Schlange in Ägypten, sowie S.ara, die »Mutter« des als negroid überlieferten Volkes Isaak's – M.ari!

Von in Feuer gestürzten Göttern, Asur, Asen und Ad-lantern

Im nordöstlichen Transvaal Südafrikas bricht das Highveld jäh an die tausend Meter ins Lowfeld mit seinen wildreichen Savannen ab. Sitzt man auf einem der äußersten Vorsprünge dieser Klippen, vergißt man diesen Anblick niemals. An klaren Tagen, und die gibt es hier zumeist, kann man bis nach Mozambique hineinsehen. Im Norden türmen sich Zimbabwes Berge empor. Hier weht noch der Atem der Riesen, um sich während der Regenzeit in gewaltigen Blitzen zu entladen, die sich alle auf eine einzige Bergkuppe zu konzentrieren scheinen. Es waren solche »starken Plätze«, welche die Riesen, deren Symbol der Donnerkeil war, bevorzugten. Zahllose kyklopische Steine liegen hier herum, wir entdeckten geschmolzenen Eisenstein und auch Hinweise auf einstige Schmelzvorrichtungen. An einer Stelle fügen sich riesenhafte, quadratische, schnurgerade geschnittene Steinplatten am Boden fugenlos aneinander. Stand hier eine der »Burgen« der Riesen? Unterhalb der Klippe gibt es eine Quelle und eine nun künstlich verschlossene Höhle, und in der Umgebung befinden sich stillgelegte Goldbergwerke. Legenden der einheimischen Bevölkerung erzählen von Riesensteinen, die den Zugang zu sagenhaften Goldschätzen bewachen, und rund um Sabi stößt man in den Wäldern auf deutliche Spuren rätselhafter Ruinen. Niemand untersuchte sie bislang, weil sie absolut nicht in das Bild der »bekannten« Geschichte des südlichen Afrika passen wollen.

Hinweise auf die sagenhafte »zweite Rasse« von Riesen findet man auch in Europa allerorten. Ihr Reichtum an Gold wird erwähnt, sie brauten Bier, kannten aber auch Wein. Wilder Wein war vermutlich erstmals am Kaukasus und auf Kreta kultiviert worden, die Kunst des Weinanbaus scheint jedoch von Nordafrika aus nach Europa gekommen zu sein. Verbirgt die Mutter des verkrüppelten Riesen Za-Ha-Rellells sich und ihr mißratenes Kind nicht in einer »von Reben umrankten« Höhle? Für den König Proïtos von Argos, der als Nachfahre des bereits vermännlichten Danäos gilt, errichteten sieben Kyklopen die Mauern seines Palastes. Reste von Kyklopenmauern finden sich in Andalusien, in Nordafrika, auf Malta, das ein religiöses Zentrum der Magoi gewesen zu sein scheint, in Kleinasien, Afrika und Asien. Auch in der Sage von Adam, dem Bremen, ist die kyklopische Bauweise von Berghöhen in Nordafrika und Spanien, von der Bretagne bis nach Irland beschrieben. Tempel von besonderer Pracht soll es auch auf der »heiligen Insel« Helgoland gegeben haben, und ebenso Hünen-Gräber mit Goldschätzen. Nach der nordischen Sage von Thorkill gelangt der Seefahrer nach Utgard, der »äußersten Stadt«. Sie war leer und verwüstet. Hallen, steinerne Sitze, Großsteinbauten und Goldschätze sind erwähnt, als Name des Königs von Utgard wird Geirröd genannt, der an den dreiköpfigen Giganten Geyron erinnert, den »Herakles« erschlug. Ut.to nennt der sumerische Mythos das Land »im großen Unten«, im »Untergeschoß der Erde«, das Zecharia Sitchin als das südliche Afrika vermutet. Es ist das Land der Toten, die »Unterwelt«, das Land der hyperboreischen, transzendenten »Rasse, die starb«. Ka.ba.tu war ein Name der Göttin des Mondes, der in der Kalahari »verschwundenen« Vorfahren der Ma.Iti. Die Ba.Ntu gelten als die Nachfahren Amarives und Odus, Pu(n)t als das Goldland der Königin von Saba, König Salomons Ophir. Ophis (gr.) heißt Schlange, die sich auch in der Wurzel »ut« als »Geist der Sonne« verbirgt. Ende des 18. Jahrhunderts beschrieb der Schotte James Brown, Axum, die alte Hauptstadt Abessiniens, gleichfalls als einen Ort ausgedehnter Ruinen. Er sah einen viereckigen Platz, auf dem er 40 Obelisken zählte, eine große Anzahl von Granitstufen führte zu einem längst verschwundenen Tempel. Brown berichtete von steinernen Thronen, auf denen die Herrscher Äthiopiens immer noch gekrönt wurden, wie ihre Vorgänger »lange vor der christlichen Ära«. Er traf Menschen mit »dunkler, gelblicher Hautfarbe und Haaren, die sie um hölzerne Stäbe ringelten«, sie züchteten schwarze Schafe, deren Vlies »seines Glanzes und seiner Weichheit wegen« bemerkenswert war, er erwähnt auch die außerordentliche Schönheit ihrer »weißen Kühe«. Die Tierzucht der Khoi-Khoi überraschte auch die ersten Europäer im südlichen Afrika.

Während des Mittelalters zog der Franziskanermönch Giovanni dal Pian de Carpini aus, um das sagenhafte, verschollene Reich des Johannes zu finden. Heimkehrer der Kreuzzüge hatten eine unglaubliche Geschichte mit nach Europa gebracht. Sie berichtete von einem »glänzenden, unglaublich reichen Königreich, das von dunkelhäutigen Stämmen« und »seltenen Tieren« bewohnt ist, mit einer üppigen Vegetation. Der neugierige Mönch reiste nicht nach Afrika, sondern nach Asien – weshalb? Er erfuhr, daß Ogodai Khan von einem »christlichen König« mit »schrecklichen Waffen« geschlagen worden war. Lange Zeit kämpfte der Khan gegen »christliche Inder«, »schwarze Sarazenen«, »auch Äthiopier genannt«. Die Schilderung des Mönches dieser schrecklichen Waffen erinnert an »griechisches Feuer«, Schießpulver, das eine Erfindung der Schmiede gewesen war. Wie Cheikh Anta Diop aufmerksam macht, war es auch im alten Ägypten, also lange vor den Griechen bekannt, wurde allerdings nie als Waffe eingesetzt, sondern nur zu sakralen Zwecken bei Ritualen verwendet. Auch Credo Mutwa erzählt, daß Bantu-Priester es zu rituellen Zwecken verwendeten.

Aufschlußreich ist der Titel Khan bei asiatischen Reitervölkern, denn Ham oder Cham war sichtlich nicht nur der »Ahnherr« der Neger. Noch der Große Dschingis-Khan wird als »Schmied« bezeichnet. Damit bestätigt sich die esoterische Überlieferung der »schwarzen Riesen« der »zweiten Rasse«, die Schmiede waren, umsomehr als man auch Spuren einer negroiden Rasse in Südchina fand. Auffällig ist auch der Name der Hauptstadt des Großen Khan im Reich der Mongolen, Cabalu, den Columbus vermerkte.[31] Die Ka.ba.la ist die esoterische (Geheim-) Lehre der Juden, die ursprünglich durch »Verkündigung« empfangen wurde, was nur »Großschlangen« möglich war, die wie Abram zu einem Cham oder Khan wurden. Kabbalistische Symbole fanden sich auch im Gebiet des Ararat, wohin die Chaldäer und Abram verweisen.

»Christliche Bräuche« besaßen auch Khoi-Khoi. So beobachtete ein früher europäischer Reisender, berichtet Theophilus Hahn, wie sie in der Kap-Provinz in Südafrika in einer Höhle bei Neumond »zu beten« schienen. Sie verhielten sich »sonderbar«, denn »einer zeichnete dem anderen ein Kreuzzeichen auf die Stirn«.

Der wichtigste Hinweis verbirgt sich in einer Angabe im Koran. Sowohl Judentum, Christentum und Islam weisen gemeinsame Wurzeln auf. Die fundamentalen Elemente des Islam waren nach Cheikh Anta Diop bereits tausend Jahre vor der Geburt des Krieger-Propheten Mohamed vorhanden, wie auch die fundamentalen Wurzeln des Christentums lange vor dessen angesetzter Geburt, und auch die jüdischen Überlieferungen weisen wesentlich tiefer in der Zeit zurück als die Geschichte des Hebräischen Volkes, das als solches erst ab ca. 1800 v. Z. auftritt. Das sie alle verbindende Gemeinsame ist der Sabäismus, der mit der Kosmologie der zweiten Riesenrasse verglichen wird, weshalb es auch Übereinstimmungen zwischen dem esoterischen Christentum und dem vorarischen Hinduismus gibt.

Wie das Alte Testament erwähnt auch der Koran Riesenvölker, die Thamuda, Rass, und die Ad. Thamuda und Rass verweisen in unsere jüngere Vergangenheit, auf allerdings immer noch rätselhafte Völker wie etwa Etrusker, Phönizier und Araber – Rass, und ältere wie Basken und die Ahnen der Hebräer – Thamuda. Noch heute ist das heilige Buch der Hebräer der Talmud. Die Ad waren die ältesten, aber die ersten Ad »kennt niemand außer Gott, denn nichts blieb von ihnen übrig als ihre Wohnungen«. Die Ad waren Riesen und hatten auf allen Höhen »Zeichen« errichtet. Sie wohnten in Burgen und herrschten wie Tyrannen. Sie waren die Vorfahren jener, die später Noahs Volk wurden (die Chaldäer)! Wir (Gott) haben sie (die Ad) zu Dingen ermächtigt, in denen wir Euch (die späteren Völker) nicht mehr ermächtigt haben. Die (ersten) Ad waren durch ein selbstverschuldetes Strafgericht untergegangen, und »der Wind verwandelte alles zu Asche«.[32] Wie Za-Ha-Rellell bei den Bantu, der die »erste Rasse« in einen feurigen Tod führte, sind auch die schwarzhäutigen Riesen der zweiten Rasse als absolute Herrscher und theokratische Tyrannen beschrieben.

Die Ad waren wohl die ersten Atlanter, die Asen der nordischen Mythologie, die die Überlieferungen der Ureinwohner Zentralindiens als Asur kannten. Ihre Mythen berichten von in Öfen geopferten Menschen, und daß die

Asen als erste auf Erden Eisen schmolzen. Die Menschen, die im Himmel anfangs für Singbonga arbeiteten, lehnten sich gegen Gott auf, erzählten die indischen Munda. Sie weigerten sich, ihm zu dienen, weil sie sich in ihrem »Spiegelbild« im »Wasser« als gottähnlich erkannt hatten. Das bezieht sich auf die Erkenntnis, die das Mysterium schenkte. Singbonga stürzt daraufhin die »Götter« auf die Erde hinab. In der Kohlenglut ihrer eigenen Öfen finden die Schmiede der Asur den Tod. Bei den Dogon ist es Ogu, der sich auflehnt oder empört und »Unordnung in den Kosmos« brachte. Ogu erinnert an Odu, und Odin war der »erste der Asen«. Zwölf Asur-Brüder und dreizehn Lodha-Brüder, alles berühmte Schmiede, fordern in der Überlieferung der Oraon Indiens den Zorn Gottes heraus. Diese »ersten« Ad, an die nach ihrem Feuertod gar nichts mehr erinnert außer den »Zeichen«, die sie setzten, kannten den »Großbogen am Himmel«, das Mysterium der befruchtenden transzendenten Kraft der »Großschlange«, das sich in der Wechselwirkung zwischen *zwei* Zeitläufen, dem siderischen (13x) und dem synodischen (12x) Mondlauf, als gesetzmäßige Kraft verbirgt. Odus »Auge«, das den Menschen zum Nutzen und geistigen Wachstum gegeben worden war, wendete sich gegen die sich gottgleich, ja gottüberlegen fühlenden Magoi. Aus diesem Grund sind riesenhafte schwarze Schmiede oft als Dämonen beschrieben, die, wie Mircea Eliade vermerkt, als Feinde der Götter gelten, die selbst früheren Weltzeitaltern angehören.

Die alten Ägypter nannten ihr Land Kemit, von K-mt, Kem't ist »das Schwarze«, das »Dunkle«, das t bezeichnet das »weibliche Ägypten«. Sie waren Kemiten, Ha-miten. Daraus leitete sich die Al-Chemie her, die das geistige Erbe der Schmiede und Magoi und der Mysterien antrat, aus der wiederum die Wissenschaften hervorgingen, eine logische Konsequenz, denn die Al-Chemie beschäftigte sich mit der Transformation der Materie, und als diese spirituelle Komponente schließlich wegfiel, blieb nur noch die Beschäftigung mit der Materie übrig. Ein alter Name Ägyptens war auch Mitsraïm, der wie Kusch von Ham, von Ägypten bzw. Afrika abstammte. Bei den Basken bedeutet itsas »Meer« und itsasibéle »auf dem Meer fahren«, so daß Mitsraïm wohl auf die »Seevölker« verweist, auf einen Bund handeltreibender Stämme, dem einst auch die Hebräer angehörten, worauf Abraham im eroberten Ägypten den »König von Pharos« aufmerksam macht, den Pharao, dem er Sara zur Frau gibt – was allerdings Eulen nach Athen tragen hieß. In Abel Mizraim soll Jakob, ein »Unsterblicher«, begraben sein. Er errichtete das »Haus Gottes«, Beth-El, das Sonnen-Haus. Wie? Indem er am Morgen aufstand, den »Stein« nahm, auf dem er »geschlafen« hatte, und ihn errichtete, damit er Gott und Gott ihm dienen könne. Im Traum hatte sich ihm der Himmel eröffnet, und Jakob sah die Himmelsleiter, die nach ihm benannt wurde. Jakob war in die »Weisheit Gottes« eingeweiht worden. Die Steine waren an diesem Ort einfach so herumgelegen, allerdings deutet der alte Name dieses Heiligtums, Lus, auf Schmiede und Magoi hin (I. Buch Moses. 28.10-18). Die »Offenbarung« Jakobs war jedoch nur noch eine halbe, denn die »Jakobsleiter« teilt das Jahr in zwei mal sechs einander gegenüberstehende Hälften, die insgesamt die 12 synodischen Monde oder Monate ergeben, nur noch den »Weg der Erde« bzw. der Sonne, und nicht mehr auch den »Weg des Himmels« (Mond). In Ägypten symbolisierte der »Gott« Thoth den Weg der Erde, weshalb ihn der Mythos als Erfinder des Sonnenkalenders beschreibt, der den Ägyptern von ihren Eroberern aufgedrängt wurde. Sechs Monate lang nimmt das Jahr bis zur Sommer-Sonnen-Wende zu, sechs Monte bis zur Winter-Sonnen-Wende ab, nun gibt es nicht mehr eine Säule wie bei Atlas oder Chronos oder Briarëus, die Polar- oder

Weltachse, sondern zwei, die von nun an die Dualität versinnbildlichen. Bei König Salomon hießen sie Boaz und Jachim. Derartige Zwillings-Heroen sind immer ein Kennzeichen der »Männerbünde«, die sich der Sonnenverehrung zuwandten, und der »Schmiede«, die ihre magische Kraft wohl aus dem »Geistkörper« oder der »Natur-Seele« bezogen. Bei den Römern sind die Zwillinge in Gestalt des zweiköpfigen Janus vereint, der sowohl in die Vergangenheit als auch in die Zukunft blickt, weil er am Neujahrspunkt steht, dem späteren Januar. Auf den Ursprung verweist Danäo, Janus' Frau, deren »Zwilling« Diana oder Dione war, die keltische Eichengöttin, die Göttin der Wälder und des Mondes, und die Mutter des verlorengegangenen dreizehnten Stammes der Hebräer. Ihr Name leitet sich von Junpater ab, von Dianus und Jupiter, der das zweite Weltzeitalter regierte, in dem es die schwarzen Riesen gab, die zu Kulturzerstörern wurden. Nach Ovid steht es in der Macht von Dianus, das Verschlossene zu öffnen und das Offene zu schließen. Und so war dieses Zeitalter der schwarzen Riesen wohl die Hochblüte der sagenhaften Ad oder Atlanter, die anfangs, wie die Hopi berichteten, friedlich waren »wie wir«, schlußendlich jedoch ihre Welt im Chaos versinken ließen.

Kousch, der »Sohn« von Ham, zeugte Nimrod, der Babel erbaute, überliefert die Genesis, und der Anfang seines Reiches war Babel und Erech und Akkad. Daß der als Neger beschriebene Nimrod versuchte, den berühmten Turm zu bauen, der bis zu den Sternen reichen sollte, bezieht sich darauf, daß er die »eine Säule« wiedererrichten wollte, denn der Turm, der wohl aus Unkenntnis zur Karikatur geriet, ist ein Symbol der axis mundi, der Weltachse auch der Kelten, die Himmel und Erde miteinander verbindet, wie Atlas, der das Weltall und/oder die Erdkugel trägt. Herakles nahm Atlas diese Last »vorübergehend« ab, heißt es, das bedeutet, man kehrte nach der katastrophalen Eskapade eines kyklopenäugigen Riesen zum »wahren Wort« zurück, von der Magie wiederum zum Mysterium, das von nun an, vermutlich in Erinnerung an die Folgen, die seine Kenntnis für den nicht Vorbereiteten haben kann, »hermetisch« verschlossen, absolut geheim, und nur noch »Auserwählten« zugänglich ist, bis es sich schließlich sozusagen von selbst abschafft.

Ich erinnere mich gut an den späten Nachmittag, als ich in der Mission Mafekings auf diese Zusammenhänge stieß. Ein heißer Tag ging wieder zu Ende, und ich wartete darauf, daß wie jeden Abend bei Sonnenuntergang die Wiesen des weitläufigen Gartens zu duften beginnen würden. Dieses jäh einsetzende, intensive Duften, das charakteristisch für den afrikanischen Sommer ist, der wie so viele Sommer davor zu wenig Regen brachte, gehört zu meinen sinnlichsten Eindrücken in Afrika. Duftige Erlebnisse hängen auf geheimnisvolle Weise mit unserem Bewußtsein gegenüber der »anderen« Welt zusammen, vermutlich weil sich die geheimen Kammern unserer Nasen just an dem Ort befinden, an dem das geheimnisvolle »dritte Auge« beschrieben wird. Im alten Ägypten symbolosierte man den höchsten Initiationszustand des Pharao, der dadurch »unsterblich« wurde, durch ein Ritual, bei dem die Mauer, welche den Zugang zum innersten Teil des Heiligtums verschloß, niedergerissen wurde. In der Rekonstruktion der inneren Bereiche des Tempels von Luxor entdeckte R. A. Schwaller de Lubicz das anatomisch genaue Modell des menschlichen Schädels, wobei die »Mauer« genau dem Ort des Siebbeins entspricht, das die nasale Passage von den einstigen »magnetischen« Zellen trennt! Aus diesem Grund schnupfen sich afrikanische »witch-doctor«, bevor sie mit der spirituellen Welt Kontakt aufnehmen, die Nasenwege frei. Die Zunge des »keltischen Herakles« von »schwarzbrauner Farbe« war durchbohrt, berichtete der Spötter Lukian von Samosata vom Bildnis eines »einheimischen Herakles«, das er in Gallien gesehen habe.[33] Obwohl man den »Spötter« nicht ernst nahm, ist das tatsächlich ein Merkmal des höchsten Initiationszustandes bei Schamanen der Aborigines, wie es Robert Lawlor selbst sah. So ist das Werden der Völker, aus deren Vermischung die europäische Kultur hervorging, auf vielerlei und subtile Weise miteinander verwoben, und das Gemeinsame ist uns nur deshalb unbewußt geworden, weil wir nicht mehr aus der nie versiegenden Quelle schöpfen, welche aus einer anderen Welt als der unseren strömt. Die Quelle kümmert sich nicht darum, weil sie ihren eigenen Gesetzen gehorcht, ob wir diese nun anerkennen oder nicht. Nur das unmittelbare Erlebnis Natur, von dem uns die Mauern der modernen Städte ausgrenzen, vermag unsere abgestumpften Sinne wieder zu schärfen. Hätte ich daran noch gezweifelt, wäre ich an diesem Abend eines Besseren belehrt worden. Als würde sich jeder einzelne Grashalm, jedes Blatt, jede Blüte, Sträucher, Bäume und Kakteen, ja die Erde selbst, unter deren Haut das Leben in der Dunkelheit brodelt, mit der Bitte um Regen an den Himmel wenden, begann jäh das Duften. Die Erde sandte Duftwolken himmelwärts, wo wattige Wolkenballen seit Tagen Regen versprachen. Auch im nahen Kirchengebäude schwollen die Stimmen zum Gesang. Ich fragte mich, wo die Trommeln der »Regenmacher« blieben, und als wäre die Frage verstanden worden, setzte weit entfernt Trommelschlag ein. In dieser Nacht regnete es.

Kein Geräusch ist belebender, als das starke, gleichmäßige Niederströmen des afrikanischen Regens, wenn der Himmel, von gigantischen Blitzen zerrissen, brüllend aufschreit, und die Jahrhunderttausende von uns abzuleiten scheinen. Die Luft ist io-nisiert, wie trunken von moya, spirit, man kann es riechen! Regen *ist* die Quelle des Lebens, wir haben es beinahe schon vergessen in Europa.

130

Am nächsten Abend wartete ich vergebens auf das besondere Duften, und ich fragte mich, welches der Gebete erhört worden war. Das der Menschen in der Kirche, das des einsamen Trommlers, oder das der Erde selbst?

Der Heros im Sack und Tanzplätze der Riesen

Hippolyte, eine Amazone und Libyerin, gilt als Tochter des Giganten Briarëus, auch als Tochter Ophions, der Ur-Schlange (Bo.rea). Sugoi oder Sugaar nannten die Basken die Großschlange, welche die mondbekrönte Mari begleitete, Sigui nennt sich bei den Dogon Malis die rituelle Stammeszeremonie. Sie steht mit der Zahl 50 des Doppelstern-Systems Sirius in Verbindung. Der mit freiem Auge nicht sichtbare Sirius B, den die Dogon »Hungerreiskorn« nennen, hat eine Umlaufzeit von fünfzig Jahren, die Verdoppelung dieses Zyklus, 100 Jahre, entspricht bei den Dogon dem Zyklus einer »Großschlange«. Dieser Zyklus verbindet die »beiden äußersten Planeten unseres Systems«, Saturn und Jupiter. Ein Priester oder eine Priesterin, die in diese äußersten Zeit-Räume oder Sphären zu »reisen« vermochten, war »unsterblich«, eine »Großschlange«.

Im Mythos stiehlt Herakles Hippolyte ihren »Gürtel«, den »Bogen des Himmels«, um als Kousch, Cham oder Khan selbst zum Himmelsbogen zu werden, der sich auch in Hippolytes Namen andeutet. Das bezieht sich darauf, daß libysche Priesterinnen die heilige Kalender-Alphabet-Scheibe in Ledersäckchen aus Ziegenhaut immer bei sich trugen, die als »Orakelrad« und als magisch galten, weil sie das Mysterium des geheimen Namens der Kraft Gottes in sich bargen. Man nannte diese Beutel Ägis, die mit Neith-Athene gleichgesetzt wurde. Sie ist auch als Ziegengöttin beschrieben, weil ihr Heros, Dionysos, zumeist mit einem Ziegenkopf oder bocksfüßig abgebildet war.

Herodot beschrieb die in Mendes als heilig gehaltenen Ziegen, die weiblichen galten als heiliger als die männlichen (Historien II. 46), im Zusammenhang mit dem alten Achtgötter-Kreis. Der ägyptische Name sowohl für den Bock wie für Pan (Dionysos) wird von ihm als Be-nb-dd, »Widder«, angegeben. Wie Amon, der ursprünglich als Dunkelmond sowohl das lunare als auch das solare Prinzip symbolisierte, waren die Heroen der Erd-Mond-Mutter-Tochter »Versteckte«, jene »deren Namen verborgen ist«. Sie waren »abgesondert«, levi (hebr.), weil sie wie Herakles, der den Zwölfgötter-Kreis eingeführt zu haben scheint, und wie auch Moses »weder Vater noch Mutter« hatten. Sie standen im Dienst des Heiligtums und gehörten nicht dieser Welt an. Vor ihnen war Athene-Neith mutter- und vor allem vaterlos, weshalb sie im patriarchalen Mythos, der ohne Väter nicht auskam, Zeus' Schenkel oder Kopf entspringen mußte.

Bei den San ist der sechszehige Riese Me-Tsing im »Sack« einer »alten Frau« versteckt, was an die Ägis libyscher Priesterinnen oder Schamaninnen erinnert. Noch heute nennen San eine Biene oder einen Hund »alte Frau«. Die Alte ist Kar, die »Bienengöttin« (auch Phanes (Orpheus) Geburt begleitet das laute Summen einer Biene) oder die hundsköpfige Hekate, deren »Sohn« der Hund oder Schakal, der Hundsstern Sirius war. Früher kam diese Funktion der Göttin Nephtys (Hekate) in Ägypten selbst zu, Hekate ist bereits ein griechischer Name. Die Alte symbolisierte also ursprünglich die eigene andere, männliche Seite der Göttin, deren Spiegelbild die »Helle«, Isis, war. Als Alte repräsentiert sie die letzte Triade der dreifältigen Göttin und deren lunares Prinzip. Hekates Name bedeutet Hundert, eine Zahl, die im alten Ägypten die Spirale symbolisierte. Im Unterschied zu den Kyklopen, die bereits *ein* solares Auge besaßen, sind die älteren Giganten stets als hunderthändig beschrieben, sie waren

»Großschlangen«. Denn das Geheimnis des Heros im Sack verbirgt sich an jenem Punkt des konzentrischen Kreises der Sonnen- oder Erdzeit, an dem sich der Kreis dank des himmlischen Weges, in dessen Mittelpunkt Sirius stand, höherschraubt und zur Spirale wird. Seine Transzendenz liegt im letzten der heiligen Bruchteile des ägyptischen Hekat, dem Udjat, das im Mittelpunkt der Isis- und Osiris-Mysterien stand. Es besteht aus sieben »Bruchteilen«, von denen 1:2:4:8:16:32 die Summe 63 ergeben. Dem letzten »Feld« – denn hier verbirgt sich auch das »Spiel der Könige«, das Schachspiel als Orakelspiel – ist linear, arithmetisch, nicht beizukommen. Gott Thoth gibt das letzte Teil, um zur Einheit von 64:64 zu kommen, demjenigen dazu, der (oder die) sich unter seinen Schutz stellt – so ist es als Aussage eines Priesters überliefert. Kennern des chinesischen I-Ging mit seinen 64 Hexagrammen wird die Ähnlichkeit auffallen. Die siebente »Frequenz« führt zum achten Ton der »kosmischen Oktave«, welche den Grundton wiederholt, der nun jedoch höher schwingt.

Als der Hierosgamos den transzendenten Aspekt der Göttin übernahm, wurde er erst einmal (wie in Ägypten Osiris) zum Todesgott, der noch ein »dunkler Gott« war (esoterisch), exoterisch verkörperte er den »Gott des Lebens«, weil die das Leben, die Materie beseelende Kraft aus Hekate oder Nephtys als »anés« strömt, die *hinter* dem »Gott« steht, die transzendente, spirituelle Kraft, die alles be-dingt. Der Schöpfung liegen vier Götterpaare zugrunde (2x4), die aus der Vereinigung von Nut oder Nun, der Himmelsschlange mit *dem* Erdgott Geb hervorgehen. Die Ägypten erobernden indoeuropäisch-semitischen Kulturen übernahmen diesen exoterischen Aspekt und machten den »Gott« aus Unkenntnis zum hellen und transzendenten »einen Gott«, dem Sonnengott, der nicht mit dem Leben, sondern mit dem Tod in Verbindung stand. Als »Schwarze Jungfrau« stellten die Car-Nuten, die Kelten, Isis dar. Sie wurde in Carnut-Is, dem heutigen Chartres, verehrt, wo sich nun auf dem »Hügel der Starken« die Notre-Dame-Kathedrale befindet. Auch der Name der Hauptstadt des einstigen Gallien geht auf die Göttin zurück, Par.is bedeutete in Ägypten »Haus der Isis« (Per-Isis), eine gleichnamige Stadt lag am Nil. Bei den Kelten übernahm den dunklen Aspekt der transzendenten Eichengöttin ein Eichenkönig, ihre Priester-innen waren Eichen-Seher (Druiden). In der ur-indoeuropäischen Sprache heißt Eiche dorw, »fest«, »stark«, »dauerhaft«, die Car.Nuten waren die »Starken«, im Sanskrit ist der Baum daru, dhrwa heißt »dauerhaft, fest, beständig«, aber auch Polarstern! Als Polarstern bezeichnete man in der christlichen Allegorese Christus, auf ihn verweist die axis mundi, die Erdachse!

Beutel aus Kranichleder sind vom keltischen Mannannan überliefert, der in V-Formation fliegende Kranich, der im Mythos mit der Erfindung der Buchstaben in Verbindung steht, war der Göttin heilig. Theseus, ein früher Hellene und Athener, brachte einen sakralen Kranichtanz nach Delos, heißt es, aber der Tanz war mit Sicherheit älter, denn es handelte sich dabei um eine Art Labyrinth-Tanz, wie er auch in Troja bekannt war, in Britannien tanzte man ihn bis in jüngste Zeit. Ein Labyrinth besaß der minoische Palast auf Kreta, er soll von Daïdalos erbaut worden sein, dem Sohn der Meropen! Daïdalos »Diagramm« gleicht, wie Frank Waters aufmerksam macht, dem Symbol der Hopi für die Erdmutter, und Labyrinth oder »Irrgarten« sind erweiterte Formen der Spirale. Der »Tanz« stand mit dem Mysterium der »Riesen« in Verbindung.

Bekanntlich verirrte sich Theseus im Labyrinth auf Kreta, in dessen Zentrum der Minotaurus wohnte, den der Hellene besiegen möchte. Ariadne, von ariagne, »sehr heilig«, leitet den Tänzer jedoch sicher aus dem Labyrinth heraus. Im Zentrum des Labyrinthes zeigen Abbildungen von Kreta und Mykene den Dunkelmond, der mit der »Erdkraft«, dem »Geist (auch) der Sonne«, in Verbindung steht, mit der »Fruchtbarkeit« der Erde. Dieses »Mondwesen« ist der Minos, was der Name bedeutet, und Taurus der Stier oder Bulle, der in Afrika noch heute als Symbol für die Erdkraft gilt. Schüttelt einer der vier Bullen sein Haupt, bebt die Erde, sagen die Zulu, deren Absplitterung von einer Mutter-Kultur dadurch in das »minoische« Stier-Zeitalter zurückzuweisen scheint. Denn danach war das »Mondwesen« wie Dionysos oder Pan oder Belen bei den Kelten der »Widder«, noch später der christliche Fisch, weil die Sonne jeweils alle 2.100 Jahre zur Frühlingstagundnachtgleiche in ein anderes »Haus« im zwölfteiligen Zodiak eintritt, in welchem dann immer »Gott« wohnt. Steht die Sonne im Stier, befindet sich der »Versteckte« als dreizehnter Mond am (siderischen) Himmelsweg im Skorpion, früher der Schlange. Daß alle Heroen immer Schlangenmonster bekämpfen müssen, bezieht sich darauf. Das »Monster« ist ihre jeweilige andere Seite, bei den Helden die anima, denn hier handelt es sich um eine »esoterische« Angabe.

Mit einer Waage und mit Hilfe einer Feder, einem »magnetischen Instrument«, beurteilt die Göttin Maat die in die »Unterwelt« herabgestiegenen Seelen, die Ausgewogenheit zwischen rechts und links. Die Angabe der Waage als Ort der »Unterwelt« könnte sich auf das Widder-Zeitalter beziehen. Eigentlich steigt die Seele nicht hinab, sondern hinauf, denn was nun als Unterwelt galt, war einst die Oberwelt, der Himmel, die »geistige Erde« der Hopi. Wie von den ägyptischen Mysterien her bekannt ist, legte der Initiand im Verlauf von sieben »Durchgängen« oder Initiationen seine Körperlichkeit ab, d. h. er »stirbt« und kehrt in den transzendenten Zustand der Seele vor der Geburt zurück. In diesem vergeistigten Zustand sieht er (sie) die Nicht-Welt und erkennt sich, sein (ihr) wahres Selbst, den Seelen-Kern. Danach beginnt, wieder in Form von sieben Durchgängen, der Rückweg in die Körperlichkeit, in das Leben. Das ist das Vor-Bild der Wiedergeburt und der Auferstehung von den Toten am dritten Tag, der Zeitspanne für dieses Ritual, das nur Höchst-Initiierte absolvieren konnten, »Großschlangen«, andere mochten sich im »Labyrinth« verirren – wie Herakles, denn von einem Helden dieses Titels ist Irrsinn überliefert, er wurde verrückt und fand nicht mehr in diese Welt zurück. Offensichtlich bezahlten die ersten Heroen, die sich vermutlich mit Unterstützung bestimmter Drogen bis in das Zentrum vorwagten, ohne die nötigen vorbereitenden Stufen durchlaufen zu haben, einen hohen Preis für dieses Sakrileg. Als die Sakralkönige immer mehr der irdischen Lust des Beherrschens anderer und nicht mehr des eigenen Egos erlagen, verzichteten sie schließlich völlig auf dieses mit so großen äußeren und inneren Mühen verbundene spirituelle Ziel. Gerade derartige Gelüste sollten die Initiationen verhindern, deren Wesen die körperliche, geistige und spirituelle Reinigung oder Läuterung war. *Bevor* sich der griechische Herakles in den Eroberungsfeldzug nach Troja begibt, »versteckt« er sich unter »Weiberröcken«, d. h. seine Vorgänger unterzogen sich dem Mysterium, das noch von Priesterinnen gehütet wurde.

Die sieben mal zwei Initiationen entsprechen jeweils sieben Windungen der Spirale als Tanzplatz, und diese dem Lauf der sieben himmlischen Sphären, den Bahnen der Planeten Saturn-Jupiter-Mars-(Mond)-Erde-(Mond)-Venus-Merkur-Sonne, deren Konstellationen der siderische Mondlauf vermißt. Erst nachdem es den Initianten gelang, die Erde und ihre magnetische Kraft zu überwinden, die Schwerkraft als »Wurzel« der Leichtigkeit, eröffneten sich ihnen die transzendenten Sphären der äußeren Planeten oder Schöpfungskräfte, die äußersten Zeiträume von Jupiter und Saturn. Deshalb ist die innerste Sphäre Saturn, der, wie die Dogon sagen, die Milchstraße begrenzt, der

Planetenherrscher der ersten »goldenen« Welt, und Jupiter der »Herrscher« der zweiten »silbernen«. Es leuchtet ein, daß der spirituell Reisende in diese äußersten Zeit-Räume nur vordringen kann, wenn er selbst transzendent wurde. Zu allererst ist die Sonnen-Sphäre zu überwinden, das (rationale) Bewußtsein als Ego-Kraft. »Sieben Tore der Schöpfung«, »sieben Feuer der Gerechtigkeit«, trennen die materielle Welt von den hellen, bronzenen Ebenen und den Kristallwäldern von Tura-ya-Moya, besagt die afrikanische Esoterik. Dort werden die Götter geboren und hier ist es, wo Lizulu, die »Frau der Ewigkeit«, jede Nacht vor den 1.000 Augen des Großen Geistes tanzt. Bei den Hindu heißt das »göttliche Spiel« Lila.

Kyklopen und Riesen sind oft als einbeinig beschrieben, der »Kranichtanz« wurde einbeinig getanzt und führte um einen mondgehörnten Altar. Einen doppelgehörnten Altar errichtete auch Moses nach der Schlacht gegen die Amalekiter in Form eines großen Steinhaufens, der Urgestalt des heiligen »Mals«, aus dem die Pyramide, der esoterische »Berg« hervorging. Dieser »Berg« ist der ewige Fels, auf dem das »Haus Gottes«, die Kirche, errichtet werden kann. Derartige »Berge« legten auch die Khoi-Khoi im südlichen Afrika an Wegkreuzungen an. Auch einen gehörnten Altar gibt es auf einer Felszeichnung auf der Farm La Rochelle im Bethlehem-District (Südafrika), eine andere im West-Transvaal zeigt einen Schamanen mit ausgebreiteten »Flügeln«. Ein Straußenvogeltanz steht im Mittelpunkt von Initiationsritualen der San, und die Südafrikanerin Brenda Sullivan entdeckte auch Darstellungen von ziegenköpfigen Figuren im Ndedemos-Tal, und in Ballach, in Blued Band in der Barkley-East-Region, einen ziegenartigen Fußansatz. Zumeist ist der Schamane der San jedoch als Eland dargestellt, als eine große Antilopenkuh. Im eiszeitlichen Europa spielte sich das Drama um Tod und Wiedergeburt rund um den Steinbock ab, wie ein Baton, ein »Stab«, aus Frankreich zeigt, bei den Kelten trug der Heros eine Hirschmaske.

Das Kreuzsymbol, das sich gleichfalls bei Gravierungen in Südafrika findet, ebenso wie das »Keltische Kreuz«, gilt esoterisch als Symbol der Materie, seine vier Eckpunkte markieren die vier »Himmelsspitzen«, das »Opfer« findet im Mittelpunkt, im Zentrum, statt. Als die esoterische Bedeutung verlorengegangen war, schlug man den vermenschlichten Gottessohn tatsächlich ans Kreuz, das noch dazu nicht mehr die exakte Mitte als Kreuzungspunkt zeigt, wie sie noch der Keltische Lebensbaum kannte. Sein Name ist All, schrieb Parminedes, das einer gut gerundeten Sphäre gleicht. Und im Buch der Vierundzwanzig Meister, Liber XXIV Philosophorum, heißt es, Gott ist eine unendliche Sphäre, deren Mittelpunkt überall, deren Umkreis nirgendwo ist, denn »die Mitte ist überall«. Jeden Tod begriff man als Wiederherstellung der kosmischen Nacht, des vorkosmologischen Chaos, aus diesem Ozean der »Anti-Materie« wird die im »Stoff«, in der Proto-Materie schlafende Seele freigesetzt, weshalb der Initiand in diese Proto-Materie zurückkehren, transzendent werden, »sterben« muß. *Das* ist der Erlösungsaspekt aus gnostischer Sicht, denn der Initiationstod, den alle Mythen im Kern, von Gilgamesch bis Odysseus beschreiben, stellt im umgekehrten Verfahren den »Keimzustand« wieder her, woraus nur »Auferstehung«, eine Neuerschaffung, die einer Wiedergeburt entspricht, möglich wird. Das durch ein Menschenopfer im Grunde genommen entweihte Kreuz, verbindet sich für den Betrachter mit einem qualvollen körperlichen Tod und einer Auferstehung, die *so* nicht mehr nachvollziehbar ist. Es liegt schon eine traurige Ironie darin, daß dieses Symbol so vielen »Ungläubigen« Sklaverei und Tod brachte, die ihren fanatischen Peinigern die ursprünglich spirituelle Bedeutung noch erklären hätten können. Der ans Kreuz genagelte Menschensohn als Symbol, das wie jedes Symbol eine Eigendynamik entwickelt, verdrängte das ägäisch-afrikanische Symbol der Mutter mit dem Kind, das Symbol des Todes das Symbol des Lebens. Unterschwellig wirkte es jedoch weiter, denn die Mutter des Gottes ließ sich allen Mühen zum Trotz nicht abschaffen, zu tief war und ist dieser Archetypus im Unterbewußtsein der Menschen verhaftet.

Doppelgehörnte Altäre oder Schreine befanden sich stets im Freien oder auf Bergspitzen, auf denen die ersten Ad, an die gar nichts sonst mehr erinnert, ihre »Zeichen« setzten. Die ältesten Götter der Ägypter waren Doppelgehörnte, noch der Grieche Alexander ist derart dargestellt. Im Koran tritt Dhul Karnian als Doppelgehörnter auf, und auch der riesische Ahne der Tobelianer oder Basken, Thubal, ist so beschrieben. Im Gegensatz zum späteren, in der Bibel als »Metallschmied« genannten »Kleinen Kajn«, war Thubal, der »Ahne« der Basken (!), wohl ein großer Khan. Er, der »lange vor der Flut ein Handwerksmann in Gold, Kupfer und Eisen« war, entspricht dem hebräischen Japhet, dem Ahnen der Seefahrer und Kaaniter, dem griechischen Titanen Iapetos, und noch dem Führer der griechischen Argonauten, Jason. Waren sie Thamuda, Nachfahren der Ad oder Giganten? Die Rass (Phönizier und Araber) kamen erst später.

»Riesen« tanzten auf in Stein gehauenen Labyrinthen, die man in Europa Truden- oder Druidenringe nennt, und die Priesterinnen griffen, wenn nötig, auch zum Schwert. Sie sind als Amazonen überliefert. Ama heißt »Mutter« (Sum.), und zo ist eine Wortwurzel, auf die man in Namen für die »große Zone«, dem Zo.diak stößt, auch bei Zion, dem »Berg« des ersten Paradieses, das sich im Süden befunden haben soll. Von kämpfenden Priesterinnen berichten Überlieferungen in Nordafrika, Kleinasien und am Schwarzen Meer. Als Hippolytes Mutter wird, wie könnte es anders sein, Io genannt, die »Große Kuh«, als Köni-

gin der Libyschen Amazonen gilt Myriam oder Mariamne
– Mari! Hippolyte kämpfte auch vor Troja, sie trug die Doppelaxt, die labrys.

Am Schwarzen Meer lebten die Kolcher, deren golde-
nes Vlies Jason stiehlt. Ovid nannte es phrixea ovis,
phrixon heißt Schaf. Im alten China symbolisierte man
den Vollmond durch ein Lammfell, und Helle, der Vollmond, ritt auf dem »Rücken des Sternbildes« Widder nach
Kolchis, das sich im Gebiet zwischen der heutigen Türkei
und der ehemaligen Sowjetunion befand. Die Kolcher waren schwarzhäutig und wollhaarig, wie sie Herodot beschreibt, und mit Ägyptern und Äthiopiern ursprünglich
die einzigen Völker, die Beschneidung praktizierten. Auch
in Sprache und Lebensweise beschreibt sie Herodot als
»außerordentlich ähnlich«. Vermutlich waren sie Nachfahren der zweiten Rasse schwarzer Riesen, denen das
Schwarze Meer seinen Namen verdankt wie das Rote
Meer den Roten. Darauf deutet der Hinweis, daß im Land
der Kolcher das Sternbild des Großen Bären zeitweise un-
tergehe. Das ist am nördlichen Breitengrad, an dem Kolchis lag, *nicht* der Fall, wohl aber in der Sahara oder in
Nubien oder im Sudan. Daß Medea in Korinth Sisyphos,
einem Sonnenheros, den Anspruch streitig macht, liefert
ebenfalls ein Indiz dafür, denn Sisyphos ist als Sohn der
Meropen überliefert, der Menschen, die Atlantis bewohnten! Wie Herakles dem Giganten Geryon den Hund stahl
und in einer anderen »Aufgabe« Hyperion die Rinderherde, raubte Sisyphos Merope ihre Herde und versah sie mit
seinem Brandzeichen, der Sonnen-Rune. Meropes Symbol waren zwei Halbkreise gewesen, das Symbol der Kretischen Doppelaxt, der labrys.

In Afrika sind weder Priesterinnen unbekannt noch
Amazonen. So berichtete Richard Burton von einem westafrikanischen König Dahomey in Gelele, der eine Armee
von etwa 2.500 Kriegerinnen besaß.[34] Daß die Große Göt-

tin, die »Semitische Zentralgottheit Mond«, keinesfalls eine Erfindung nördlicher Kulturen gewesen sein kann, belegt auch die Tatsache, daß die Sonne, welche im oft vereisten und verregneten Norden verständlicherweise im Mittelpunkt des Interesses stand, im traditionellen Afrika als Feind des Lebens gilt. Nicht die Mitternacht ist wie in Europa die gefürchtete »Geisterstunde«, sondern High Noon, der Mit-Tag. Auch setzt die genaue und fortlaufende Beobachtung der Sterne einen klaren Nachthimmel voraus, wie das vorwiegend in der südlichen Hemisphäre der Erde und/oder in der »Region der Sommersterne«, im südlichen Europa oder in Nordafrika, der Fall ist. Auch der große Magier Merlin britischer Legenden stammte aus der »Region der Sommersterne«.

Falls Helle als Vollmond und nicht als Sonne auf dem Rücken des Widders ans Schwarze Meer ritt, läßt sich die Besiedelung durch die Kolcher in etwa fixieren. Man muß nur jeweils 2.100 Jahre von 2000 n. Z., in etwa dem zu Ende gehenden Fische-Zeitalter, achtmal zurückrechnen, um in das dem Widder gegenüberliegende Bild Waage einzutreten, also ca. 16.800 Jahre. 17.000 überliefert Manthon eine ägyptische Kalenderreform, zu etwa dieser Zeit soll Herakles in den zwölfteiligen Zodiak aufgenommen worden sein. Zufall?

Von »schwarzen Tauben«, irischen Afrikanern, den Ba.Fumi der Bantu und dem afrikanischen Herakles

Nubien war das Land der Nu.bier, der Neger, und Byblos (um 3000 v. Z.) das »Land der Negu«. Von Byblos stammen die Wörter Buch und Bibliothek ab! Hesekiel verglich die »Weisheit von Tyris« mit der von Byblos. Nach Jesaja (23.10) war Tyris eine Tochter von Tarsis, der

»Schmelzerei«. Die heutige Grenze zwischen Ägypten und Nubien wurde um 1879 v. Z. gezogen. Nach dem Edikt von Khekuhre (Sesostris III), sollte kein Neger mehr, »sei es auf dem Wasser oder auf dem Landweg«, die Grenze überschreiten, es sei denn, er wäre ein Händler mit besonderer Erlaubnis. Noch die Karthager, die das Erbe der Phönizier antraten, belegten die profitträchtige Kenntnis alter Seestraßen und Häfen mit einem Tabu. »Hinter den Säulen der Herkules« drohte nun das Ende der Welt. Der esoterische Bezug war längst vergessen, und die Erde wurde im »Bewußtsein« der Menschen zur flachen Scheibe und blieb es viele Jahrhunderte lang. Die »heilige Wahrheit« befand sich nur noch im Besitz der Priester, der Ratgeber der Könige, nachdem einander Priester- und Königtum getrennt hatten, und der Handel, der die Erfindung des »Tauschmittels« Geld nötig gemacht hatte, verdrängte die Religion. Mehr und mehr trat ein fiktiver Mehrwert in den Vordergrund, der schon lange nichts mehr mit dem ursprünglichen Mehrwert des Getreides zu tun hatte. Dieser fiktive Mehrwert, den wir Gewinn nennen, beherrscht im Grunde genommen die heutige Welt. Hand in Hand damit erfolgte die Verdrängung der »Sacred Science«, die in den Untergrund ging. Sie stellte die Aufzeichnung größerer *psychischer* Veränderungen dar, die sich im Verlauf der Jahrtausende ereigneten, um sich im Außen im Aufstieg und Niedergang von Zivilisationen widerzuspiegeln. Die Erinnerung daran wurde zu Legenden, Märchen und Sagen, aber es gibt konkrete Hinweise darauf, wie weit diese sagenhafte Riesen-Kultur gekommen war. So fand man im Tal von Susquehanna in Amerika 400 Steine mit einer »Iberischen« Schrift. Wie erwähnt, ähneln südiberische, andalusische Schriftzeichen, Vorläufer keltischer Runen, auffallend Gravierungen von Driekopseiland in Südafrika, frühen libyschen, ägyptischen, aber auch altchinesischen und kaukasischen Schriftzeichen, sowie altsemitischen und kretischen Symbolen. Bei all diesen Kulturen stößt man auf die Spuren von Giganten und Riesen, auf »Schmiede« und auf »schwarze Tauben«. Denn zwei »schwarze Tauben« waren von Taiba aufgeflogen, von wo Son oder Chon, der vorgriechische Herakles, aufgebrochen war. Noch die Phönizier holten schwarzhäutige Orakel-Priesterinnen in ihr Amon-Heiligtum in die Libysche Wüste, und auch der Begründer von Delphi, Delphos, ist als Neger beschrieben. In seinem Namen verbirgt sich wie in Delos noch das »Dreieck«, die Vulva der Erdmutter, ihr »Uterus« (delphi). Bei ihren eleusinischen Mysterien überschritten die Initianden die Grenzscheide zwischen Tag und Nacht, zwischen Tod und Leben, um dem Mysterium zu begegnen, Persephone, ihrer »anima«, der Göttin. Es war nur erlaubt, die Wirkungen zu beschreiben, nicht das Mysterium selbst. Bei den Kelten übernahmen die Druiden, die »Eichenseher«, die in Wahrheit den »Polarstern« sahen, die Funktion der »schwarzen Tauben«. Eine besondere Stellung nahm bei den Galliern das Schwein ein, das zu besitzen noch heute mit »Glück haben« assoziiert wird. Und das aus gutem Grund, denn in ihm verbirgt sich die Essenz des Mysteriums. Ursprünglich handelt es sich dabei um ein Totemtier. Derartige Tiere durften nie verzehrt werden, sie waren absolut verboten, aber auch heilig. Welche katastrophalen Folgen Nichtwissen und Ignoranz eines eroberden Volkes gegenüber dem Brauchtum der Eroberten haben kann, beschreibt Credo Mutwa im Zusammenhang mit dem blutigen Aufstand der Mau.Mau. Das Totemtier der Kui.Kui war die Meerkatze, die, wenn sie stirbt, einen Todesschrei ausstößt, der wie mau.mau klingt. Der blutige Aufstand setzte vollends ein, nachdem ein weißer Landbesitzer einem Kui-Kui ein solches getötetes Tier mit der Aufforderung, es zu »kochen«, zuwarf. Totemtiere symbolisieren in sich den »Geist der Ahnen«.

Auch das Verbot, Schweinefleisch zu essen, geht darauf zurück, es war sogar in Ägypten bekannt, und nur an einem Tag im Jahr aufgehoben, dem Neujahrstag, womit sich der kosmische Bezug bereits andeutet.

Das Wildschwein war das Totemtier eines geheimnisvollen Bantu-Stammes im Magkapeng, der Dekulebe, die heute in alle Winde zerstreut sind. Wie Credo Mutwa erzählt, besaßen sie rein keltische Bräuche. So überrascht es nicht, daß man auch in der irischen Überlieferung auf ein mysteriöses Schwein stößt. Das »heilige Schwein« wird Pryderi, dem »Herrscher der Afrikaner«, vom Riesen Gwydion gestohlen, eine Art Arthus-Vorläufer, dem Sohn von Don![35] Auch im walisischen Mythos ist von »Afrikanern« die Rede, und frühe walisische, bienenkorbartige Rundhäuser erinnern an afrikanische »Geisthäuser«, das »weiße Haus«, in welchem der spirit der Ahnen wohnt. Ranke-Graves weist darauf hin, daß traditionelle Geisthäuser in Uganda mit ihren zwei Säulen frühen sumerischen Tempeln gleichen; Kanaan (Phönikien) scheint von Uganda aus besiedelt worden zu sein. König Arthus, dessen Totemtier das Wildschwein war (!), kämpft gegen einen Riesen, und ein Riese, Magog, gilt auch als Gründer des Milanesischen Volkes. In der Genesis ist er der Sohn des Vaters der Seefahrt und von Kanaan, der ein »großer Kajn«, ein Khan war, ein Son oder Chon, der in der Flut starb. Schließlich erzählt Merlin dem Aurelius, daß Riesen in alter Zeit Irland besiedelten und Bluestones mit sich brachten, die sie in einem heiligen Kreis auf dem Berg Killareus aufstellten. Diese Steine besaßen heilige – heilende Kräfte, weil sie die »Tugend des Blutes« besaßen. Sie kamen vom »entferntesten Ende Afrikas« nach Irland. Der irische Mythos nennt diese Riesen Fomhoire. Sie trugen immer »ein« Schwein mit sich. Und hier wird es wieder interessant.

Brenda Sullivan wies auf einem Kongreß in Österreich zum »Keltischen Bewußtsein« als erste darauf hin, daß die

Die Autorin in der Kalahari.

Rätselhafte weiße Linien, wie sie
bei unter hoher Hitzeeinwirkung
geschmolzenem Quartz auftreten,
überziehen ganz Kubo-Island
wie ein Netz. Erinnerung an die
Feuerkatastrophe?

Kalender aus der Steinzeit in Mafeking.

Thron der Giganten (Kubo-Island, Botswana).

Credo Mutwa beim Ritual.

Ein Baajuni-Roboter aus der
Steinzeit.
Skulptur von Credo Mutwa.

Ndebele-Frau.

Zulu-Hochzeit. Khekhekhe Mtetwa
(rechts) und der Brautvater.

Zulu-Frau mit dem traditionellen Kopfschmuck der verheirateten Frau.

Traditionelle Vergangenheit der Zulu (Shakaland).

Für die Missionare verhüllte man sie, für Touristen zeigt man sie wieder – Brüste.

Junge Sangoma in Zululand. Schild, Stab und Kudu-Wedel sind rituelle Gegenstände.

Phallus mit »Auge«, Symbol spiritueller Potenz.

Die Regenkönigin Modjadji V. in Alltagskleidung.

Danus Haus (Mafeking).
Der Eintritt in die »Vulva« der
Erdmutter ist nichts für Ängst-
liche. Das abschreckende
Äußere der Heiligtümer schützte
vor unbefugtem Zutritt.

Skulptur der Großen Mutter
(Mafeking).

irischen Fomhoire auffallend den Ba.Fumi gleichen, von denen Credo Mutwa berichtet. Sie nannten sich »Kinder der Sonne«, und den Fuß ihrer Könige umgab ein Geheimnis. Sie setzten ihn auf einen Felsen und sagten, »Ich nehme Besitz«. Derartige Steine galten als heilig und heilend. Der Mythos bezieht sich offenkundig auf die Mysterien der Schmiede, wie sie auch in der griechischen Mythologie beschrieben sind. Auch ist der jeweilige König der Ba.Fumi wie der Me-Tsing der San, aber auch wie der Tyrann Za-Ha-Rellell als verkrüppelt beschrieben, und auch der Tod seines Zwillings oder Stellvertreters wird angegeben. Das heißt, daß der Sakralkönig nicht mehr selbst starb, sondern für ihn ein Interrex, ein Stellvertreter, der Zwilling auch von Herakles und anderen Heroen. Auch die Dogon berichten vom »Opfertod« des Nommo, er starb für Ogu, weil sich der Nommo, der Mensch, sobald er geschaffen war, »empörte« und den Himmel »in Unordnung« brachte. Zur Sühne starb Nommo, um wieder auferstehen zu können. Er wurde an einem Baum gekreuzigt und diente der Menschheit als eucharistisches Mahl. Zuvor aber verwandelte er sich in einen Schmied!

Der Bezug zum christlichen Mythos und dem Opfertod von Jesus v. Nazareth ist nicht zu übersehen. Umsomehr als Vulkan, der »Gott« der Schmiede, als »Schmied der Götter« gilt und als Bewahrer der Flamme. Vulkan soll das Sternbild der Jungfrau beherrschen, und seine Zahl Zwei, das Symbol für die Dualität, verbindet sich mit der Zahl Sieben der »Jungfrau« zur Neun, auch der Zahlenwert der Buchstaben am Kreuz des Gekreuzigten, INRI, ergibt Neun. In der mystischen Überlieferung symbolisiert 27 das »Zepter«, das der Heros-Priester-König trug, das Sinnbild seines Herrschaftsanspruches. Genausowenig wie Christus in der Heiligen Messe tatsächlich verzehrt wird, sondern nur symbolisch sein Fleisch, früher das Brot der Göttin, die heilige Hostie (Erde), und sein Blut, der Wein

(Himmel), bezieht sich vermutlich auch das Opfer des Nommo auf ein verwandelndes Opfer. Das mit dem Kopf-nach-unten-Hängen eines Gekreuzigten ist ein Brauch der Schamanen. Neun Tage lang (!) hängt auch der nordische Odin am Weltenbaum, bis er Erleuchtung erfährt. Schamanen, die dadurch zu »Riesen« wurden, nahmen ursprünglich im Ritual die Kollektivsünden ihrer Gemeinden auf sich, sie opferten sich dem Gemeinwohl, und wurden durch ihre Transzendenz zu »Göttern«, wie die Menschen des ersten »goldenen« Weltzeitalters. Aber ihre Nachfahren verloren mehr und mehr Transzendenz, sie erreichten nur noch die halbe Göttlichkeit, auf die deren Nachfahren schließlich vollends verzichteten. Absolution erteilte nun ein »Beichtvater«. So stürzte der Mensch von Weltzeitalter zu Weltzeitalter immer mehr in das Fleisch, die Materie, das Menschsein, und die »Weisheit Gottes« ging nach und nach verloren, weil sie sich *nur* aufgrund des Opfers und des eigenen Ego-Todes eröffnete. Der Schlüssel zu dieser Weisheit verbirgt sich im profanen Symbol Schwein.

Wie die irischen Fomhoire immer »ein« Schwein bei sich trugen, führten auch die Ba.Fumi der Bantu immer ihren heiligen Blasebalg mit sich, den sie »Verschlinger« oder »Schwein« nannten. Ihr Totemtier war der Eber. Als sie ausstarben oder auch im Swazi- oder Tongaland verschwanden, erzählt Credo Mutwa, übernahmen die Ngwane, die Ureinwohner Swazilands, ihren Totemnamen dhallamani, der später der königlichen Familie zuwandernder Swazi gegeben wurde. In das südliche Afrika waren die Ba.Fumi »aus der untergehenden Sonne«, vom Westen, vom Meer her gekommen. Vermutlich waren es diese »Giganten«, gegen welche die letzte Königin der Ba-Iti kämpfen mußte.

Im europäischen Mythos wird der Heros oft durch einen Eber getötet, »je fünf Eber und fünf Keiler« heißt es im I-Ging, weil man jeweils fünfmal im Monat die ab- und die zunehmende Mondsichel sehen kann. Schweinehirten symbolisierten Seher, und Persephone, der »roten« Triade der Erdmutter Demeter, opferte man Schweine. Phorkis, die »Saugöttin«, ist ein anderes Sinnbild der hundsköpfigen Hekate, je nachdem welches Totemtier in sich den »spirit« der Ahnen verkörperte. Hund und Schwein waren die ersten Nutztiere der Menschen, auf sehr alte Schweinsknochen stieß man in der Sahara, und weil Schweine nicht wie Rinder oder Ziegen mit sich geführt werden können, waren diese Menschen wohl ansässige Hirten und Bauern gewesen, wie die Vorfahren der »steinzeitlichen« Khoi-San im südlichen Afrika.

Zwölf Frauen hatte der König der Ba.Fumi, zwölf Ritter versammelte König Arthus an seiner Tafelrunde, zwölf ratgebende Männer standen dem König der Phäaken zur Seite usw. Der jeweils Dreizehnte dieser Runden wird zum Transzendenten, zum »Unsterblichen«, symbolisiert im dreizehnten Vollmond, der auf Sirius zielt, später auf die Sonne, er geht den »Weg des Himmels«. Den transzendenten Aspekt des Sirius beschrieb man in Ägypten als horizontalen Kreis, der den unsichtbaren Teil der Welt, Nephtys oder Hekate, die »Dunkle«, vom sichtbaren Teil der Welt trennt, »dem sie den Namen Isis geben«.[36] A.nubis ist der »Bogen am Himmel«, die Erde und Himmel verbindende Kraft, Kousch, Son oder Cham, der Khan, »Herakles«, die »Ur-Spirale« oder »Ur-Säule«, die einst Atlas oder Briarëus, Chronos, die »Zeit«, noch früher Kar oder Kali usw. selbst war. Von »zwei Systemen«, die miteinander bisweilen verbunden sind, wodurch die auf das Leben einwirkenden verschiedenen Kalendersysteme entstehen, berichteten auch die Dogon. Das bezieht sich auf die Einheit von siderischem und synodischem Mondlauf, auf den Weg der Erde (Sonne) und des Himmels (Sirius oder eines anderen Sternes), auf die aus zwei polaren Zeit-Läufen hervorgehende eine transzendente Kraft, die eigentliche Fruchtbarkeit der Erde.

Die Ba.Fumi, so erzählt Credo Mutwa, nannten ihren heiligen Blasebalg deshalb Verschlinger oder Schwein, weil sie glaubten, daß die Sonne einen Feind habe, der sie verschlinge. Nicht die Sonne wird verschlungen, sondern das Leben, von dem Tod, aus dem nur wiederum neues Leben hervorgehen kann. Der »Feind« ist der dreizehnte siderische Vollmond. Auf der »solaren Tonleiter« schreibt José Arguelles in »Der Maya-Faktor«, stellt der dreizehnte Ton eine Art dimensionale Lücke dar, er ist das Tor zur Transzendenz, zum Nicht-Sein, zur Nicht-Welt, durch das der Sakralkönig bei seiner Opferung eintrat. Diese Opferung erfolgte zu jenem Zeitpunkt innerhalb des Jahreszeiten-Zyklus, zu dem die Sonne ihren niedrigsten Stand auf der Jahresleiter einnimmt, der ihr gegenüberstehende Vollmond seinen höchsten. Sowohl das keltische als auch das ägyptische Jahr begannen ursprünglich im Sommer. Das alte Jahr »stirbt«, damit das neue geboren werden kann. Daß das nur in der südlichen Hemisphäre im (aus europäischer Sicht) Sommer der Fall ist, nach heutigem Kalender am 21. Juni zur Winter-Sonnen-Wende, im Norden am 21. Dezember (dort Winter-Sonnen-Wende), ist ein weiterer Hinweis darauf, daß sich die kosmischen Gesetzmäßigkeiten verkehrt hatten, daß der Ursprung im Süden lag. Sechs Monde danach wird in der solaren Kosmologie das »Kind« geboren, in der lunaren Kosmologie lagen Tod und Geburt in einem Punkt. Noch heute begehen die aus dem Norden gekommenen Zulu am 21. Dezember das »Fest der ersten Früchte«, bei dem sie die Geburt ihres »Königs«, des Himmelskindes, N'kosi, feiern!

Bevor, falls überhaupt, die tatsächliche Opferung des Heros erfolgte, war das Opfer jedenfalls ein unblutiges, weil spirituelles oder symbolisches. So zerstückelte Isis ursprünglich selbst den Leib ihres Sohn-Geliebten Osiris in dreizehn Teile, in die Anzahl der siderischen Monde.

Als sie den Geliebten wieder zusammensetzen möchte, fehlt ein Glied, ein Monat, der Phallus. Das kann sich sowohl darauf beziehen, daß das »Kind«, das Sonnenjahr, nur über zwölf Glieder verfügt, als auch darauf, daß der Heros »weiblich« werden muß, um göttlich sein zu können. Später nimmt Seth, der »Zwilling« von Osiris, der Göttin diese Aufgabe ab, die als *Helle* nicht die Sonne, sondern den Vollmond verkörperte, nicht die Form, sondern das »Prinzip der Form-Gebung«. Euripides setzte den ägyptischen Osiris mit dem griechischen Orpheus gleich, und Proklos überlieferte in seinem Kommentar zu Platons Timaios, daß Orpheus, weil er der Anführer der dionysischen (eleusinischen) Riten war, »wie man sagt« das gleiche Schicksal erlitt wie der Gott – er starb den Opfertod. Im vorgriechischen Mythos zerstückelten die Mainaden, die »rasenden«, ekstatischen Priester-Schamaninnen der Erdmutter den Dionysos, das Jahr, im keltischen Mythos wird der Heros im »Kessel« einer »Hexe« zerstückelt und gar »gekocht«. Das bezieht sich auf den psychologischen Vorgang der Läuterung der eigenen seelischen Unterwelt und nicht auf Kannibalismus, zu dem es vielleicht gekommen sein mag, als man die spirituelle Bedeutung nicht mehr nachvollziehen konnte, weil esoterische Angaben wörtlich genommen wurden, wie auch der Opfertod am Kreuz, für den man die Juden verantwortlich machte, woraus über viele Jahrhunderte hinweg unsägliches Leid für dieses Volk entstand. Jesus von Nazareth trug das »Kreuz« durch zwölf Stationen, in der dreizehnten »starb« er, wurde er transzendent.

Schmiede gehen in Afrika noch heute aus dem geheimsten aller Rituale hervor, dem abschließenden Feuerritual, das auch im Mittelpunkt von Ritualen der San stand. Für den Nichteingeweihten ist dieses Ritual absolut tabu, es ist Königen und Hohepriestern vorbehalten. Das Element Feuer, das zur Grundlage der eisenschmelzenden Schmiede und deren Magie wurde, kann den Initiierten keinen körperlichen Schaden zufügen, weil sie den »spirit« des Feuers beherrschen. Sie sind »Großschlangen«, die größten aller Magier, sie besitzen den Himmel, noch heute ein Anspruch der Zulu-Könige, n'kosi Zulu bedeutet »Kind des Himmels« (zu.lu). Im Koma-Ritual Initiierte vermögen sich unsichtbar zu machen, heißt es, oder sich in andere Wesen zu verwandeln. Sie sind in Afrika die, »die-so-aussehen-wie-jemand-aber-vielleicht-etwas-ganz-anderes-sind«, wie sie Dr. Johanna Wagner in ihrem gleichnamigen Buch beschrieb. Sie war eine Eingeweihte geworden.

Wer den Schlüssel zur Zahl Dreizehn hat, besitzt Kraft und Macht, das wußten auch die europäischen Mystiker aller Zeiten. Diesen Schlüssel symbolisierte der heilige Blasebalg der »Riesen«, das Schwein. Den geheimen Namen dieses dreizehnten Mondes auszusprechen, ist noch heute in Afrika absolut tabu, er ist nach wie vor »versteckt«. Für José Arguelles symbolisiert die Zahl Dreizehn, die dem Mißbrauch dieser Kenntnis ihren schlechten Ruf verdankt, der jedoch im Heiligen Tzolkin der Maya gemeinsam mit der Zwanzig (2+0) die bedeutende Rolle zukam, die wichtigste Lichtdaten-Welle, das »Medium von Verlagerungen zwischen zwei Dimensionen«, zwischen der sichtbaren Welt der Isis und der unsichtbaren der Nephtys, aus der die anés strömt, die beseelende Kraft der Materie, der »spirit« hinter den sichtbaren Dingen. Koma, der Name des Rituals der Schmiede, bedeutet »die große Kuh«. Im Rig Veda verwandelt sich die Kuh in einen Blitz, der den Stein zu spalten vermag! Der Heros dieser Großen Kuh, ob Hathor-Isis, Mutter und Tochter in einem, oder Io usw. war Herakles, und so überrascht es nicht, daß auch Bantu-Stämme ihren Herakles kennen.

Bei den Venda heißt er Ditutwane. Wie Me-Tsing hat er nur einen Arm, nur ein Bein und nur ein Auge. Er ist nur halb von dieser Welt, seine andere Hälfte ist unsichtbar, sie gehört der jenseitigen Welt an. Ihre linke Hand ordneten die kretischen Daktylen den »Zauberern« zu, während die rechte mit irdischen (rationalen) Dingen beschäftigt war, worin sich auch die Kenntnis der spiegelverkehrten Gehirnhälften des »modernen Menschen« verbirgt. Der Herakles der Shona ist Ma.koma, sein Name enthält wie der des griechischen Hera.kles die »Mutter«, die Große Kuh, koma oder goma. San-gomas sind die Orakelseher und Heiler der Zulu, ein Wort, das wie die Nyanga oder Ngaka, die wohl in frühere Zeiten und vor die Bedeutung des Rindes bei patriarchalischen Hirtenstämmen verweisen, mit dem Mond in Verbindung steht. Gombe, buguma oder bo.goma für Kuh gibt es in allen Bantu-Sprachen, hier fällt die Ähnlichkeit zu Singbonga der indischen Munda auf – Sin war ein Name des vermännlichten Mondgottes in Babylon. Pho-ko nennt man den Ziegenbock in der Nord-Sotho-Sprache, ga-rion hieß bei den Basken »guter Weizen«, gain die (Berg-) Spitze, auf der die Ad ihre »Zeichen« setzten, und die Wurzel findet sich auch im »Gottesnamen« der Khoi-Khoi als Tsui.go.ab, einen Ort, an dem sich ein großer Steinhügel befand, und den sie, wie James Alexander berichtete, Goma-//gams nannten.

Auch Ma.koma kämpft gegen ein Schlangenmonster, aber während die griechischen und babylonischen Helden das »Monster« besiegen, triumphiert Makoma nicht über das weibliche Schöpfungsprinzip. Der Kampf geht unentschieden aus und der Große Geist nimmt beide zu sich in den Himmel, wo sie von nun an über den Wolken wohnen. Am Anfang der europäischen Geschichte, schreibt Dr. Stephen Larsen in »The Shamans Doorway«, begegnet man allerorten dem »verkrüppelten Heros«, der das persönliche Ego über die Psyche stellte, wodurch wir nur noch »halb« sind, verkrüppelt. Manche Bantu-Völker und Kulturen wie Hopi, Aborigines oder San beschritten diesen Weg nicht, der sowohl zu den größten technischen Errungenschaften, aber auch an den Rand der Selbstzerstörung führte, was vermutlich an der gehüteten Erinnerung an die »erste Rasse« der Menschheit lag, die von einem derart verkrüppelten Herrscher in den Untergang geführt wurde. Priesterinnen der Venda bewachen noch heute einen heiligen See, in dem wie im irischen Loch-Noch ein »Ungeheuer« wohnt, dem »Jungfrauen« geopfert wurden und auch noch werden, denn die esoterische Angabe bezieht sich darauf, daß sich einst junge Frauen der Göttin »opferten«, indem sie zu Schamanen oder Priesterinnen wurden, die nicht mehr dieser Welt angehörten. Ihren Ursprung führen die Venda auf den »heiligen Kopf des Elefanten«, Thouohandhou, zurück, der sie vor langer Zeit in ihr Land geführt habe. Bei vielen Felszeichnungen im Vendaland Südafrikas steht ein Elefant im Mittelpunkt. Faszinierenderweise stammen diese Felsbilder, wie vermutet wird, *nicht* von den Venda, sondern von den Vorfahren der San!

Während einer Nacht, die ich im afrikanischen Busch am Chobe-Fluß in Botswana verbrachte, träumte ich von einem Hammerkopf-Vogel, der zu mir sprach und sagte, »geh zu Mutwa, geh zu Mutwa«. Ich erwachte und lauschte den vielfachen Geräuschen der afrikanischen Nacht, deren Stille sich aus einer Vielzahl von Tönen zusammensetzt. Ich spürte, daß diese Nacht anderes war. Wie in den Nächten davor bellten dann und wann Schakale und »lachten« Hyänen. Die Nacht zuvor suchte ein Löwe unser Camp auf, einmal war es ein Nilpferd gewesen, und das allmorgendliche Fährtenlesen war uns bereits zur lieben Gewohnheit geworden. Etwas war anders in dieser Nacht, aber was? Und dann hörte ich es. Es kam näher, auf lautlosen, dicken Sohlen, ich konnte es an brechenden Ästen und am Rupfen und Knacken der Bäume hören, und dann rumpelte es auch schon jenseits der dünnen Zeltwand, die mich nur noch von diesem nächtlichen Besucher trennte. Ich wußte, daß das, was da rumpelte und grollte, der verdauende Magen eines der riesigen Chobe-Elefanten war. Hatte ich mein Zelt auf einem Elefantenpfad errichtet? So nahe war ich den grauen Riesen noch nie gewesen, an meinem Nacken begannen sich die Härchen zu sträuben, und ich hatte Angst. Dann war es still, ganz still, aber der Elefant war da, war nah, sehr nah, ich konnte ihn fühlen. Und dann hörte ich seinen »Ton«, und in meinem Körper begann sich ein helles, sehr hohes Vibrieren auszubreiten. Ich schlief ein, träumte, und als ich erwachte, hatte ich die Botschaft begriffen, ein Mutwa rief nach mir.

Am Morgen maß ich mit meinen Safari-Gefährten den Abstand des Fußabdruckes von der Zeltwand, der Elefant war 20 Zentimeter von meinem Kopf jenseits der Zeltwand entfernt und sichtlich lange gestanden! Seither weiß ich, daß Elefanten nicht nur ihrer mondsichelförmigen Hörner wegen als heilig galten. Doch möchte ich davon niemanden überzeugen wollen, weil derartige Erfahrungen nur jeder für sich machen kann. In Afrika, das Unsichtbares sinnlich begreifbar macht, sind sie nichts Ungewöhnliches. Letztendes hatte auch mich ein Elefant bis hierher geführt, denn als ich nach meinem ersten Abstecher zurück nach Südafrika in Europa beinahe ein Jahr lang mit mir rang, ob ich den Absprung aus der mir vertrauten Welt und meiner Karriere wagen sollte, gab schließlich ein Traum den Ausschlag. In ihm erhielt ich von einem San ein Geschenk, einen kleinen, lebenden Elefanten. Obwohl ich mir der Symbolik damals noch nicht bewußt war, entschied ich mich nach diesem Traum für das Wagnis. Mein Traum-Freund blieb mir treu. Auch als die Zeit für mich kam, Afrika wieder zu verlassen, beschenkte er mich. Diesmal verbarg sich sein Geschenk, eine kleine Kostbarkeit, an die ich keine bewußte Erinnerung mehr besitze, in einem altdeutschen Kleiderschrank. Da ruht sie immer noch, denn dieser Traum hat sich für mich noch nicht entschlüsselt.

In Oberägypten gab es die granitreiche Stadt Elephantine, die zu einer Zeit entstanden war, als sich die Dickhäuter aufgrund klimatischer Veränderungen und wohl auch wegen der Besiedelung durch die Menschen immer weiter in den Süden zurückgezogen hatten. Zu dieser Stadt gibt es über die Wortwurzel »ab« zum altägyptischen Wort für Elefant eine auffällige Verbindung. Granit findet sich bei allen sakralen ägyptischen und auch keltischen Bauten. Ranke-Graves leitet auch den Namen des früheren Orakel-Heros und späteren Lichtgottes der Griechen, Apoll, von der Wurzel »ab« her, wie auch Apfel. Sowohl das Wort für Elefant als auch für Granit verbindet sich im Ägyptischen mit den Begriffen »träumen, entdecken, erkennen, visionieren, empfangen«. Auch im Alt-Chinesischen bedeutet das Wort für Elefant, in welchem sich die »Helle«, Elen oder Helen verbirgt, »ähnlich sein« oder »Symbol«, auch »Elfenbein«.[37]

Die Elefantenkuh, im eiszeitlichen Europa das Mammut, ist wohl das älteste Sinnbild für die »Große Kuh« und ihre Kraft. Wer je einem Elefanten in der afrikanischen Nacht begegnete, weiß, wie sich die Stoßzähne weißschimmernd als Mondsymbole in die Dunkelheit schreiben. Von jeder Seite aus betrachtet, geben sie die entweder ab- oder zunehmende Mondsichel wieder, von vorne aus gesehen die runde Mondscheibe, das Vor-Bild der »kretischen« labrys. Im grellen Sonnenlicht des Tages jedoch ist der Dickhäuter »nur« ein Tier. Hier zeigt sich anschaulich der Unterschied zwischen dem ganzheitlichen, symbolischen, und dem nur auszugsweise, rational-analytisierenden Sehen. Ohne den Stellenwert des Symbols, das den Elefanten heilig macht, ist er ein Tier, das wegen des nur noch materiellen Wertes seiner Stoßzähne gnadenlos ausgerottet werden kann. Der Vernichtungsfeldzug des modernen Menschen gegen diese so gutmütigen, sozialen, spirituellen und zum Langzeitdenken fähigen Dickhäuter gehört zu den traurigsten Kapiteln in der an traurigen Kapiteln so reichen Geschichte des »zivilisierten« Menschen. Die von Helikoptern wahllos in hilflose und panische Herden hineingejagten Maschinengewehrsalven der »Jäger« richteten Katastrophaleres an, als auf den ersten Blick sichtbar ist. Während Angriffe von Elefanten auf Menschen nur in Ausnahmefällen erfolgten, beginnt sich das Verhaltensmuster dieser Tiere dem Menschen gegenüber radikal zu verändern. Seit einigen Jahren häufen sich Angriffe auf Menschen! Bowen Boshier, der wie sein Vater Adrian jahrelang im Busch lebte, drückt es einfach aus – Elefanten nehmen zunehmend Löwen-»spirit« an. Ein Bewußtseinsmuster, das viele Jahrhunderttausende Gültigkeit hatte, veränderte sich radikal innerhalb weniger Jahrzehnte, der Verursacher ist der Mensch und dessen Habgier und Aberglaube. Der Grund für diesen Aberglauben besonders japanischer Auftraggeber, Stoßzähne von Elefanten oder auch das Horn des Rhinozerus lieferten ein Aphrodisium, das schlappe Männer wieder munter macht, ist einer der Gründe für diesen unmenschlichen Massenmord, der beide Arten beinahe eliminierte. Der tiefere Grund jedoch liegt in einer unbewußt gewordenen Erinnerung an die spirituelle Fruchtbarkeit der »Großen Kuh«, beim Nashorn an das Einhorn, das bereits ein patriarchales Symbol der Transzendenz ist, die der Heros übernahm. Das ist nur eines von vielen möglichen Beispielen dafür, welche katastrophale Auswirkung die systematische Verdrängung von Archetypen aus dem Bewußtsein der Menschheit haben kann.

Das älteste bekannte Symbol des heiligen Elefantenkopfes, der die Venda auf ihren Wanderungen – woher? –

geführt haben soll, fand sich in der Sierra Guada in Spanien in Form eines T-förmigen Sinnbildes aus Elefantenknochen, in dessen Zentrum der Schädel ruht. Es stammt aus der Älteren Steinzeit![38] Noch der Zulu-König Shaka, der während des ersten Drittels des vergangenen Jahrhunderts mit seiner reformierten Armee die Engländer das Fürchten lehrte, als er blutig und grausam das Zulu-Empire errichtete, verstand sich als »Der Große Elephant«. Das T-Symbol ist eines der ältesten gravierten Symbole im südlichen Afrika. Credo Mutwa identifiziert es als das »mächtige Organ der Großen Erdmutter«. In diese Vulva kehrt der Initiand, metaphorisch gesprochen, zurück, d. h. in den transzendenten Zustand vor der Geburt. Irdischerseits vollzog man diese Rückkehr in den Tiefen der Kulthöhlen nach, die ursprünglich nur Frauen betreten durften, wie auch die prähistorischen Minen im südlichen Afrika. Im tiefsten Inneren der Kulthöhle von Lasceaux entdeckte man rote Handabdrücke, die so klein sind, daß man sie Kindern zuschreibt. Allerdings finden sich derartige Abdrücke auch bei vielen Felszeichnungen im südlichen Afrika, auch in den heiligen Tsodilo-Bergen, bei denen es sich um die roten Handabdrücke der extrem klein gewachsenen San handelt! Das Handauflegen war auch bei den Kogi-Indianern der Sierra Nevada üblich, die sich ihr Schamanentum aufgrund ihrer Isolation bis in unsere Zeit rein erhalten konnten. Auf diese Weise bezogen die Menschen Kraft aus den heiligen Orten ihrer Ahnen! Die Übereinstimmung zwischen der Symbolik der Kogi mit der Felskunst der San im südlichen Afrika, dokumentierten ausführlich die südafrikanischen Archäologen Prof. David L. Williams und T. Dowson. Obwohl eine Datierung der Gravierungen und Zeichnungen äußerst schwierig ist, gelang sie in Namibia. Das Felsbild zeigt die Transformation eines Schamanen in eine Antilope. Es ist 26.000 Jahre alt.

Zu Besuch bei Afrikas letzter Regenkönigin

Hinter mir lag das »flache helle Hochland« mit seinen »vom Sonnenschein wie reingewaschenen Tagen«. So beschreibt der sumerische Mythos das Land im »Großen Unten«, im »Untergeschoß der Erde«. Vor mir zogen sich die Häuser der Lovedo wie Bienenkörbe die Hänge hinauf und hinunter. Blauschattig wie immer in Afrika türmten sich am Horizont die Berge vom Vendaland nach Zimbabwe auf, von wo der Stamm der Regenkönigin gekommen sein soll, die Karanga oder Kalanga. Deutet sich hier die Kariba an? Im Gebiet dieser sagenhaften Königin, in dem heute auch die Pedi wohnen, kreuzen einander der südliche Wendekreis des Steinbocks und der alte ägyptische Nullmeridian, der längs der Erdachse angelegt war, heute 30 Grad 30. Der nördliche Wendekreis des Krebses führt durch die südliche Sahara, durch den Sudan und Ägypten.

Nichts deutete darauf hin, daß ich mich auf dem Weg zu einer der rätselhaftesten Herrscherfiguren des südlichen Afrika befand. Auf der breiten Sandstraße, die zum königlichen Dorf hochführt, boten Frauen Obst und Gemüse zum Verkauf an, ein Junge trieb Ziegen vor sich her, und aus einer Schule strömten Kinder in der hier üblichen schwarz-weißen Uniform. Noch eine letzte Kehre, und das Rund einer Holzpalisade lag vor mir. Hier beginnt heiliger Boden. Bis vor kurzem war die Regenkönigin, Modjadji, die Fünfte, vollkommen von der Außenwelt abgeschirmt. Noch ist jeder Weiße, der um Audienz ersucht, auffällig, aber schon baut man an einer neuen Straße, auf der sich die Besucher, weil der Weg nicht über den heiligen Boden führt, der Regenkönigin auf Schuhen werden nähern können. Kein Lovedo oder Pedi, oder welchem Stamm auch immer die Menschen angehören mögen, tritt beschuht vor die Königin. Wie nähert man sich Modjadji?

Man liegt seitwärts, die Knie angewinkelt, im Gras auf dem Boden und klatscht in die Hände. Begrüßungsbedingt beschränkte sich mein Blickwinkel vorerst auf den neben mir gewölbten Rücken meines Dolmetschers, und ich fühlte mich etwas lächerlich. Dann durfte ich aufstehen, und da stand sie vor mir, die letzte Priester-Königin der »Weißen Göttin« in Afrika.

Sie, »der gehorcht werden muß«, ist allen Stämmen heilig, auch die gefürchteten Kriegerstämme der Zulu und Swazi griffen den kleinen Stamm der Königin nie an, ihr Ruf als größte aller Magierinnen bot absoluten Schutz und gebot absolute Ehrfurcht. Der Legende nach kamen ihre Vorfahren während des 16. Jahrhunderts hierher, nach einem Streit der Königstochter mit ihrem Vater. Die Ahnin der heutigen Modjadji führte die heilige Regentrommel mit sich, die Koma-Trommel. Auffallenderweise entdeckten die Portugiesen in diesem Jahrhundert Zimbabwes Goldreichtum für sich. Der Abenteurer und Schriftsteller Henry Rider Haggard setzte der Großmutter der heutigen Königin in seinem Roman »She« ein literarisch-fiktives Denkmal, begegnet war er ihr nie. *Sie* ist die »Weiße Göttin« der Bantu bzw. ihre irdische Repräsentation, nicht europäisch und hellhäutig, wie Haggard sie beschreibt, sondern symbolisch »weiß« und zutiefst afrikanisch.

Ich sah in ein sehr dunkles, ausdrucksloses Gesicht mit einer fleischigen Nase, das von den schwarzen Augen beherrscht wird. Etwas Strenges ging von ihr aus, aber vielleicht lag es daran, daß sie, wie ich später erfuhr, erst kürzlich ihre älteste Tochter und Erbin verloren hatte. Modjadji trug ineinander verschlungene Tücher von dunkelblauer Farbe, auch eines straff um den Kopf gebunden. Wie die meisten Bantu-Matronen wirkte sie auch trotz ihrer Strenge mütterlich und – bäuerlich. Ich war enttäuscht, aber was hatte ich erwartet? Das männerbetörende Phantasieprodukt der *She* von Rider Haggard? Vielleicht lag es an ihrer Alltagskleidung. Das prächtige Leopardenfell fehlte, aus dem sich das Gesicht Modjadjis, der Vierten, der Mutter der gegenwärtigen Königin, wahrhaft ehrfurchtgebietend heraushob. Aber da waren diese Augen! Und was ich, nachdem der erste trügerische Eindruck vorüber war, ahnte, wurde später, als wir einander gegenübersaßen, zur Gewißheit – ich sah in das Gesicht des alten Afrika – stark, stolz, grausam, mütterlich und immer geheimnisvoll.

Sie ist die »Königin des Tages« – Modjadji. Auch Christus wird in der christlichen Allegorese als »König des Tages« bezeichnet. Aber während *Er*, zumindest in der Interpretation seiner Jünger, das Licht der Sonne symbolisiert, den Tag, verweist *Sie* auf den hinter dem Tag stehenden »spirit« der Nacht und des Lebens, auf das Weltgefäß Mond, dessen dunkle Seite der »Schattengeist« ist, den man ursprünglich mit dem Tag, der Sonne und der Materie, mit dem sterblichen Leben gleichsetzte, während der »Lichtgeist«, symbolisiert durch den vollen Mond, aus der Nacht strömt, aus der himmlischen Oberwelt. Diesen Lichtgeist, der im I-Ging ursprünglich an erster Stelle stand, versinnbildlicht die »Große Kuh«, die »Weiße Göttin«. Die symbolische Verkleidung des *Ihr* ureigenen Schattengeistes war in China das Leopardenfell, das in Afrika noch heute als Zeichen königlicher Abstammung gilt, weil es in sich das Helle und das Dunkle enthält.

Zwischen Idee und Verwirklichung, Ursache und Wirkung, Plan und Ausführung, zwischen dem Gefühl und dem Empfinden, dem Wunsch und der Erfüllung, der Kraft und dem Sein, dem Ahnen und dem Nachfahren, steht immer der Schatten, erzählte ein San dem Philosophen Laurens v. d. Post. Dieser Schatten ist der »spirit«, der alles belebt, jedoch, weil er transzendent ist, unsichtbar bleibt. Während das Licht kalte Flamme, und Flamme Feuer ist, das Wärme hervorbringt, die das Wasser des Lebens in der Großen Mutter gebiert, wie es in der Hindu-Philosophie heißt, ist das Wesen der Dunkelheit absolutes Licht, wie noch der mystische Bund der Rosenkreuzer wußte. Ihre Theosophie stellte die Synthese von Religion, Wissenschaft und Philosophie in engem Zusammenhang mit den Mysterien der Wahrheiten des Lebens, und zwar von den frühesten Zeiten bis zur Gegenwart, her. In diese früheste Zeit verweist die »weiße Göttin« der Bantu bzw. ihre letzte Priester-Königin Modjadji, die Königin des Tages, und damit die Königin der Magie, die ihre gefürchtete und begehrte Kraft und Macht aus dem »Schattengeist« bezieht, hinter dem unsichtbar der Lichtgeist steht. Aus diesem Grund nannten die alten Ägypter ihr Land »das Schwarze« oder »das Dunkle«. Ohne die Dunkelheit könnte sich Licht nicht verwirklichen und Zeit nicht sichtbar werden, während das Licht selbst in all seinem scheinbaren Glanz nur eine Masse von Schatten ist. Es kann niemals ewig sein und ist deshalb nur eine Illusion, sagen die Hindu. Hinter der Materie steht die Anti-Materie, erkannte die moderne Physik, hinter dem grellen Licht des Tages das sanfte Licht der Mondin. Nur wenn man der westlichen, auf die Sonne allein fixierten Mystik diese ursprünglich lunare Symbolik entgegensetzt, läßt sich ein Zugang zu den magischen Ritualen des alten Afrika finden. Der tanzende Shiva, der in der arisch-indischen Philosophie den transzendenten Aspekt der Göttin übernahm, hält in seiner rechten Hand eine Trommel, die den Ur-Klang der Schöpfung symbolisiert. In seiner linken Hand trägt Shiva die Flamme, das Symbol für das Element der Zerstörung, den Tod. Das Feuer symbolisiert die mit dem sterblichen Leben und dem Tod, mit der Kraft, Leben zu nehmen, verbundene »männliche« Seite der Göttin, die ursprünglich ihre rechte Seite war, versinnbildlicht durch Dunkelmond/Sonne. Die Trommel stellt das Gefäß dar, die »Vulva«, in welcher der Ur-Klang schwingt, immer vom Standpunkt der Erde aus gesehen, auf der wir schließlich leben. Denn dabei handelt es sich um das *Aum* der Hindu, ihre allerheiligste Silbe, das *Om* der Griechen. Daß sich das Universum durch Töne, durch Klang, durch Schwingungen viel-frequenzig offenbart, entdeckten wir erst vor kurzem wieder. Nur die Frequenzen sind meßbar und in Symbolen, in Zahlen, ausdrückbar, die in sich dem Wechselspiel widerspiegeln, aus dem die »Lebenskraft« hervorgeht, wenn sich Shiva und sein Widerpart Shakti vereinen. Denn nur geoffenbart ist die Schöpfung von Dualität durchdrungen, sie ist das *Wesen* ihrer Existenz als Manifestation. Man begriff die mit den Sinnen wahrnehmbare, manifestierte Welt als eine Art Inkarnation oder Projektion ähnlicher Realitäten, wie sie in einer transzendenten, spirituellen Sphäre bestehen. Wie die Natur des erschaffenden göttlichen Geistes, verstand man auch die menschliche Seele als dreifältig, die sich nur mit dieser transzendenten Sphäre verbinden kann, weil sie aus dieser Sphäre stammt. Hier liegt die Unsterblichkeit der »Götter« eines fernen, ersten Weltzeitalters begründet, die mehr Seele waren als Fleisch und damit weitaus luftigere Wesen als die sich auf ihrem »Fall« in die Materie immer weiter ent-seelenden Menschen, die dadurch sterblich wurden, weshalb von ihnen auch »gar nichts« blieb, sie waren »knochenlos«, wie die Esoterik die Hyperboreer nennt, Wesen, die weitaus höher schwangen als der heutige Mensch, der sich nur noch auf eine Drei-Dimensionalität beschränkt, die von einer Sieben-Dimensionalität verblieb. Denn »Siebenjäger« starb aus, wissen die Hopi, und »Einsjäger« begann seinen Marsch in die Menschwerdung wieder von allem Anfang an als Zelle. Nach dieser Überzeugung, die auch Bestandteil der afrikanischen Esoterik ist, erschafft die Welt die Sinne und die Sinne erschaffen die Um-Welt. Daraus ergibt sich die für den modernen Menschen erstaunliche Schlußfolgerung, daß Menschen wie die »primitiven« San im Grund genommen Erinnerungen an eine zurückliegende *höhere* Entwicklungsstufe der Menschheit sind. Vielleicht, wer weiß, liegt hierin ihre Kleinwüchsigkeit begründet, denn es gibt eine Theorie der modernen Biologie, daß höher entwickelte Menschen der Zukunft wesentlich kleinwüchsiger sein würden als wir heutigen, was den Riesen in unserer Vergangenheit ein sehr schlechtes Zeugnis ausstellt. Nach dieser Theorie, die man Neotonie nennt, kündigt sich in den Kindern, bevor sie erwachsen werden, die zukünftige Menschheit an. Dann wachsen sie weiter, was die Vorfahren der San oder der Mongolen *nicht* taten.

Die Seele, die sozusagen eine Art verdichtete Transzendenz darstellt, ist wie von Ägypten her bekannt ist, wie die göttliche Schöpfungskraft, von der sie ein Teil ist, gleichfalls dreifältig. Sie besteht aus einer kosmischen Seele, einer der Natur und einer des einzigartigen Individuums. Nach dem körperlichen Tod geht die Seele jedes Menschen zuerst in der Natur-Seele auf, bevor sie sich mit der »Seele der Ahnen« in der kosmischen Sphäre vereint. Diese universelle Seele nannten die Ägypter »akh«. »Ba« ist der belebende Geist der natürlichen Welt, der direkt von »akh« strömt, die geschaffene Welt ernährt und belebt. Den physischen Körper nannte man »Kha«, dieses »Kha« ist mit einem Energiefeld vereint, dem »Ka«, einer Art unsichtbarem »Zwilling« des Körpers – Ditutwanes andere, transzendente Seite. Dieser »Schattenkörper« oder »Geistkörper« erhält über »Ba« die belebende Energie vom reinen Geist des Kosmos und verdichtet sie zu einer Energieform, die für den jeweiligen physischen Körper geeignet bzw. dessen Ausdrucksform ist. Deshalb entstand der Glaube, daß nicht materialisierte Geistwesen keinen Schatten werfen, wie sollten sie auch, sie *sind* dieser Schatten, woraus der Aberglaube hervorging, »Hexen« wären an einer solchen Schattenlosigkeit zu erkennen. Während der Geist oder spirit, reine Energie oder Anti-Materie, ohne einen für uns erkennbaren, also sichtbaren Körper existieren kann, ist Umgekehrtes nicht möglich. Ohne »Zwilling«, Ka, Aura oder elektromagnetisches Feld gibt es kein materialisiertes Leben. Zwischen dem rein geistigen Zustand der kosmischen Seele, dem »Atem« Gottes, und dem rein körperlichen Zustand, der untrennbar mit dem »Geistkörper« vereint ist, vermittelt »Ba«, und es ist dieses »Ba«, das die Hebräer nephesch nannten, das auf körperlicher Ebene im Blut vorhanden ist. Wie das Blut die nährende Energie trinkt, die wir ihm mit unserer Nahrung zuführen, trinkt es auf einer subtileren Ebene die Energien der geistigen Welt, um den »Stoffwechsel« zwischen beiden Ebenen zu erhalten. Daran erinnert im christlichen Mythos das »Blut« Christi. Die moderne Biochemie ist dabei, sich diesem Wissen wieder anzunähern. So entwickelte Rupert Sheldrake eine »Feldtheorie«, um das Erbe morphologischer Charakteristiken zu erklären. Diese Theorie versteht als Ursache für die körperlicherseits von den Genen im Blut getragenen Charakteristiken eines Einzelwesens eine »höhere energetische Quelle«, die durch *Resonanz* der physischen Welt ihr *Abbild* aufprägt! In der Herstellung dieser Resonanz liegt das magische Eingreifen in natürliche Vorgänge, die ihre Zeit benötigen, begründet, und es ist einsichtig, weshalb den Initiationen als nötiger Vorstufe zum Mysterium, der »Weisheit Gottes«, eine so große Bedeutung zugemessen wurde. Denn hier verbirgt sich das Werkzeug zu beinahe grenzenloser Machtausübung. Ihre läuternde Wirkung lag darin, daß sich das Bewußtsein der Initianden veränderte, was sich in einer Art Rückkoppelungseffekt wiederum auf die Umwelt auswirkt. So ergaben Untersuchungen von Menschen in tiefer Meditation, daß energetische Wellenmuster in der Aorta entstehen, die in Bauch, Becken und Gehirn durch einen Prozeß, den man »rhythmische Aufladung« nennt, wiederklingen und sich auf das Nervensystem in Kleinhirn und Wirbelsäule *verändernd* auswirken. Die Meditation ist vermutlich das älteste Mittel der Menschheit, um »Kontakt« herzustellen.

San, die nur in Ausnahmefällen, nur wenn ihr »num« klein blieb, und nicht »kochen« wollte, zu unterstützenden Drogen griffen, lauschen dem »Pochen« in ihrem Herzen, um sich in die eigenen geistigen Tiefen zu versenken. Der Psychologe Laubscher stieß auch bei Xhosa-Schamanen auf Anzeichen dieser Versenkungskunst, die bislang ausschließlich östlichen Religionen zugeschrieben wurde. Als Freimaurer war er ein »Eingeweihter«, weshalb sich ihm Erkenntnisse eröffneten, die anderen Forschern verschlossen bleiben mußten. Denn bei all dem handelt es sich um geheim gehaltenes Wissen und Brauchtum. So stellte der »primitive« Ahnenglaube alter Kulturen ein äußerst subtiles Werkzeug dar, um mit Hilfe verschiedener Techniken, etwa durch Verwendung von rotem Eisenocker, der Kraft »starker Plätze«, von »sprechenden« Steinen zu Zeiten kosmischer Aktivierung, eine Verbindung über die Naturseele zur geistigen Welt der Ahnen, und über diese mit der reinen Energie der Kosmischen Seele herzustellen. Die geistige Welt der Ahnen nannte der Afrika bereisende C. G. Jung die Universal- oder Welt-Seele, über die durch das »Kollektive Unbewußte«, die Seele der Erde bei den Bantu oder die geistige Erde von Schamanen und Hopi, Kontakt hergestellt werden kann, vorausgesetzt die Verbindung zwischen dem Individuellen Unbewußten und dem Kollektiven Unbewußten wird eingeleitet. Das ist wiederum nur möglich, wenn zwischen der »männlichen« und der »weiblichen« Ur-Seele, die nach gnostischer Auffassung Bestandteile der Seele des Menschen sind, eine harmonische Ausgewogenheit besteht. Jung nannte es animus und anima. Das war der Zweck der Rituale. Die Wege mögen sich von Kultur zu Kultur unterschieden haben, das Ziel war das gleiche.

Vierzehn pastellfarbene Häuser mit geometrischen Symbolen verziert, konnte ich in Modjadjis heiligem Dorf zählen. Im Zentrum befindet sich das »Weiße Haus«, das außer der Königin niemand betreten darf, weil in ihm die Geister der Ahnen wohnen. Gegenüber liegt der Courtyard, der hier leere Kraal, das Rindergehege und spirituelle Zentrum jedes Bantu-Dorfes, weil über das Symbol Rind und dessen Blut Kontakt zu den Ahnen hergestellt wird. Das ist ein Brauchtum des patriarchalen Afrika, der in Modjadjis ureigener Reichweite keine Geltung zu haben scheint. Einige der natürlich gewachsenen Holzstangen, die den »Kraal« umrunden, scheinen menschliche Gestalten und auch Gesichter zu zeigen. Handelt es sich dabei um eine Laune der Natur oder um die verholzten Mahnmale jener Frevler, die unberechtigt verbotenes, heiliges Gebiet betraten, wie gemunkelt wird? Denn um Modjadjis Kraft ranken sich viele Legenden. Oberhalb des königlichen Dorfes befinden sich im heiligen Wald Modjadjis an einem geheimen Ort die Gräber der Regenköniginnen, sagt man. Dabei handelt es sich um einen besonderen Wald aus Palmfarnen, die aus dem Mittelalter der Erde stammen – Cycadales. Es gibt sie noch an einigen anderen Orten der Welt, nirgendwo wachsen sie höher als wenige Meter, aber hier ragen sie bis zu fünfzehn Metern hoch empor. Ihre Früchte stehen mit dem Überleben des Stammes in Verbindung.

Die Heilkunst des traditionellen Afrika zu entdecken, das sich ausschließlich natürlicher und spiritueller Heilverfahren bediente, liegt noch in der Zukunft, sofern das Wissen des alten Afrika den Herausforderungen durch die westliche Medizin standhalten kann. Beispielsweise ist heute bekannt, daß die Pedi lange vor der Entdeckung des Penicillins einen Schimmelpilz herstellen konnten, mit dem sie entzündlichen Infektionen vorbeugten.

Ich saß mit Modjadji auf der Veranda des königlichen Palastes, einem einfachen rechteckigen Bau. Ein größerer Gegensatz zwischen den auf äußerliches Herrschertum ausgerichteten europäischen Königs- und Kaiserhöfen und dem Herrschaftsbereich dieser afrikanischen Königin ist kaum denkbar. Im Schatten vorgezogener Grasdächer räkelten sich träge Hunde, von irgendwoher hüpfte eine Schar winziger, hemden- und höschenbewehrter Kinder auf die Königin zu. Nasen rannen, Zähne blitzten, kleine, braune Zehen bohrten sich in den Sand, und ein Fingerchen in ein Näschen. Es waren Modjadjis Kinder und die Kinder ihrer »Ehefrauen«, denen der Status von Männern zukommt. Nur alten, weisen Männern ist der Aufenthalt im königlichen Dorf gestattet. Männer-, aber sichtlich nicht liebelos, leben die Frauen mit Modjadji und ihren Kindern auf dem heiligen Boden. Auch die Königin hat ihren Liebhaber, der selbst verheiratet sein und vorwiegend Töchter gezeugt haben muß. In dieser matriarchalen Gesellschaft zählen nicht die Söhne und die Väter, sondern die Mütter und die Töchter. Erst die Mutter der gegenwärtigen Modjadji brach auf Drängen christlicher Missionare mit einem uralten Brauch, nach dem sich die Königin im Alter von 70 Jahren freiwillig das Leben nehmen mußte. Ursprünglich waren es 35 Jahre. Vermutlich wurde auch hier Symbolisches wörtlich genommen, denn Joseph Campbell machte darauf aufmerksam, daß der Zyklus eines Mondmonats analog zur menschlichen Lebensdauer verstanden wurde. So setzte man die 15. Nacht, die Nacht des Neumondes, mit dem fünfunddreißigsten Jahr eines Erwachsenen gleich, wobei man mit einer Lebenserwartung von 70 Jahren rechnete. Modjadjis nun erbende Tochter wird auch westlich erzogen, und so kündigt sich auch hier eine neue Art von »heiliger Hochzeit« an, denn auch nach dem Tod der gegenwärtigen Königin wird das südliche Afrika wieder eine Regenkönigin haben, Modjadji, die Sechste.

Daß die »Weiße Göttin« in Afrika nicht vergessen war, hatte ich bereits an der Reaktion besonders der Frauen auf meine Kette gesehen, und trug ich mein heiliges Kleid, was ich hier nicht tat, eröffnete sich mir der Zugang zu Ritualen und geheimen Zeremonien auch der heute den Ton angebenden patriarchalen Hüter des spirituellen Erbes ihrer Väter. Dazu bedurfte es keiner Erklärung, keiner Worte in einer Sprache, die die meisten Menschen sowieso nicht verstanden, weil man wußte, daß die »Sangoma aus Germany« den heiligen Eid abgelegt hatte. Man spricht nicht über *Sie*, schon gar nicht mit Nicht-Eingeweihten. »Wer darüber spricht, verliert seinen Verstand und stirbt«, warnte ein alter Zulu Axel Ivar Berglund, der dem »Zulu Thought Pattern« nachspürte. Auch Modjadji fragte nichts, und ich sagte nichts, weil es dessen nicht bedurfte. Dieses Kommunizieren jenseits der Sprache zählt zu einer der kostbarsten Tugenden des alten Afrika, die der Europäer, der sie verlernte, oft als unheimlich empfindet. Nicht so die Südafrikanerin Carol Fourby, die mit San in der Kalahari aufgewachsen war. Von der alten Frau eines mit ihr befreundeten Buschmann-Klans mitten in der Zentralkalahari mit den Worten empfangen zu werden, »Du hast dich verspätet«, ist für sie weder außergewöhnlich noch unheimlich. Sie war durch eine Reifenpanne aufgehalten worden, allerdings »wußte« niemand, daß sie in die Zentralkalahari unterwegs war.

Modjadji, die Fünfte, bewahrt wie ihre Vorgängerin die magischen Geheimnisse des alten Afrika für sich, und das ist gut so, denn unsere Zeit an der Schwelle zum »Krieg der Sterne« scheint für dieses Wissen weniger als je zuvor bereit zu sein. Das Totemtier ihres Stammes ist natürlich das Wildschwein. Für den Autor Tudor Parfitt, der auf den Spuren der Lemba, der »schwarzen Juden« Afrikas, nicht überraschend an Modjadji verwiesen wurde, blieb *Sie* hinter »Isis' Schleier« verborgen. Ohne den Grund für den sagenhaften Ruf dieser Frau nachvollziehen zu können, muß sie nichts weiter sein als eine »enttäuschend« einfache Bauersfrau. Für mich schlug sie die Brücke zwischen der Gegenwart des patriarchalen Afrika am Scheidepunkt zu Westernisierung und Industrialisierung, zur »allgegenwärtigen weißen Weiblichkeit« am Anfang der Geschichte der »ersten Rasse« der alten Kalahari. Dieser Bogen spannt sich über Zeit und Raum hinweg, während Welten untergingen und neue geboren wurden, und Inkonsikazi, die »Weiße«, die »Transparente«, den Menschen unbewußt wurde. Aber immer noch tanzen die Frauen Afrikas bei ihren Mysterien, zu denen Männer keinen Zutritt haben, den »Drei-Feuer-Tanz«. Die »Flamme des Lebens«, die dabei im Mittelpunkt steht, symbolisiert die unsterbliche, dreifältige Seele.

Nach ägyptischer Überlieferung leben wir heute im Zeitalter der Menschen und des Chaos, das von den »Halbgöttern« ausgelöst wurde, deren »vergangenes« Bewußtsein unsere Welt widerspiegelt. Die Zeit vor dem Chaos beschreibt Chuang-Tzu. Die Menschen der alten Zeit hatten eine stille Ruhe. Zu dieser Zeit waren yin und yang harmonisch und still. Ihre Ruhe und ihre Bewegung gingen ohne Störung vonstatten, die vier Jahreszeiten hatten ihre festen Termine, nicht einem einzigen Ding geschah Unrecht und kein Lebewesen kam zu einem vorzeitigen Ende. Zu dieser Zeit gab es keine Handlung, sondern nur die ständige Manifestation der Spontaneität. Sich mit diesem paradiesischen Zustand der Einheit wieder zu verbinden, war das Ziel vorchristlicher Mysterien, die entstanden waren, *nachdem* eine Kultur von Despoten und Tyrannen ihre anfänglich friedliche Welt durch Magie zerstört hatte – und die Erde unterging.

Das ist meine Wahl

Nein,
gib mir nicht das grelle Heulen von Dämonen
aus Flöten- und Gitarrenbäuchen,
auch nicht Geschichten jener,
die den Pfad westwärts trieben
ins ferne Land Amerika.

Aus dunklen Tiefen allesverschlingender Zeit,
sollen an meine Seele die Worte
längst schon Toter klingen,
die mich wie Medizin entflammen,
und mein Lebensschiff
an glänzende Gestade bringen.

Klar,
mit der Seele zeitdurchdringendem Blick,
sehe ich Reiche wachsen, blühen und vergehen.
Ich sehe mutige Tage
und verräterisches Geschick für alle Zeit
im Buch des Ruhmes geschrieben stehen.

Mutwa Credo, Indaba my Children, Johannesburg 1965,
Übersetzung der Autorin

Der Untergang der Erde

Außerirdische oder Irdische?

Die afrikanische Nacht ist nichts als nur Nacht, denn in Afrika gibt es keine Dämmerung, kein Zwielicht wie in Europa. Wie schwerer schwarzer Samt, aus dem in den Städten die künstlichen Lichter, und in den rauchigen Townships die brennenden Feuer herausleuchten, verhüllt die Nacht den Tag und enthüllt gleichzeitig den Himmel, denn hat man das Glück, die Nacht unter freiem Himmel im Busch zu verbringen, ist man mit den Gestirnen auf du und du. Hier tönt der Gesang der Sterne noch auf uralte Weise. Von wenigen regenbedingten Ausnahmen abgesehen, schlief ich fünf Wochen lang in der Kalahari jede Nacht auf dem Dach eines alten Landrovers, der seinem Namen Ompad, abseits der Wege, alle Ehre erwies. Auf solcher Höhe ist man relativ sicher vor giftigem Kleinzeug und den Raubkatzen, und den Sternen auf atemberaubende Weise nähergerückt. Bowen Boshier, ein Busch-Freak wie sein Vater Adrian, zeigte mir die Magkadikadi-Salzpfannen. Auf der magischen Kubo-Insel schlugen wir unser Camp auf. Auf ihr gibt es rätselhafte Felsformationen und andere Spuren der »Riesen«. In der Nähe lebende Tswana meiden die »Insel« wegen ihrer Geister, die uns jedoch freundlich gesinnt waren. Nach zehn gewitterfreudigen Tagen zogen wir weiter, in einen der wenigen Schlupfwinkel, die es zwischen den abgezäunten Wildreservaten in den Okavango-Swamps noch gab, dort, wo der Baum des Lebens einst gesungen haben soll. Man ist hier sicher vor touristischen Besuchern, und weil sich dieser jagdfreie Zufluchtsort auch im Tierreich herumgesprochen hat, ist man – abgesehen von tierischen Gefährten – mutterseelenalleine mit der Natur und sich selbst. Je intensiver dieser Kontakt wird, umso mehr öffnen sich verstopfte Kanäle, um Ungeahntes freizusetzen. Die Umwelt wird zum Spiegel der Innenwelt und umgekehrt. Eines Vormittags saß ich allein im Schatten der alten Baumriesen, unter denen wir unser Lager aufgeschlagen hatten. Bowen war zu einem seiner täglichen »Spaziergänge« im Busch aufgebrochen, an denen ich nicht teilnahm, weil die Nächte akustisch von der Jagd eines Löwenrudels untermalt wurden. Während der Nacht hatte sich ein Affenrudel die Bäume mit uns geteilt. Seither weiß ich, daß auch Affen Alpträume haben können. Vermutlich suchten sie unsere Nähe, weil sich in der Nähe ein Leopard befand. Nach einem schnatternden Ritual waren sie am Morgen weitergezogen, und nun wetteiferte die Stille unter den lianenverhangenen Bäumen mit dem grellen Sonnenlicht über dem Grasfeld draußen. Ich saß auf einem Klappsessel und beobachtete das Spiel von Licht und Schatten. Ich bin sicher, daß ich an nichts dachte, an gar nichts, ich war einfach. Und dann spazierte vor mir ein graziles Impala vorüber, ich konnte die Härchen in dem witternd aufgestellten, schön geschwungenen lotusartigen Ohr sehen, ein zweites folgte, ein drittes, eine ganze Herde. Die personifizierte Anmut schritt an mir vorüber. Im Grasfeld tauchten Zebras zum Weiden auf. Wir nahmen uns gegenseitig wahr, aber wir hatten nichts gegeneinander, vor allem keine Angst voreinander. Das gleiche geschah später mit Schlangen, die auf den Felsen zuglitten, auf dem ich saß, mich zur Kenntnis nahmen wie ich sie, und weiterglitten. Einfach *Sein*, nichts denken, nichts fühlen, nichts tun. Der Fluß fließt von alleine und die Wolken ziehen ... War *so* das Paradies gewesen?

In diesem Paradies lebten die ersten Kinder der Mutter Ma und des Lebensbaumes in ihrer Vielzahl. Die Menschen waren noch alle gleich. Es gab weder Neid noch Mißgunst, kein Mein und kein Dein, das Leben regelte sich von selbst, die Welt befand sich im Zustand der Harmonie. Chuang-Tzu meint, daß die Menschen in diesem Paradies die Fähigkeit zu wissen besessen haben müssen, aber sie hatten keine Gelegenheit, sie zu gebrauchen. Das war das, was man den Zustand vollkommener Einheit nennt. Die Aufgabe des Zustandes der Unschuld beklagen wohl Mythen wie die »verbotene« Legende von Za-Ha-Rellell, denn unbewußt sehnt sich die Menschheit nach diesem paradiesischen Ur-Zustand, einem völlig anders gearteten Bewußt-Sein, das sich im Außen nicht erschaffen läßt, so sehr wir uns auch anstrengen. Offenkundig mußten wir das Paradies verlieren, um es finden zu können. Wie es T. S. Eliot so wunderbar ausdrückte, sind wir Ewig-Suchende, die am Ende all unserer Suche dort ankommen werden, von wo aus wir aufbrachen, nur daß wir diesen Ort erstmals *erkennen* werden können. Zwischen diesem Verlust der unbewußten Unschuld und der Entwicklung zum bewußten Wesen und dessen Suche nach Harmonie spielt sich das Drama der Menschheitsgeschichte ab.

Anfangs weilten Götter auf Erden. Und weil wir Heutigen uns aufgrund unseres Bewußtseins nicht mehr vorstellen können, daß ein Leben im Einklang mit der Natur und dem Universum möglich ist, suchen wir nach Erklärungen für den paradiesischen Urzustand der reinen Erkenntnis im Außen und nicht im Innen. Einst handelten die Menschen nicht, sondern es gab nur die ständige Manifestation der Spontaneität. Heute handeln wir aufgrund unseres gegenwärtigen Bewußtseinszustandes, den wir bereits für die Krönung der Schöpfung halten. Aber wohin führen unsere Handlungen und wohin unsere

Visionen, die wir Science-fiction nennen? Zumeist in Gewalt, Krieg und Terror. Zusehends besiedeln wir den Weltraum und andere Welten mit unserem eigenen Fehlverhalten und kreieren den »Krieg der Sterne«. Daß das bereits einmal ins Auge ging, beschreiben nachdrücklich die Mythen.

Zecharia Sitchin vermutet, daß die Götter Außerirdische waren und keine Irdischen. 50 Götter des Himmels und der Erde, 50 Annunaki, »die vom Himmel auf die Erde kamen«, während 50 im Himmel blieben, überliefert der sumerische Mythos von der Besiedelung des Untergeschosses der Erde. Bei den Dogon gilt der »Wandelstern«, von dem Nommo kam, als »reine Erde des Fischtages« – was nicht unbedingt bedeuten muß, daß die »Götter« nach einer Flut von diesem Wandelstern kamen, die Angabe kann sich auch auf einen siderischen Kalender beziehen, den diese Götter mit sich brachten, und der Fischtag mag eine bestimmte Konstellation meinen. Vorgriechische Stämme legten Wert darauf, aus »Schlangenzähnen« abzustammen, Giganten und Basken waren der Erde entsprungen. In der alten Sprache der Basken heißt hortzi, von hortz, Himmel, Blitz, aber auch Zahn. Heitze-Eibib nannten die Khoi-Khoi in Südafrika einen Steinhügel. »In jeder Quelle wohnt eine Schlange«! Hathors Hieroglyphe sháar bedeutet Zahn, aber auch Hund, Shai' ist ein Hundegott, Shaai't-Hathor die Göttin, und sha-t »Hundert«, das Hekat. Der Hundegott war Anubis, das Symbol des Fixsternes Sirius, den die »Mutter« Hathor zwischen ihren Mondsicheln oder Kuhhörnern trug. Alle Schmiedegötter besaßen den Donnerkeil, den Blitz als »Zahn des Himmels«, und all dies deutet darauf hin, daß die Fischmenschen am Anfang der Überlieferung von Völkern, die eine Flutkatastrophe überlebt hatten, Kulturträger und Erben der »zweiten Rasse« von Magoi und Schmieden, der Ad, waren.

174

In »Der zwölfte Planet« ist Sitchin der Ansicht, daß die im hebräischen Mythos erwähnten geheimnisvollen Nefilim, das »Volk der Schem«, die »Söhne der Götter«, welche den »Töchtern Adams« beiwohnten, woraus die Menschheit hervorging, einer hochzivilisierten, außerirdischen Kultur angehörten, die vor 432.000 Jahren, 120 shar zu je 3.600 Jahren, die Erde kolonialisierten.[39] Obwohl das heute nicht mehr so unwahrscheinlich klingt wie noch vor kurzem, spricht doch einiges dagegen. Erstens ist der Zyklus 432.000, worauf auch die Maßeinheit shar, »Zahn« in Ägypten (shaar) hinweist, ein kosmischer Zyklus, dem wir bald begegnen werden, und zweitens interpretierte Sitchin die fragliche Stelle neu. Während sie von ihm als »die Nefilim waren auf der Erde zu jener Zeit und auch später« gedeutet wird, lautet die traditionelle Übersetzung, »zu jener Zeit waren Tyrannen oder Riesen auf der Erde« (Genesis 6.4), »und auch danach«! Das Wort nefilim bedeutet nach Sitchin, »die auf die Erde Hinabgeworfenen«. Auf die Erde hinabgeworfen wurden Meteoriten, aus deren »Blitz« oder »Zahn« die eisenschmiedenden Ad hervorgingen, welche Riesen waren – Ursache (der Magneteisenstein, aus dem man ursprünglich Eisen gewann) und Wirkung (die Schmiede) lassen sich im Mythos nicht voneinander trennen. Und so erscheint es wahrscheinlicher, daß sich die Töchter Adams, Dam-Kinas oder D.anus, Afrikas, die wie Giganten und die Ahnen der Basken aus der Erde (Afrika) entsprungen waren, mit überlebenden Nachfahren der aus den »Schlangenzähnen«, Meteoriten, hervorgegangenen »Götter« mischten, die nun dem Himmel angehörten und eine neue Welt begründeten. Daraus könnten die Tahmuda und Rass, die Nachfahren der Ad, hervorgegangen sein. Mu war durch einen fallenden »Stern« untergegangen, danach entwickelte sich die Menschheit in zwei verschiedene Richtungen weiter, aus deren Vereinigung nach der Katastrophe »Riesen« als Meister der Mysterien hervorgingen. Aus der Vermischung von Nachfahren des älteren Mu und des jüngeren »ersten« Atlantis wurde die dritte Welt geboren, die *wir* als Atlantis kennen, weil sie unserem Bewußtsein noch nicht so fern ist wie die beiden früheren Welten. Dieses Atlantis ging durch eine Flut unter, aus der unsere heutige, die vierte Welt, entstand. Darauf deutet auch der ägyptische Mythos hin, auf den Schwaller de Lubicz in »Sacred Science« aufmerksam macht. Danach entstand die Menschheit aus der Vereinigung einer Göttin mit einem Tier! Diese Göttin ist im Mythos der Bantu die unsterbliche Amarive, die Rote, die als Sängerin und Tänzerin, als Priesterin, ausgewiesen ist, das »Tier« war Odu, der nur dank der Hilfe der Großen Mutter Ma von einem primitiven zu einem denkenden und fühlenden Wesen wird, das von nun an jedoch sterblich ist, menschlich. Für die ihren Stammbaum konstruierenden hebräischen Patriarchen mußte eine derartige Angabe freilich schmerzvoll sein, und so wurde aus dem Tier ein Gott. Als Gott fühlte sich das dank der Göttin zivilisierte Tier, nachdem es sich das Mysterium der »Riesen« angeeignet hatte, mit den bekannten Folgen; der Mensch war nur noch ein halber Gott, der schließlich vollkommen ins Menschsein stürzte.

Aufschlußreich ist eine Epoche, von welcher der sumerische Mythos berichtet: In ihr gebar die Mutter-Göttin Ninhursag *nur* Mädchen. Deshalb versucht sich ihr Sohn Enki selbst zu befruchten, was natürlich mißlingt. Aber Enki, der an den Riesenstamm der Genesis, Ekim, erinnert, gibt nicht auf. Er ergießt seinen Samen in den Schoß seiner Enkelin, aber immer noch war das Kind, die Priesterin oder Schamanin, weiblichen Geschlechts. Erst Enkis Bruder und Rivale (!), bereits ein »Zwilling«, hat Erfolg. Seine Schwester, keine andere als wieder Ninhursag (was bedeutet, daß der Heros noch eine weibliche andere Seite besaß), gebiert ihm einen »rechtmäßigen«, weil nun männlichen Erben. Dieser jüngste der »im Himmel geborenen Götter« mit erstmals patriarchalem Anspruch heißt Nin.Ur.Ta, »Herr, der die Gründung vollendet«. Mit der Gründung ist wohl die Schöpfung gemeint, denn »Göttin der Gründung« war ein Titel der ägyptischen Hathor, der »Mutter« der Götter. Mit Nin.Ur.Ta, dem »heldischen Sohn« Enlils beginnt das Zeitalter der Heroen und Halbgötter. Sein Vater Enlil, »Herr des Luftraumes« der bereits »oberen Welt«, kam auf die Erde, *bevor* die Schwarzköpfe erschaffen wurden, die Sumerer. Er gilt als Hauptsohn des mächtigen Anu, »Himmel«, der zuvor allerdings Alalu verdrängt hatte. Ein vermenschlichter Himmelsgott verdrängte die über allem stehende, nicht-personifizierte kosmische Ordnung, die als Kraft im Mittelpunkt der Mysterien der Erdmutter gestanden war, er eignet sich diese Kraft an und gebraucht sie von nun an für seine magischen Zwecke.

Auch Überlieferungen im alten Irland und das Alte Testament beziehen sich darauf. Denn bevor Eva den Abel und den Kain gebiert, von denen der eine bekanntlich den anderen erschlug, gab sie 28 Kindern »selbst« das Leben. Das ist die Anzahl der Tage im lunaren bzw. siderischen Kalender, egal welcher Zentralstern dabei die bedeutende Rolle spielte. Später schenkte Eva den zwei weiteren Kindern, allerdings »nicht selbst« das Leben, die nunmehr 30 Tage in einem Sonnenkalender, die mit den einander bekriegenden »Brüdern« gleichzusetzen sind. In einer unterschlagenen Zeile des Gedichtes des irischen Barden Gwion, aus dem diese Angaben stammen, verbarg sich, wie Ranke-Graves vermutet, der einst geheime Name des transzendenten Gottes – Seth. Seth war wie der ägyptische Thoth ein »Versteckter«. Im hebräischen Stammbaum gilt Seth als Erstgeborener von Adam, und weil es sich bei der Niederschrift des Alten Testamentes um die Zementierung des patriarchalen Anspruches der Hebräer handelt, findet sich nirgendwo ein Hinweis auf die Kinder der Vorgängerin Evas, Lilith, die Töchter und Unsterbliche waren.

Seths Erstgeborener ist Enos, »Mensch«, Ainu bei den Kaukasiern, Init bei den Eskimo, Ainit auf Valaf (Westafrika), Ba.N.tu, »die Menschen«; im sumerischen Mythos entspricht Enos wohl Enlil. Der Vater von Enos, dem Menschen, Seth, gilt nicht überraschend als Bruder von Ham oder Cham, den die Ägypter Son oder Chon nannten, aus dem der griechische Herakles wurde. Hierin liegt vermutlich bereits der Ursprung für die Zersplitterung von Hamiten und Semiten begründet, obwohl Abra.Ham der Stammvater beider sich voneinander trennender Richtungen war, woraus Israeliten und Ismaeliten hervorgingen, die einander bis heute auf den Tod bekämpfen. Erst als Seth's Sohn Enos, der Mensch, geboren wurde, »fing man an, den Namen der Gottheit anzurufen«.

Anhand von Angaben in der Bibel errechnete Joseph Campbell die Zeit, die von Adam bis Noah verging, 1.656 Jahre. Nach dem bekannten jüdischen Assyrologen Jules Oppert enthalten 1.656 Jahre 86.400 Wochen zu sieben Tagen. 86.400 : 2 = 43.200. Das ist die Zeit, die im sumerischen Mythos seit der Besiedelung des »Untergeschosses der Erde« durch die »Götter« verging, auch die Zahl der Jahre, die nach Berossos vom Aufstieg der ersten sumerischen Stadt Kish bis zur Flut verstrichen. Die Zahl 432 steht mit variierenden Nullen auch mit dem Zyklus vom Ein- und Ausatmen Brahmas in Verbindung, und das deutet darauf hin, daß die Götter, die Schöpfungskräfte, von allem Anfang an existierten. Teilt man den Zeitraum des Platonischen Jahres, 25.920 Jahre (12 x 2.160), jene Zeit, welche die Sonne benötigt, um alle 12 Tierkreiszeichen zu »durchwandern«, durch das mesopotamische soos, die Zahl 60, erhält man 432. Daß die Sumerer wie die alten Ägypter über den vollständigen Umlauf eines »Großjahres« Bescheid wußten, wies H. V. Hilprecht nach. Und so beweisen all diese Zahlen nur eines – im Alten Testament ist uraltes Weisheitsgut verschlüsselt, auf dessen Zeugnis man jedoch lange vor der Zeit trifft, als patriarchale semitische und indoeuropäische Hirtenstämme auf der Weltbühne der Geschichte erschienen.

Gott, besagt der hebräische Mythos eindeutig, gab den Menschen das »Gesetz«, das die »Götter« als Wechselwirkung der Schöpfungskräfte *sind*, von Anfang an, aber Adam, mit dem der hebräische Stammbaum beginnt, erhielt es nach der Vertreibung aus dem Paradies nur noch in auszugsweiser Form! Gott hatte auch die (ersten) Ad zu Dingen ermächtigt, zu denen deren Nachfahren nicht mehr ermächtigt waren, und Adam, der bis zu Noah und zur Flut führt, zählt dazu. Der Sündenfall, durch den es zur Selbstvertreibung aus dem Paradies kam, war die Trennung von Himmel und Erde. Sie erfolgte, weil bereits ein Vorfahre von Adam am Baum der Erkenntnis genascht hatte, wonach er sich als Gott und der Schöpfung ebenbürtig zu fühlen begann. Nicht das Schreckgespenst des biblischen Paradieses, die Schlange, die, wie jeder Schamane und Yogi weiß, Erkenntnis schenken kann, sondern der Mensch und dessen grenzenlose Erfindungsliebe und Sucht nach einem nur auf äußere Erkenntnis gerichteten Wissen, das in die Sucht nach Macht umschlug, vertrieb die Menschheit aus dem Garten Eden. Von Adam kam das nur noch *auszugsweise* Gesetz über Noah an die hamitischen und semitischen Stämme, um im Judentum, Christentum und Islam zu münden!

Am Anfang dieser Entwicklung, die im Bantu-Mythos mit Za-Ha-Rellell beginnt, gibt es in der alten Kalahari die »sprechenden« Kaa-U-La-Vögel – die Wurzel »al« ist deutlich zu erkennen. Auf derartige Orakel-Vögel stößt man weltweit in den Mythen. Ihre Zweiköpfigkeit erinnert an »Doppelschwarzhaar« im chinesischen Mythos, der einem ausgerotteten »Keimvolk« angehörte, während die Sumerer bereits »Schwarzköpfe«, Einzelwesen, waren. Doppelschwarzhaar trennte Himmel und Erde voneinander, diese Trennung bezieht sich auf die einseitige Durchsetzung des solaren Prinzips, das die weitere Entwicklung von Kultur und Religion, das Bewußtsein der Menschen von nun an steuerte. Die Öffnung der Tür zur jenseitigen, transzendenten Welt, die dadurch zufiel, war das unerläßliche Mittel der Schamanen, um Erleuchtung erfahren zu können. So symbolisiert die Zweiköpfigkeit der Kaa-U-La-Vögel wohl die Dualität in der Einheit des Geschlechts »Mensch«, die beiden Nervenkanäle entlang der Wirbelsäule, an deren Ende die Kraft der Schlange ruht, die Kundalini-Kraft der Hindu. Durch spirituelle Praktiken erweckt, steigt sie hoch, die beiden Schlangen oder die zweiköpfige Schlange richtet sich auf, um im »dritten Auge« zu explodieren. Diese Kraft, die Durch-Sichtigkeit, Hell-Sichtigkeit schenkt und die *natürliche* Heilkraft des Menschen weckt, explodiert in einer Art Heiligen Hochzeit zwischen linker und rechter Gehirnhälfte, welche die Trennung von Himmel, dem Unbewußten, und Erde, dem Bewußten, die Halbierung des Bewußtseins, evolutionär widerspiegeln. Diese Trennung galt es durch Verschmelzung im Mysterium aufzuheben, um in den paradiesischen Zustand der ersten Menschen eintreten zu können. Zuvor mußte jedoch das vergangene Bewußtsein, das unbewußt geworden war, sowohl kollektiv als auch individuell durchlitten werden. Denn je größer die verdrängte Schattenwelt ist, umso größer ist auch das dabei wie real erlebte Leid der in die Unterwelt hinabsteigenden Heroen, welche den Tod ihres Egos als Zerstückelung ihres Leibes erfahren. Je »reiner« die Seele wieder wird, je bewußter, umso direkter ist das Ziel erreichbar, und die Schlange wird zum Vogel, der in die grenzenlosen Weiten des Geistes, des »göttlichen Bewußtseins«, fliegen kann, wo es keine Wahrheiten mehr gibt, sondern nur noch Wahrheit. Bis heute ist die Symbolik dieses spirituellen Vorgangs das Symbol der westlichen Medizin, der Äskulap- oder Merkurstab. Im alten Mexiko symbolisierte Quetzalcoatl die »fliegende Schlange«. Wie die Abbildung des »sterbenden Schamanen« von Lasceaux zeigt, ist das eine sehr alte Praktik der Menschheit. Die Kraft, das Kochen des »num«, beginnt im Bauch und explodiert im Kopf, erklärten San dem Anthropologen Richard Katz diesen geistigen Orgasmus, dessen Wirkungen sie in ihren Felszeichnungen festhielten. Darstellungen der, wenn unerweckt, in dreieinhalb Windungen ruhenden »Kundalini«-Schlange fanden sich in China (Tschou-Dynastie, 500-250 v. Z.), auf einer ägyptischen Papyrusmalerei aus dem Totenbuch von Kenna (1405-1367 v. Z.), in Alt-Mexiko während der Prä-Kolumbisch-Aztekischen Periode (15. Jh.) und beim Dextra Dei, der »rechten Hand Gottes«, einem monumentalen Steinkreuz in Irland aus dem 10. Jahrhundert.

So versinnbildlichen die zweiköpfigen und sprechenden Kaa-U-La-Vögel der alten Kalahari Schamanen oder Priesterinnen einer sagenhaft frühen Kultur der Menschheit bzw. die dem frühen Menschen selbstverständliche Praktik der Verschmelzung mit dem den Kosmos belebenden Geist Gottes, den man noch nicht als solchen kannte, weil »Gott« noch nicht personalisiert worden war. Später wurden jene, welche diese, je »bewußter« die Menschen wurden, umso schwieriger werdende Kunst noch beherrschten, zu göttlichen Menschen und zu Göttern, die ihrer Kultur mit ihrem »Gesang« Rat, Trost und Heilung schenkten, zumindest solange, als noch die allgegenwärtige weiße Weiblichkeit den Lebensbaum hütete, und nicht umgekehrt.

Nicht überraschend sind auch die sumerischen Annunaki, die das »Untergeschoß« der Erde besiedelten, während ihre andere Hälfte im »Himmel« blieb, als Vogel-Menschen, als Adler-Menschen, beschrieben. Der Adler ist das Symbol der transformierten Schlange, aber erst wenn der Adler zur weißen Taube wird, ist diese Transformation vollends abgeschlossen und aus der Schlange eine »Großschlange« geworden, ein »heiliger Geist«. Götter des Himmels *und* der Erde, nannte man die Annunaki, bevor es zu einem Aufstand wohl der einen Hälfte gegen die andere kam. Davor waren Himmel und Erde noch nicht voneinander getrennt worden, der »Fall« hatte noch nicht stattgefunden, das »Böse« war noch nicht in die Welt getreten. Das kam erst mit Za-Ha-Rellell.

Im »Untergeschoß« der Erde

In der fernen See, 100 beru Wasser (weg) ist der Grund von Ara.li, besagt der sumerische Mythos. Sitchin kommt zu dem Schluß, daß einhundert beru zweihundert Segelstunden bedeuten, daß arali westlich und südlich von Sumer lag, und ein Schiff, das vom Persischen Golf aus zwei- bis dreitausend Meilen in südwestlicher Richtung segelt, nur ein Ziel gehabt haben kann, die südliche Küste Afrikas. Und das bereits vor der Flut, denn die »Götter« beobachteten später von Flugschiffen aus den Untergang der Erde. A.ra.li heißt »Ort der schimmernden Adern«. Erica Rainer deutet den Berg Arali als »Heimat des Goldes«, aber er kann auch als Variante des Piktogrammes für dunkelrot übersetzt werden, als »roter Berg«. Einen roten Berg *gibt* es im südlichen Afrika, den »Blutberg«, der allerdings nicht aus Gold, sondern aus Eisen besteht. Es ist der Berg Taba Izimbi, auf dem sich die Große Mutter Ma ausruhte, *bevor* sie den Lebensbaum als

Gefährten erhielt! Beginnt das Übel für die alte Kalahari nicht mit der Inkarnation des Eisensteines? Besitzt das südliche Afrika nicht die ältesten Minen der Welt? Blutstein, der Hämatit, wird in Südafrika seit mindestens 44.000 Jahren abgebaut, an einem Ort wurden mehr als 100.000 Tonnen gewonnen!

Das »Gold« der Schmiede war das Eisen, stellt Mircea Eliade fest. Ein jakutisches (sibirisches) Sprichwort besagt, »Schmiede und Schamanen stammen aus dem gleichen Nest«, und der Ahnherr der Jakuten, Ellilei, erinnert an Za-Ha-Rellel! Eisenhaltige Bestandteile im Blut wurden mit Hilfe von rotem Eisenocker aktiviert, wodurch sich, wie Dr. Baker erkannte, Zellen und Moleküle nach den tellurischen Strömen im Lei der Erde und nach magnetischen Feldern ausrichten. Das »Blut der Götter« kreist in den Bahnen der Gestirne, aber auch in den Adern und Venen der Erde, ihren Erz- und Wasseradern. Dieses »Blut« brachte man mit der kosmischen Lebensessenz in Verbindung, die man im Alten China ch'i nannte. Ki hieß bei den Sumerern die Erde bzw. ihre transzendente Kraft, und kia nennen die San den Zustand geistiger Potenz! Ch'i verdickt und verdünnt sich rhythmisch und erzeugt alle Formen, die sich gelegentlich wieder in Leere auflösen. In der Sprache unserer Tage entspricht ch'i der Anti-Materie, die im gesamten Raum als überwiegende scheinbare Leere vorhanden ist, sich zu materiellen Objekten verdichtet und wieder in die »Leere« zurückkehrt. Die Pfade des ch'i bildeten die Grundlage der traditionellen chinesischen Medizin, und derartige Pfade gibt es auch im Erdkörper. Man nennt sie leylines, das sind geomantische Energielinien, die sich als geodätisches Netz am Himmel widerspiegeln. Für die Kogi-Indianer Kolumbiens sind sie »Linien des Geistes« und keine körperlichen Linien. Felszeichnungen der Kogi und der San geben derartige spirituelle Linien wieder, die in die »Seele der Erde« hineinführen und die Verbindung zwischen Himmel und Erde herstellen. Ihre Schwingung geht vom eisenkristallinen Kern der Erde aus, setzt sich im geomantischen Netz fort, das an den magnetischen Polen aufgehängt ist, die sich in Resonanz mit den Himmelsspitzen befinden, und steht dadurch mit der Nun- oder Nut-Sphäre in Verbindung, aus deren Vereinigung mit der Erde die »Götter« geboren werden. Megalith-Kulturen errichteten an Austritten dieser »Kraftlinien« im Erdkörper, an Kreuzungen der leylines, ihre Steinkreise. Im Zentrum standen Magneteisensteine oder Meteoriten, wo es keine gab, verwendete man Dolerit oder Bluestones, aber immer Steine, die eisen- oder quarzhaltig sind. Derartige Steine besitzen die »Tugend des Blutes«, wie der Magier Merlin dem Eroberer Britanniens, Aurelius, erzählt, weshalb sie sowohl heilen als auch Unheil bringen können.

Messungen von Steinkreisen in Britannien und Mittelamerika ergaben, daß bei besonderen kosmischen Konstellationen von Mond und Erde zu bestimmten Gestirnen, auf deren jeweiligen Aufgang die Steine ausgerichtet sind, höhere Strahlungen auftreten. Besonders hohe Strahlungskonzentrationen maß man nur an solchen Orten, an denen sich Steinkreise befanden! Zur Zeit des Sonnenaufganges, besonders aber zur Periode der Tagundnachtgleichen, welche mit den Sonnenwenden die vier »Himmelsspitzen« innerhalb des Zodiak bilden, treten starke Ultraschallwellen auf, die von den Steinen ausgehen, und die natürliche Radioaktivität steigt an. Merlin beschreibt die Bluestones, die Riesen einst errichteten (!), als heilende Steine, Radioaktivität in geringer Dosierung wird auch heute in der modernen Medizin verwendet. Bei besonderen Konstellationen erzeugen die Steine eine Art Ultraschall-Sperr-Ring, innerhalb des Steinkreises verringert sich die magnetische Erdstrahlung in Form einer siebenfach gewundenen Spirale, und im Zentrum herrscht dann *absolute magnetische Stille!* Der Erdmagnetismus ist vollkommen aufgehoben, und wie ein Faradaykäfig der Steinzeit schirmen die Steinkreise das Innerste gegen Strahleneinwirkungen jeder Art ab, auch gegen kosmische Strahlungen! Die Steinkreise werden zu einer Art »Loch« in der natürlichen Landschaft, und Infrarotfotos machten einen »Lichtstrahl« sichtbar, der himmelwärts weist.[40] Traten von hier aus die Magoi ihre Reisen in die Transzendenz an? Kommunizierten sie derart mit den »Göttern«, zogen Giganten auf diese Weise Kraft aus der Erde, wie ihr Name besagt, von gigenes (gr.), »Kraft, die man aus der Erde zieht«?

Eisen, das »Gold« der Schmiede, vollendet in einem Zyklus von sieben Phasen den Prozeß der Verdichtung. Sieben Einweihungsstufen waren bei den Mysterien zu absolvieren. Wir sind wie alles Leben aus Sternenstaub gemacht, aus explodierenden Sternen, die als Bausteine des Lebens durch den Kosmos nebeln. Der Eisenkern eines Sternes, der den Zyklus der Verdichtung vollendet hat, wonach er wegen seiner auf den Punkt gebrachten Masse oder Schwere in sich selbst zusammenfällt, explodiert und sich zerstreut, wandelt sich in Helium zurück. Im griechischen Mythos gilt Helios, die Kraft der Sonne, als Sohn des Hyperion, der transzendenten Großschlange. Die Kraft der Sonne beruht auf ihrem ständigen atomaren Prozeß, bei dem in einer Kettenreaktion das »im Himmel geformte« erste Element, Wasserstoff, in Helium umgewandelt wird. Je schwerer, dichter der Eisenkern eines Sternes ist, desto kompakter wird er, umso größer ist seine Schwerkraft, seine Anziehungskraft. Schwerkraft ist die *Wurzel* der Leichtigkeit, und Materie der verdichtetste, »schwerste« Zustand von Energie. Ziel der Mysterien war die Leichtigkeit, die Transzendenz, um in andere Dimensionen oder Welten reisen zu können. Das bedeutet, daß die sieben »Tore«, die sieben »Feuer«, welche zu den goldenen Hügeln und den Kristallwäldern von Tura-ya-Moya führen, *das* dahinter liegt, in die transzendente Welt der Ahnen, ob diese versunkene Welt nun Mu war oder Atlantis, den *umgekehrten* Vorgang der Materialisierung darstellen. Nicht Ver-, sondern Entdichtung war das magische Ziel, das der Mensch normalerweise nur nach dem Tod erreicht!

Nach einer alt-mexikanischen Überlieferung konnte Pacal Votan mit Hilfe von »dreizehn Schlangen« fliegen. Sein Geheimnis verbirgt sich auf seinem Sargdeckel. Die Abbildung zeigt eine nach hinten gelehnte, wie in Trance erstarrte Figur, unter der sich das drachenartige Erdmonster der Maya befindet. Das Monster wächst aus dem Lebensbaum, den ein mythischer Vogel krönt. Und so handelt es sich bei diesem »Flug« wohl um eine spirituelle Reise, wie sie Schamanen aller Kulturen unternahmen. Pacal Votan besucht derart sein »einstiges« Heimatland, Valum Chivum, wobei er einen »Turm« entdeckt, der aber zerstört wird, und es zu einer Sprachverwirrung unter seinen Erbauern kommt. Das *frühere* Heimatland ist Babylon, denn derartige »Flüge« führten jenseits unserer dreidimensionalen »Wirklichkeit« in das »Zentrum der Zeit«, die ewige Gegenwart.

Man bediente sich also der Kraft des Blutes der Erde, »tönender« oder »sprechender« Steine, die in Resonanz zu den »Göttern«, den konstellaren Kräften der Gestirne, und in Wechselwirkung zu den irdischen Kräften standen, und stellte über den Lebensbaum, die Polar- oder Weltachse, im menschlichen Körper die Wirbelsäule, die unterbrochene Verbindung zwischen Himmel und Erde wieder her. Seit wann mögen unsere Vorfahren auf solche Weise und ganz und gar ohne komplizierte technische Hilfsmittel in andere Welten der Vergangenheit oder der Zukunft gereist sein? Die ältesten Dolerit-Steinkreise oder Ellipsen, die man bislang entdeckte, befinden sich in Südafrika.

Ihr Verwendungszweck gilt als rätselhaft. Sie sind bis zu 65.000 Jahre alt![41]

Am Anfang der Überlieferung vom Untergang der »ersten Rasse« stehen die Kaa-U-La-Vögel. Der Tyrann Za-Ha-Rellell muß sie erst vernichten, um seine Herrschaft antreten zu können. Der Krieg, den er gegen die »Vögel«, gegen jene, die seinen Weg nicht beschreiten wollten, führt, dauert hundert Tage. Das ist die Kalenderzahl der Giganten der zweiten Welt. Und so scheint es sich bei Za-Ha-Rellell um einen Proto-Archetypen zu handeln, wie er im Mythos stets einer neuen Welt *vorausgeht*. Diese Proto-Helden symbolisieren ein neues Verhaltens-, ein neues Bewußtseinsmuster, das sich im »Netz der Erde«, ihrer Seele, solange verdichten muß, bis sich eine neue Welt herausbildet. Ein solcher Proto-Archetyp ist Odysseus, während Noah, »Ruhe«, in jene »Zwischenwelt« verweist, die das Vergangene mit dem Zukünftigen verbindet. In ihr ist die Zeit ausgeschaltet, wie es im Buch Job vom »Untergang der Erde« beschrieben ist. Nach dem Psychologen Paul Shepard symbolisiert die »Arche« das kollektive Unbewußte der Menschheit, und die von Noah in ihr mitgeführten »Tiere« versinnbildlichen die verborgenen archetypischen Kräfte, die hinter den Transformationen der menschlichen Seele stehen. Noah nimmt die ohne diese Maßnahme in den Wassern der Zeit, der »Flut«, versinkenden Archetypen oder Bewußtseinsmuster einer »versunkenen« Welt mit in die nächste. Verweist Za-Ha-Rellell deshalb sowohl in die sagenhaft ferne Welt der »ersten Rasse« und gleichzeitig in die zweite Welt der Riesen, Magoi und Schmiede? Mit ihm kam das Böse in die Welt, sahen die weisen Kaa-U-La-Vögel voraus, das den Tyrannen, der Himmel und Erde voneinander trennte, überleben würde, weil es von nun an in der »Seele der Erde«, in ihrem Bewußtsein, verankert war.

Als Namen der Hauptstadt seines Reiches in der alten Kalahari, dem Land Mu.rire oder Ama.rive, geben die Bantu Amak.habareti an. Am Hab.ur, der »Mündung der Flüsse« liegend, beschreibt der sumerische Mythos das »Wiesenland« im Untergeschoß der Erde. Der bedeutendste Fluß war der »Fluß der Fische und der Vögel«. Ist hier das durch eine plötzliche Erdbebenkatastrophe verschwundene einstige Feuchtsystem der alten Kalahari angesprochen, dessen großes Flußbett die Zentral-Kalahari durchfloß, wie erst jetzt Satellitenfotos deutlich machten? Die Ströme mehrerer Flüsse ergossen sich in den heute verschwundenen Riesensee. Ku.to oder Ut.to nannten die Sumerer das Land mit den schimmernden Adern und dem »Handwerksmann von Anu«, der die Silberaxt trägt, die »glänzt wie der Tag«. Wie der Tag, die Sonne, glänzt der Mond, und (D)An.us Silberaxt erinnert an die labrys der Kreter. Damit ist wohl das zweite »silberne« Zeitalter gemeint.

Im Untergeschoß der Erde befand sich der Ap.zu, die »urzeitliche Quelle«, der abyss (lat.), in der Mystik ein bodenloser Abgrund, der spirituell dem Zustand der noch formlosen Materie *vor* der Involution des Geistes entspricht. Gerade über dem Ab.zu macht die sumerische Ninti, »Herrin des Lebens«, den »gemischten Menschen« mit »Lehm« aus dem Untergeschoß der Erde. Lehm ist eine besondere Art von Erde wie Eisenocker, aus dem der Biblische Adam erschaffen wird. Herrin der Rippe nannte man Ninti auch, wobei sich die Rippe wohl auf die Rippen oder Knochen der Erde oder des Himmels bezieht, bei letzteren handelt es sich um Meteoriten oder Magneteisensteine. Der griechische Apoll war, bevor er zum Lichtgott wurde, ein Orakelheros der Erdmutter von Delphi. Man nannte ihn auch den Stein, den »Nabel der Welt«, omphalos, das ist das Symbol für die Grundschwingung der Erde, die heilige Silbe *Aum* der Hindu, *Om* bei den Griechen. Derartige omphaloi, »sprechende« oder »tönende« Steine (omphé heißt das Om-Sprechen) standen im Mittelpunkt alter Erdheiligtümer, die astronomische bzw. geodätische Fixierpunkte innerhalb des »Netzes« der Erde und des Himmels darstellten – denken wir an die Ultraschallwellen, die in Steinkreisen erzeugt werden.

»Und Jahwe Elohim machte den Adam aus dem Erdenkloß und *Er* blies ihm den Lebensodem in die Nase und der Adam wurde eine lebendige Seele.« So beschreibt das zweite Kapitel der Genesis die Erschaffung *der* Menschen. *Die* Elohim waren die Schöpfungskräfte, und das zumeist als »Seele« übersetzte Wort »nephesch« für den Lebensatem wird im Pentateuch, den Fünf Büchern Moses, auch als »Blut« bezeichnet. Dem Blut wohnt der Geist inne, das, was die Erinnerung bindet (Sumer). Blut, Luft, Atem und »spirit« sind in vielen alten Sprachen gleichgesetzt. Es ist die »Bewegung des Blutes im Körper, das einerseits als klares Wasser, andererseits als Öl in den Organen kreist«, und sie hält beides zusammen, wußten die Dogon. Die »Bewegung hält die Worte im menschlichen Organismus«; Wort hat hier die gleiche Bedeutung wie Luft, spirit. Damit beschreiben die Dogon das Verhältnis vom Blutkreislauf zur Seelenkraft. Nach den Aborigines Australiens verhält sich der »spirit« zum Blut wie ein magnetisches Feld zu einem Magneteisenstein! Auffallend ist die Beseelung des Menschen durch die Nase, deren geheime Kammern einst jene magnetischen Zellen beherbergten, die sich am Magnetfeld der Erde orientieren können. Sie stehen mit der Zirbeldrüse, dem »dritten« Auge in Verbindung, mit dem etwa jene noch sehen konnten, die in Alt-Mexiko die »rote Stadt« erbauten, in der es ein Zentrum der Gelehrsamkeit gab, in dem das alte Wissen vermittelt wurde. Jene, die nicht in dieses Zentrum kamen, sanken tiefer, erzählten die Hopi. Sie begannen die Sonne als ihren Gott zu verehren und sind dabei geblieben.

Wie im Mythos von Za-Ha-Rellell wird auch im sumerischen Mythos die Erschaffung künstlicher oder »Mustermenschen« beschrieben. Die Lu.lu waren jene, die für die Annunaki, die vom Himmel auf die Erde gekommen waren, die »mühsame« Arbeit verrichteten, die ersten Sklaven der Geschichte. Zu ihrer »Erschaffung« war es *nach* dem Aufstand der »Götter« gekommen. Lu.har war der Name früher Eisenbearbeiter in Afrika. Auch Odu lehnte sich auf, bei den Dogon heißt er Ogu. La.mia war ein Name der Libyschen Schlangengöttin, und al.a.ha ist ein Bantuwort für »heilen«. Al oder A.hal nannten Basken die Kraft, die die Idee der Gottheit beinhaltet, und smo.ralle nennen Süd-Sotho den göttlichen Eisenstein, aus dem Za-Ha-Rellell sein erstes todbringendes Wesen inkarniert. Damit beginnt sein Aufstieg zum todbringenden Tyrannen.

Vor 80.000 Jahren stürzten Magneteisensteine, Meteoriten, auf das südliche Afrika nieder. Noch heute kann man die riesigen Krater in Namibia und im Nord-Transvaal Südafrikas sehen. Erinnern wir uns auch an den Namen des Nyanza-Sees in Malawi »fallender Stern« – das Reich der Magoi nahe diesem See verbrannte. Im Zentrum des islamischen Heiligtums in Mekka steht noch heute ein solcher »magischer« Stein, ein Meteorit, der »schwarze Stein«, die Kaaba, der »Altar von Himmel und Erde«. Derartige Steine mußten, um wirken zu können, immer unter freiem Himmel aufgestellt werden, wie das noch in Rom der Fall war. Der Sage nach brachte der Trojaner Äneas diesen Stein nach Italien. Das Palladium der Pallas Athene im Zentrum des Heiligtums von Troja war ein Meteorit, palte (gr.) bedeutet »Dinge, die vom Himmel geworfen werden«. Troja eroberten die mykenischen Achäer, die die Göttin stahlen. Sie befindet sich noch immer in einem ihrer früheren Zentralheiligtümer in Paphos auf Zypern, wo man einen Meteoriten ausgrub, der als ältestes Abbild der

Göttin gilt. Von den Priesterinnen Aphrodites ist bekannt, daß sie den Stein polierten, indem sie Öl über ihn gossen. Das tat auch Jakob, der Vorfahre der Hebräer, der den Stein, das »Haus Gottes« aktivierte, damit er ihm dienen möge. Zumindest einen derartigen polierten Stein kann man innerhalb der Reste eines Steinkreises noch heute im West-Transvaal in Südafrika auf einer Farm sehen. In Südafrika ist auch noch ein Ritual bekannt, wie man derartige Steine »zum Leben erweckte«. Man verwendete Diamantensplitter, das Fett des (heiligen) Eland, sowie die rauhe Haut von Krokodil oder Nilpferd. Reibung erzeugt Wärme, und Wärme ist eine »auslösende« Energieform, und Meteorite sind »loadstones«, wie die englische Sprache sie nennt.

Die moderne Physik erkannte, daß der *Rhythmus* von Erzeugung und Zerstörung nicht nur im Wechsel der Jahreszeiten liegt, in Geburt und Tod, sondern daß dies die eigentliche Essenz der anorganischen Materie ist, weil alle Materieteilchen durch »Emission und Reabsorption von virtuellen Teilchen mit-sich-selbst-zusammenwirken«. Jedes subatomare Teilchen führt nicht nur einen »Energietanz« auf, es *ist* auch ein Energietanz, ein pulsierender Prozeß von Erschaffung und Zerstörung. In diesen Prozeß scheinen die Magoi eingegriffen zu haben, indem sie eine »Technik« entwickelten, mit deren Hilfe sie Unsichtbares, Transzendentes, materialisierten. Denn das »Teilchen«, das Tendenzen hat, an verschiedenen Orten zu existieren, manifestiert, weil es eine »Wahrscheinlichkeitsstruktur« ist, eine »sonderbare Art von physikalischer Realität zwischen Existenz und Nichtexistenz«. Wie es auch in der Isa Upanischade heißt: »Es bewegt sich, es bewegt sich nicht. Es ist weit, und es ist nahe. Es ist in all diesem, und es ist außerhalb von all diesem.« *Deshalb* war die Große Göttin *sowohl* Licht *als auch* Schatten, zwei Seiten *eines* Gewebes, in dem die Fäden aller Kräfte und aller Ereignisse, aller Formen des Bewußtseins und ihrer Objekte zu einem unauflöslichen Netz von endlosen, sich gegenseitig beeinflussenden Zusammenhängen verwoben sind. Welt *und* Anti-Welt sind für jenen, der Zugang zu den Gesetzmäßigkeiten dieser Wahrscheinlichkeitsstruktur hat, manipulierbar, und dieser Versuchung scheint einer der Magoi und Schmiede nicht widerstanden zu haben.

Rituell deponierte Magneteisensteine fanden sich in Gräbern in Altindien und im südlichen Nordamerika. Für die Indianer waren Meteoriten, welche Aborigines Sonnen-Pfade-Feuer-Teufel-Steine nennen, Objekte, die mit dem »Großen Geist« geladen sind. Die afrikanische Mythologie beschreibt flüssige Feuerbälle, die von »mächtigen Zauberern« gelenkt wurden. Das bezieht sich auf Schmiede, die große Eisenmeteorite als Ambosse benutzten. »Magische« Schwerter stellte man in Afrika noch bis vor kurzem aus Magneteisenstein her. Ihre Zauberkraft beruhte auf der Kraft des »Allesverschlingers«, auf dem »Blut« der Götter, dessen »Tugend« nicht nur Heilung, sondern auch den Tod bringen kann. Nicht die Horus-Kraft, die Kraft der »Knochen des Himmels«, wie Ägypter Meteorite nannten, ist »böse«, nur ihr menschlicher Verwendungszweck. So gelten die Bluestones im irischen Mythos als heilend, während sie der sumerische Mythos als Steine, »die Unheil bringen«, überliefert. Sie stammten aus dem Untergeschoß der Erde! Daß alle Götter, von Zeus bis Allah, stets mit dem Donnerkeil, dem Blitz, beschrieben wurden, zeigt gleichfalls die hervorragende Stellung auf, die dem »Blut der Götter« in dieser magischen Kosmologie zukam. Giganten zogen Kraft aus der Seele der Erde, und Za-Ha-Rellell führte seine Welt in eine Katastrophe unvorstellbaren Ausmaßes. Aber fand eine solche Katastrophe im Untergeschoß der Erde, im südlichen Afrika, jemals statt?

Atlantis oder Mu?

Zwischen Erde und Himmel liegt der Meru, berichtet die Jüngere Edda, in der Har die Wunder eines himmlischen Landes mit goldenen Palästen und seiner gemischten Bevölkerung aus dunkel- und hellhäutigen Menschen beschreibt. In der Älteren Edda stoßen Berge zusammen, der Himmel wird aufgerissen, und Heroe (die Sonne) schlägt den Weg von Hel (dem Mond, der Nacht) ein. Rette uns, Rá.Mu, flehten die Menschen, jedoch vergebens. Die Sonne bekam eine Tochter von Süden her, der Himmel brannte, die Erde brannte, dann kam die Flut, erzählt Credo Mutwa vom Untergang der Erde. Nur die, die auf den hohen Bergen Zuflucht gesucht hatten, überlebten die erste Flut. Einer zweiten fielen die zum Opfer, die sich wieder in die Täler herabgewagt hatten. In der Nordischen Volupa rührte »südher die Sonne, des Mondes Gesellin, mit der Rechten den Himmelsbord«. Das deutet auf eine Katastrophe im Südwesten der Welt hin. Die erste Welt, Topkela, »endloser Raum« verbrannte, geben die Hopi an. War dieser endlose Raum der Riesenkontinent Gondwanaland? In der griechischen Mythe von Phaëton, Sohn des Helios, geht die Erde gleichfalls in Flammen auf, weil Phaëton die Sonnenrosse seines Vaters durchgehen, die er sich widerrechtlich angeeignet hatte! Der Kaukasus brennt, die Alpen, der Apennin und der Parnaß. Offensichtlich handelte es sich um eine globale Katastrophe. Oder beziehen sich die Mythen auf einen gemeinsamen, längst vergessenen Ursprungsort der Ahnen all dieser Völker? Nach der Katastrophe wiesen die Gestirne eine andere Richtung auf, d. h. die Stellung der Erdachse hatte sich verändert, so daß es von nun an eine andere Weltachse, eine neue Polarachse gab, neue Jahreszeiten und einen neuen Kalender. Tagundnachtgleichen und die beiden Sonnenwenden bilden die vier Jahreszeiten, die den

Bio-Rhythmus des Lebens auf der Erde dirigieren. Vier Jahreszeiten gab es im zweiten Weltzeitalter, in dem auch die Menschen, die zuvor Riesen gewesen waren, degenerierten, und in dem die Götter entstanden (Hesiod). Während des ersten Weltzeitalters hingegen hatte »ewiger Frühling« geherrscht (Ovid).

Von einer Feuerkatastrophe weiß auch der sibirische Mythos. Die Steine wurden von der Hitze derart weich, daß die Vögel, wenn sie darauf rasten wollten, die Spuren ihrer Krallen hinterließen. Wie mir der Südafrikaner Izak Bernard berichtete, der die Kalahari und Buschmann-Klans seit über dreißig Jahren kennt, sah er selbst Felsen am Rand der Zentral-Kalahari im südöstlichen Botswana, die tierische Abdrücke aufweisen. Sie entstanden, als die Steine noch weich waren, erzählten ihm San, die diese Steine selbst nie gesehen hatten.

Eine Katastrophe derart gigantischen Ausmaßes wie sie die Mythen beschreiben, läßt sich im südlichen Afrika seit zumindest 80.000 Jahren nicht nachweisen. Nach dem Naturforscher Slater versanken Reste des ehemaligen Gondwanalandes, genannt Lemurien, vor circa 70.000 Jahren, aber der entscheidende Hinweis findet sich in der hermetischen Überlieferung Ägyptens. Sie besagt, daß das »Große Atlantis« bereits vor 850.000 Jahren in zwei Subkontinente geteilt wurde, und daß »Atlantis« vor 70.000 Jahren erneut katastrophalen Veränderungen ausgesetzt war, bis der Rest von Atlantis vor etwa 12.000 Jahren in einer Flut versank. Der Name Atlantis geht auf Platon zurück, wie er selbst zugab, schrieb Proklos in seinem Kommentar zu Timaios, der die Legende enthält, die der ägyptische Priester dem Griechen Solon erzählt hatte. Das Auseinanderbrechen des Großen Atlantis vor 850.000 Jahren entspricht in etwa dem von der Forschung geschätzten Zeitpunkt einer letzten polaren Umkehrung des magnetischen Erdfeldes. Dieses scheint für etwa eine Million Jahre stabil zu sein. Geheimnisvolle Unterbrechungen, ähnlich einem unregelmäßigen Herzschlag, künden die bevorstehende Umpolung an, deren letzte Phase mit »weniger als 5.000 Jahren angenommen« wird. Danach kommt es zur radikalen Umkehrung der magnetischen Polarität. Aus Fossilien, die man im Bett der Ozeane fand, schloß man, daß das ansonsten rätselhafte Aussterben ganzer Arten mit dem polaren Wechsel im magnetischen Feld der Erde zusammenhängt. Dieses »Feld«, der nach seinem Entdecker benannte Van Allen'sche Strahlungsgürtel der Erde, steht mit erdinneren und erdäußeren Faktoren im Zusammenhang, letztere sind der Forschung noch unbekannt. Es ist dieses »Feld«, das die Esoterik die »Seele der Erde« nennt. Diese Seele der Erde dreht sich heute von links nach rechts, aber früher war es umgekehrt, wußte die geheime Überlieferung Afrikas. Daß die (magnetischen) Pole in der auf unsere Welt folgenden fünften Welt an ihre angestammten Plätze zurückkehren werden, sagten die Hopi voraus. Tatsächlich wissen wir heute, daß es sich bei dem magnetischen Nordpol eigentlich um den südlichen handelt bzw. umgekehrt, weil sich die Ladung der Pole umgekehrt hatte. Daß diese Polarität den Erben von »Atlantis« bekannt war, belegt auch die ägyptische Hieroglyphe Ta Mari und ihr Text zur »Heiligkeit der Erde« als Magnet des Himmels oder Anziehung von (kosmischer) Energie, die R. A. Schwaller de Lubicz übersetzte. Außerdem scheint ein »Nulldatum« der Maya darauf hinzuweisen, daß wir 3200 v. Z. in den 5.000 Jahre währenden Zyklus einer bevorstehenden Umpolung eingetreten sein könnten. Nach ihren Berechnungen, die José Arguelles in »Der Maya Faktor« entschlüsselt, trat die Erde zu diesem Zeitpunkt in einen »Synchronisationsstrahl« ein, der einer Drehung gegen den Uhrzeigersinn analog ist. Anhand eines einfachen physikalischen Hilfsmittels ist das leicht nachzuvollziehen. Dreht man eine sogenannte Arche in Form eines einfachen Schiffsbauches *im* Uhrzeigersinn, dreht sie sich weiter, bis sie stehenbleibt. »Da stand sie (die Erde) still und auch der Mond blieb stehen«, berichtet das Buch Josua. So stand es geschrieben im »Buch der Gerechten«. Dreht man die Arche *gegen* den Uhrzeigersinn, also der heutigen Bewegung entsprechend, kommt sie langsam und torkelnd zum Stillstand und fängt dann an, sich in der harmonischen Bewegung im Uhrzeigersinn zu drehen. Auch darüber scheint sich eine Beschreibung in den Mythen zu finden, »Die Erde torkelt und taumelt wie ein Betrunkener, wie eine Nachthütte bebt sie hin und her« (Buch Jesaias 24.1.4,5,17). Daß die »Argo« heute verkehrt, weil mit dem Heck voran gezogen wird, während der Bug in den Süden weist, bezieht sich wohl ebenfalls darauf. Schließlich ist es auch eine Erkenntnis der modernen Astrophysik, daß es sich bei unserem Planeten heute um ein linksdrehendes System handelt, dessen »Aufgabe« es ist, dem Kosmos Energie zuzuführen. Nur der moderne Mensch verstieg sich, wie offenkundig bereits einmal seine fernen Vorfahren, zu der vermessenen Annahme, er wäre zum reinen Selbstzweck auf der Erde.

In der hermetischen Überlieferung Ägyptens verbirgt sich noch ein weiterer wichtiger Hinweis. Denn wenn das »Große Atlantis« bereits vor 850.000 Jahren auseinanderbrach, womit vielleicht das erste »goldene« Zeitalter zu Ende ging, mußte es von Wesen bewohnt gewesen sein, die *nicht* zum Vertreter des »modernen Menschen« (Homo sapiens) gehörten, weil sich unsere direkten Vorfahren erst seit an die 200.000 Jahre zumindest genmäßig nachweisen lassen. Das würde bedeuten, daß die Vorfahren der Buschmänner oder San, »moderne Menschen« wie wir, welche unserer gemeinsamen Ur-Mutter genetisch noch am nächsten kommen, eine Bindeglied zwischen den heutigen Menschen und der sagenhaften »ersten Rasse« oder den ersten Ad sein könnten, an die gar nichts mehr erinnert. Genau darauf verweist nicht nur der Mythos von Amarive und Gorogo, dem »Froschmenschen«, wonach die »Mutter der Nationen« oder Völker Buschmännern und Pygmäen und wohl auch den Polynesiern *vor* den Ba.Ntu, den Menschen, das Leben gab, sondern auch moderne anthropologische Erkenntnisse deuten in diese Richtung. Prof. Raymond Dart, der in Taung in Südafrika (West-Transvaal) den ersten Vertreter des bereits gewohnheitsmäßig aufrecht gehenden Menschen-Affen entdeckte (Australopethicus), war auch der erste, der bei Fossilien der Vorfahren der San jeweils auf 50 Prozent der Züge des gigantischen südafrikanischen Boskop-Menschen stieß, dessen Millionen Jahre alte Seitenlinie am Stammbaum des Homo *nicht* zum »modernen Menschen« führte.

Sogar Namen für die beiden Sub-Kontinente, in die sich das »Große Atlantis« nach einer ersten Katastrophe teilte, sind überliefert. Die indische Esoterik gab sie als Ruta und Daity an. Ruta erinnert an den Namen des »Feenvolkes«, Ngati-Rua, eine ausgestorbene Rasse im Mythos der Maori, die aus Polynesien nach Neuseeland kamen, die Menschen waren großgewachsen, von rötlicher Hautfarbe und friedlich. Waren diese Ngati-Rua Nachfahren der »ersten Rasse« roter Riesen der alten Kalahari, dem Land Mu.rire oder Marive, dem »Großen Atlantis« oder von Mu? Brach dieses Große Atlantis in die zwei Kontinente »Europa«, das sich mit Asien verband – Daitya, und in Afrika – Ruta, dessen Süden durch Lemurien mit Resten von Mu in Verbindung stand? Ku.to oder Ut.tu nennt der sumerische Mythos das »Untergeschoß der Erde«. Erst *nach* den großgewachsenen Ngati-Rua kamen kleinere und dunkelhäutige Menschen, die einen Luftkrieg führten, durch den es zur Katastrophe kam.

Die Insel »Poseidonia«, von der Platon als Atlantis im Timaios und im Kritias berichtete, festigte sich nach hermetischer Überlieferung bereits nach einer neuerlichen katastrophalen Veränderung als »Rest von Atlantis« vor 70.000 Jahren in einer »fortgeschrittenen Kultur in Ostägypten am Nil«.[42] Ostägypten liegt am Roten Meer, dem »Schilfmeer«, das mit sagenhaften Wesen, die nach einer Flutkatastrophe auftauchten, in Verbindung steht. Der Nil besaß noch kein Delta und mündete nach Herodot in das »Sahara-Meer«. War damit das Mittelmeer gemeint oder bezieht sich die Angabe auf eine Überflutung, bevor das Delta entstand?

Das heutige Mittelmeer entstand erst in relativ junger Zeit, zu Beginn des Quartärs. Das Land zwischen den durch einen gemeinsamen Sockel verbundenen Faltengebirgen Atlas und Pyrenäen senkte sich und aus der Verbindung der einfließenden Wasser des Atlantiks und der alten Ägäis bildete sich das Mittelmeer. An die einstige Verbindung zwischen beiden Kontinenten verweist das Rhonetal in Frankreich, das sich geradlinig südwärts zum Igherglier-Tal in Afrika bis auf die Sahara-Hochebene zum Tassilogebirge fortsetzt, wo sich faszinierende Felszeichnungen finden. Ehemalige Landbrücken über die Inseln Malta und Sizilien geben Satellitenfotos wieder. Malta war vermutlich ein sakrales Zentrum der Magoi, und auch auf Sizilien gibt es riesische Spuren. Auch bei den Azoren kann es sich um die Bergspitzen einer versunkenen Landmasse handeln. Ein großer Bergrücken, von dem sich ein Zweig bis zur Küste Afrikas erstreckt, weist südwärts, der andere verläuft gegen Amerika. Nach Ignatius Donneley gibt es auch Hinweise darauf, daß ein dritter großer Bergrücken früher bis zu den Britischen Inseln reichte.

Druidische Legenden berichten von dem Versinken der »Verlängerung Westeuropas« zur gleichen Zeit als Asgard unterging, und Ovid gab an, das Land der Meropen wäre durch ein gewaltiges Erdbeben »ein wenig tiefer« in den Ozean gesunken. Nach Theopompus kamen die Meropen, die Menschen, die Atlantis bewohnten, ursprünglich von Meron. Einer griechischen Sage nach geht der Ursprung der Menschheit auf Upa Meron zurück, auch die Ahnen der Ägypter kamen von der Insel Meron, und bei den Hindu hieß das Land der Götter und der göttlichen Menschen Meru. Auf Meru überlebte die menschliche Rasse in tiefen Höhlen eine Flut. Eine Stadt Meroë gab es im Sudan, wo man die ältesten Spuren der ägyptischen Zivilisation entdeckte.

Nach Diodorus Siculus lebten die Meropen in der westlichen Sahara zwischen dem Tritonsee und dem Atlasgebirge. Vermutlich ist mit dem Sahara-Meer der Tritonsee im libyschen Tiefland gemeint, an dessen Ufern Neith-Athene geboren worden sein soll. Neith nannte man Tritone, die »dritte Königin«, was sowohl ein Hinweis auf ihre Mond-Trinität sein kann, als auch darauf, daß es sich bereits um die dritte, die eigentliche atlantische Welt handelt, die nach hermetischer Überlieferung von 70.000 bis ca. 12.000 v. Z. bestand, als »Atlantis« endgültig unterging. Einst bedeckte der Tritonsee mehrere tausend Quadratmeilen und dehnte sich nordwärts bis zur Großen Syrte aus, die der Geograph Skylax im sechsten Jahrhundert v. Z. als »Golf von Tritonis« bezeichnete. Gefährliche Riffe in der Sahara lassen noch heute eine einstige Inselkette erkennen. Nach Homers Angaben stand der Atlas einst »weit draußen im Atlantik«, was auf eine Überschwemmung des Tieflandes in der Sahara hinweist, auf eine vorhergehende Flut. Abgesunken war nicht nur die Verlängerung Westeuropas, sondern auch die westafrikanische Küste, allerdings nicht durch eine Flut, sondern durch katastrophale Erdbeben, wie sie auch dem Feuchtsystem in der alten Kalahari ein jähes Ende setzten. Darauf weist das weitverzweigte, aber unterseeische Mündungsgebiet des westafrikanischen Kongo hin, das eine gewaltige Rinne besitzt, die bis in eine Tiefe von 800 Metern führt. Um dieses Maß muß die Küste hier jäh nach unten gekippt sein. P. Smith schätzt das Ausmaß der Absenkung der westafrikanischen Küste bis auf beinahe 4.000 Meter! Die nördlich der Kongomündung liegende Romanische Tiefe sank vermutlich um 2.800 Meter ab!

Die Überlieferung der Bantu zeichnet als alte Kalahari eine Landmasse im Südwesten Afrikas, die sich weiter nach Westen erstreckte als heute. Paßt man nach der Theorie der Kontinentaldrift die südamerikanische an die südwestafrikanische Küste an, fehlt ein Küstenstreifen, auch in Höhe der unterseeischen Kongomündung scheint ein Stück Küste verlorengegangen zu sein. In der Reise Malldunes beschreibt Tennysonis ein »altes Land, durch Feuer vom Abyss emporgehoben, und wieder in den Abyss versunken«, wo »Bruchteile eines vergessenen Volkes« wohnten, und die »langen Gebirgsketten in einer Küste ewig wandernden Sandes endeten«, und weit entfernt »der trügerische Kreislauf eines klagenden Sees« oder Meeres.[43] Handelt es sich dabei um die Erinnerung an die älteste Wüste der Welt, die Namib, das »weite Land«, die alte Kalahari, oder bezieht sich die Angabe auf die nicht minder rätselhafte Sahara, in der die Menschen lebten, die Atlantis bewohnten, die Meropen, deren Vorfahren von Meron gekommen waren, von Mu.rive oder von Mu?

Nicht nur der Westen Afrikas oder eine Verlängerung Westeuropas war durch eine Katastrophe jäh abgesunken, auch der Osten Amerikas, während sich die Westküste in einer Kippbewegung hob. In den Hochkordilleren fanden sich Mastodon-Knochen, auch auf einem 2.000 Meter hohen Plateau in Kolumbien, dem »Tal der Riesen«. Bilan entdeckte eine gewaltige unterirdische Senkung, die sich in 2.000 Meter Tiefe vom Cap Breton nach

Südwesten erstreckte und Gewässer von Flüssen aufnimmt, wie das ein Merkmal unterseeischer Mündungskanäle wie beim afrikanischen Kongo ist. Die gesamte pazifische Platte war sichtlich in Bewegung geraten, und in einer Kettenreaktion brachen die Vulkane im Pazifik aus. Der Himmel steht offen, die Lufthülle wird aufgerissen, weggerollt wie ein Buch, beschreibt der Nordische Mythos eine Katastrophe, die sich vermutlich darauf bezieht, daß Splitter des »Sternes« Bal in die Erdkruste eindrangen, die ihrer Größe wegen nicht restlos in der Erdatmosphäre verglühten. Eine solche Katastrophe ist mit der gleichzeitigen Explosion einer großen Anzahl von Wasserstoffbomben vergleichbar, ihre Folgen sind wahrhaftig apokalyptisch. Kam es dabei zur Verlagerung der Erdachse oder gar zur Umpolung? Die Hopi erzählen von einer »Zeit der Dunkelheit«, die auf kettenartig erfolgende Vulkanausbrüche und das Feuer folgte. Ihren Angaben nach hielt diese Dunkelheit viele Generationen lang an. Stellen wir uns die Auswirkungen eines solchen Infernos vor. Kein Stein konnte auf dem anderen bleiben! Alle Mythen stimmen überein, zuerst kam das Feuer, und es regnete Steine vom Himmel. Diese vom Himmel regnenden Steine sind nach Ignatius Donneley die einzig vernünftige Erklärung für die rätselhaften Lehmschichten, auf die man weltweit stößt, *unter* denen sich Spuren von Leben fanden. Vermutlich erzeugte die Granitkruste eines explodierenden Planeten einen Kometen, der die Quelle des pulverisierten Materials ist, das wir als Lehm kennen. Tonerde, die in Granitfelsen auftritt, enthält Feldspat, Glimmer und Hornblende, und *diese* Art von Feldspat und Hornblende besteht zu einem beträchtlichen Anteil aus oxydiertem Eisen, während Feldspat normalerweise nur eine Spur oder gar nichts davon aufweist. Die Angabe, der Mensch wäre aus einer besonderen Art von Erde, rotem Eisenocker, gemacht, mag sich darauf beziehen, daß die weitere Ent wicklung zum heutigen Menschen erst nach der himmlischen Katastrophe möglich war. Die Erdenbewohner davor, jene, die der Erde entsprungen waren, verschwanden spurlos, nicht jedoch ohne Leben weitergereicht zu haben. Die nächsten Erdenbewohner, die nun ihre Abkunft aus »Schlangenzähnen« angaben, konnten dank der himmlischen Steine zu Magiern und Schmieden werden, den Ad oder Atlantern.

Die Folgen der Feuerkatastrophe waren schrecklich. Berge stülpten sich um, es gab furchtbare Erdbeben und nicht endenwollende Vulkanausbrüche. Flüsse und Seen verdampften in der Hitze, Erde und Meer kochten, heißt es in Hesiods Theogonie, nach der Älteren Edda verließen alle Menschen ihre Häuser, als der Bewacher von Midgard voller Zorn die Schlange »schlachtete«. Die Midgard-Schlange »nagt« am Lebensbaum, Yggdrasil im Nordischen Mythos, eine seiner Wurzeln reicht bis zur Quelle von Urd! Dort erleben die Götter ihren Untergang. Seither reiten die Asen jeden Tag nach Bifrost, der Brücke zwischen Himmel und Erde; aas heißt Hochlandrücken. Infolge der Hitze wird die Haut der Menschen, die vorher weiß- oder rothäutig waren, verbrannt und schwarz, wie der Katastrophenschilderer Job von sich und den Libyern berichtet. Daraufhin zogen sich die Ozeane zurück, und wo zuvor Meer war, war nun trockenes Land, auf dem Überlebende der Feuerkatastrophe versuchten, sich in Sicherheit zu bringen. Sie wanderten in ständiger Dunkelheit. Darauf bezieht sich wohl der Mythos vom Auszug der Juden aus Ägypten, wobei lokale Katastrophen, wie sie nach dem Santorin-Ausbruch in der Ägäis stattfanden, mit einer älteren Erinnerung des Mythos verschmolzen. Denn auch bei der Migration der Quiché-Indianer nach Amerika »in den Tagen der Dunkelheit« aus einem östlichen Land teilte sich vor den Flüchtenden die See, und sie zogen über trockenes Land, über in den Sand gerollte Felsen.

Das verdampfte Wasser hing als dichter Nebel über der Erde, der sich mit den Aschenwolken der ausbrechenden Vulkane vermischte. Nur über dem brennenden Muspelheim, aus dem immer noch Funken flogen, konnten sich noch keine Wolken bilden. Der Himmel blieb unsichtbar, bei Tag und bei Nacht, und die Menschen wußten nach Generationen nicht mehr, wo die Sonne wieder aufgehen würde. Schließlich gingen die Wolken als sintflutartige Regenstürze nieder. Es kam zu einer Flut, und als wiederum lange Zeit später eine jähe Abkühlung einsetzte, zur Vereisung, zum »langen Fimbulwinter«. Vor 70.000 Jahren, als Atlantis neuerlichen Veränderungen ausgesetzt war, begann nach einer wärmeren Zwischeneiszeit ein neues Glacial – Zufall?

In der nordischen Voluspa sieht der braunhäutige und heitere Ägir, der die Grenze des Riesenreiches bewacht, harfespielend zu, wie vor ihm der »Sperrwald« brennt. Stand zu dieser Zeit der nördliche Polarstern in der Wega als Lyra (Harfe)? Weil die Erde mit ihrer Achse, deren gedachte Verlängerung die nördlichen und südlichen Himmelsspitzen berührt, auch eine Kreiselbewegung um diese Achse vollführt, die vorwiegend durch die Anziehung des Mondes auf den Äquatorwulst verursacht wird, beschreibt der Himmelspol im Verlauf von ca. 26.000 Jahren einen ellipsenförmigen Kreis am Himmel. Deshalb spielen immer wieder andere Sterne die Rolle des Polarsternes (polaris), auf den Briaräus als Weltachse verweist. Diese Präzession beeinflußt nicht nur die Lage der Himmelspole, sondern auch die ganze Einordnung der Sterne in das auf die Richtung der Erd- oder Weltachse bezogene Gradnetz am Himmel. Deshalb lassen sich die jeweiligen Polarsterne innerhalb des Winkels der Stellung der Erdachse chronologisch in der Zeit vorwärts oder rückwärts reisend bestimmen, vorausgesetzt die Neigung der Erdachse zu den Gestirnen verändert sich nicht. Genau *das* scheint jedoch geschehen zu sein, denn weiter heißt es, »schwarz wird die Sonne, die Erde sinkt ins Meer, vom Himmel verschwinden die heiteren Sterne. Der Weltenbrand bricht aus. Heiße Flammen bedecken den Himmel«. Griechische Sagen beschreiben gleichfalls die durch einen Himmelskörper hervorgerufene Bahnverschiebung der Erde, die wie ein »Tanzen der Sonne« aussehen mag. Die Erde torkelt, neigt sich, und manche ihrer Gebiete kommen der Sonne »näher«, die Sonnenstrahlen treffen nun in einem anderen Winkel auf der Erde ein. Der ägyptische Hauptmeridian, der entlang der Erdachse verlief, befindet sich heute auf 30°30, die Neigung der Erdachse beträgt nun 23,5°!

In seinen Metamorphosen spricht Ovid, wenn er sich auf den Untergang der »alten Welt« bezieht, schlicht von der Erde. Und bedeutet Afrikas Name nicht ebenso schlicht »die Erde«? Einst bedeckte das Wasser des Meeres mehrere Gegenden, die heute davon frei sind und die wir zu Kontinenten vereint sehen, schrieb Aristoteles. Nicht wenige Punkte der Erde, die einst die Sonne beschien, liegen heute unter den Meereswogen verborgen.

Bevor alles andere existierte, war Muspelheim eine »zauberhafte« und glänzende Welt, in der keine Fremden lebten – weil es noch keine gab und alle Menschen noch gleich waren. Im ersten »goldenen« Zeitalter, in dem ein ewiger Frühling geherrscht hatte, lebten die Menschen ohne Sorge und Arbeit. Weiter berichtet der Pelasgische Mythos, daß die Menschen nie alterten, sie tanzen und lachten viel – wie die San noch heute. Der Tod war für sie ebensowenig ein Schrecken wie der Schlaf – es gab noch keine Träume, weil Unbewußtes und Bewußtsein noch eine Einheit bildeten. All das überliefern die Hopi auch von den frühen Atlantern. Die Menschen der »ersten Rasse« verschwanden spurlos, aber nicht wirklich, sie verwandelten sich in Schutzgottheiten, die in »dichtem Nebel« die Erde umkreisen.

Wo befand sich Muspelheim? Am Ende der Erde. An welchem? Auch hängt ein »Ende« vom jeweiligen Standort ab und dieser wieder von den Richtungen, der Stellung der Erdachse zu den Gestirnen. Aber der Nordische Mythos bezeichnet Muspel, das »Land des Feuers« und der »Erschütterungen, die den Kometen begleiteten«, eindeutig als »den in Flammen aufgegangenen Süden«!

In der Älteren Edda sind die Sitze der Götter von »rotem Blut gefärbt«. Ist das ein Hinweis auf die eisenhaltige Erde Afrikas nach der Katastrophe? Von einem weltumspannenden Reich der Götter, die Riesen waren, berichtet auch die Edda. Alle Teile Giningagaps, die nordwärts wiesen, füllten sich mit schwerem dicken Eis. Es regnete ununterbrochen. Aber der Süden Giningagaps war »das brennende Land des Südens«. Wie Amarive und Odu können auch Vidave und Vale fliehen. Und weder das Meer noch Sur.turs Feuer schadet ihnen, und »sie lebten auf den Ebenen von Ida, wo sich Asgard früher befand«. Sur.turs Feuer erinnert wiederum an das Land Ut.to im Untergeschoß der Erde. Auf Idas Ebenen versammelten sich die Götter und redeten von der mächtigen Midgard-Schlange. Sie ist die Schlange, die sich um den Weltenbaum ringelt und ständig an ihm nagt. Erwähnt sind auch die uralten Ruinen des mächtigen Odin.

Der Süden brannte noch und der Norden hatte sich bereits mit dickem, schwerem Eis gefüllt, so daß die Ebenen von Ida wohl kaum im Norden oder im Süden gelegen haben konnten. Der Hinweis, daß sich auf Idas Ebenen Atlantis, Asgard, befand, könnte sich auf die Sahara und auf Afrika beziehen. Legenden von Gao am Niger berichten von einer Stadt mit tausend goldenen Türmen und von Wanderungen der Atlantoi südlich der Sahara nach Osten in das Nildelta. In Oberägypten entdeckte man die Spuren einer Khoi-San-Rasse, die als »äthiopisch« (hamitisch) angenommen wird, das gleiche trifft auf den Sudan zu. Nach

Schwaller de Lubicz ließen sich Hinweise auf Menschen des älteren Mu und des jüngeren Atlantis noch in geschichtlicher Zeit in Afrika finden, Nachfahren der Menschen von Mu oder Lemurien traten an der Ostküste, Nachfahren der Atlantoi an der Westküste auf. Wie Credo Mutwa erzählt, stimmen alle Weisen Afrikas überein, daß die Aufsplitterung der Menschheit in die verschiedenen Rassen durch einen »Unfall« verursacht wurde, zu dem es kam, als die Menschen der »ersten Rasse« sündhaft geworden waren. Von einem Unfall berichten auch die Hopi im Zusammenhang mit einem Krieg der Atlanter gegen ihr Kasskara, das sich im Pazifik befand. Den Beginn ihrer Wanderungen aus der untergehenden, allerdings bereits ihrer dritten Welt, geben sie mit vor 80 soomody an. Ein soo ist ein Stern, und ein soomodu dauert 1.000 Jahre, also vor 80.000 Jahren. Zu dieser Zeit in etwa sind die Meteoritenabstürze auf Südwestafrika nachweisbar und wird das endgültige Versinken des Restes von Lemurien angenommen. Als sie in ihrer heutigen vierten Welt, vom Pazifik herkommend, in Amerika eintrafen, versperrte anfangs noch eine Wand aus Eis den Norden, erzählen sie. Diese »Tür« würde später für jene geöffnet werden, die von dort-her kamen und südwärts wanderten, Kaukasoide, die während der letzten »kleinen« Eiszeit, die sich vorwiegend in der nördlichen Hemisphäre auswirkte, von Asien her über die vereiste Beringstraße zuwanderten. »Lange Mitternacht«, die zweite Welt ging durch Eis unter, denn diesmal, so die Hopi, war die Erde »nur« halb gekippt und nicht ganz. Weltweit war es dramatisch kälter und dunkler geworden. Einer Theorie nach entstand während dieser Zeit die weiße Rasse.

Der Schlüssel zum jeweiligen Aufbruchsort der Wanderungen der Hopi verbirgt sich in der Angabe, jeweils dorthin gezogen zu sein, wohin sich der »Mittelpunkt der Erde« verlagerte. Dieser bildet sich aus der Längsachse der magnetischen Pole und einer Querachse. Auch nach der Theorie von Paul Reibisch wird unser Planet von zwei Achsen durchmessen, einer polaren und einer Schwingungsachse. Über diese Schwingungsachse kippt von Zeit zu Zeit die Polarachse, und durch diese plötzliche Kippbewegung kommt es zu Polsprüngen, bei denen sich die Erdkruste über den Erdmantel verschiebt. Jeder der vier Himmels-»Pole« besteht nach der Esoterik der Hopi aus jeweils einer »weiblichen« und einer »männlichen« Kraft, es handelt sich also um die Nun- oder Nut-Sphäre. Deren Schwingungsmittelpunkt ist der eigentliche »Nabel der Erde«, Rheas Wohnsitz, deren Symbol das Mühlschaufelrad war, die Swastika mit ihren verschiedenen Richtungen. Rhea (Ma) wohnt auf der Achse des »bewegungslos herumwirbelnden Mühlrades« – mit einem Turbinenrad vergleicht die Forschung die Erdschale, durch das Energie auf diverse Flüssigkeiten übertragen wird. Allerdings ist Rheas Wohnsitz nicht nur im Mittelpunkt der Erde angegeben, sondern gleichzeitig im Mittelpunkt der Milchstraße. Als Ort des »weiblichen« Pols nennen die Hopi ihr heutiges (uranreiches) Land, während sich der »männliche« Pol in Tibet befindet. Diese Überlieferung trifft sich mit der Angabe des Dalai Lama. Sowohl die Hopi als auch die tibetanischen Mönche sind Hüter dieser Schwingungsachse! Nach Credo Mutwa bewacht ein »Hüter des südlichen Tores« auch den Tafelberg am äußersten Ende Afrikas, wo sich nach esoterischer Angabe das »Spinnrad der Erde« befinden soll.

Zwischen den einzelnen Katastrophen, die auf den Untergang der Erde folgten (Feuer, der Zeit der Dunkelheit, Regen, Flut und Vereisung) scheinen jeweils lange Zeitperioden gelegen zu haben. Nach der nordischen Voluspa ersoff »im roten Blut des Eisgottes« das ganze Geschlecht, bis auf einen, der auf seinem Malkasten überlebte. Auch die Vorfahren der San trugen ihre Malutensilien immer bei sich! Und auch auf die Sitte des Fußabdruckes der Hopi als Zeichen ihrer Wanderungen stößt man bei Felszeichnungen im südlichen Afrika. Und die Art des Händegebens der Hopi als Symbol der Brüderlichkeit, bei dem man die Hand auf die des zu Grüßenden legt, Daumen um Daumen gekreuzt, worauf die Umkehrung der Hände erfolgt – wie oben so unten – ist noch heute ein afrikanischer Brauch unter Menschen, die eines Geistes sind.

Von der Abfolge der Katastrophen, die der Untergang der Erde auslöste, berichten Überlieferungen der Kelten und Griechen, die nordische Tradition, Römer, Tolteken, Azteken, Perser, Hindu, Hopi, Sibirer, Brahmanen, Sumerer, Ägypter, Bantu, und, und, und. Alle diese Völker und andere schöpften wohl aus einer Erinnerung, die auch in die Genesis der Bibel einfloß. Am Atlantik, den man auch die »Elfenbeinsee« nannte, lag Atlantis, ein »Ort der Sonne«, was keinesfalls auf den kalten, zumeist vereisten Norden hinweist, und auch nicht auf das letzte »entdeckte« Atlantis, Troja, das dafür viel zu jung, wenn auch mit Sicherheit eine Tochterkultur von Atlantis war.

Die Söhne von Muspel wanderten auf die Ebene, die »Vigrid« genannt wird, diese Ebene ist auf jeder Seite einhundert Meilen weit, ein Hochplateau. Die Grundordnung *vor*-atlantischer Zeit wird mit der Zahl Neun angegeben, und das ist die heilige Zahl der Nun oder Nut oder Neith-Sphäre, die Zahl auch der »Welten« des keltischen Lebensbaumes, kurz die Zahl der »Seele der Erde«, in der Atlantis versunken liegt. In Atlantis gab es hochaufragende Säulen aus glänzendem Gold und edlen Steinen, die mit der Sonne um die Wette glänzten, während die Spitzen mit poliertem Elfenbein verziert waren, auch Flügeltüren aus Silber (Ovid). Das war wohl die Welt des Riesen und Tyrannen Za-Ha-Rellell. Nun liegen die »Elfenbeinhügel« unter dem Tang und dem Schlamm des Ozeans verborgen, die das »Land der Gewalt« dem Blick der Menschen entziehen. Aus der »Insel der Unschuldigen«, auf der Atlantoi eine Katastrophe überlebt hatten, war ein Land der Gewalt geworden. Wie Za-Ha-Rellell begannen die anfangs wie die Atlantoi friedlichen Menschen die »Geheimnisse des Schöpfers« zu erforschen, die »Geheimnisse des Blutes«, und sie erforschten auch die Planeten (Hopi). Die »Macht des Schöpfers in den lebenden Dingen« kannten auch die Hopi, aber sie mißbrauchten ihr Wissen nie. Festzustehen scheint, daß der allerletzte Rest von Atlantis nicht vor an die 12.000 Jahren unterging, als es nach dem Ende der letzten Eiszeit zu einer Flut gekommen war (auch ist um 8500 v. Z. ein Polsprung nachweisbar), sondern erst mit der Eroberung der letzten Erben von Atlantis, den alten Ägyptern, den Sumerern und den Kretern, die den Weg der Gewalt, den ihre Vorfahren beschritten hatten, nicht wählten. Zecharia Sitchin setzte nach dem Studium sumerischer Quellen den Zeitpunkt der »Verfluchung der Erde« durch die Götter mit vor 70.000 Jahren an. Das trifft sich wiederum mit den neuerlichen Veränderungen, denen das durch eine frühere Katastrophe in zwei Teile zerfallende Atlantis ausgesetzt war, mit dem angenommenen Untergang Lemuriens, in etwa mit den Meteoritenabstürzen auf das südliche Afrika und dem Aufbruch der Wanderungen der Hopi. Manche Menschen hatten in Höhlen und Tunneln die Katastrophen überlebt. Sind es womöglich gar ihre Spuren, die wir für Hinweise auf früheste menschliche Besiedlungen halten? Als sie aus den Höhlen kamen, in denen sie die Katastrophe überlebt hatten, zog die weiße Rasse nach Osten, die rote in den Westen, berichten die Navajo-Indianer. Auch Lif und Lifhraser liegen in der Jüngeren Edda versteckt in Hodmimers Gehölz oder Hain, vermutlich in einer Höhle verborgen. »Von ihnen stammen die Rassen ab.« Und einer Inschrift im Amon-Orakel in der libyschen Wüste kann man entnehmen, daß die Welt von einem »mächtigen Mann« in den roten Westen, den weißen Norden, den gelben Osten und den schwarzen Süden eingeteilt wurde. Ägyptischen Quellen nach migrierten Neger aus Eurasien in die Sahara, und in Südchina fanden sich Spuren negroider Menschen. Südwärts der Sahara zogen Atlantoi nach Nubien (Sudan), die Wörter Nubien und Neger sind identisch, und in Kamerun, in Ndyaya, entdeckte man die Hieroglyphenschrift, die dem Typus der ägyptischen entspricht, womit auch die Vorfahren der Bantu als Nachfahren der Atlantoi ausgewiesen scheinen. Denn eine frühere »Erde« war – wie es noch vom vordynastischen Ägypten her bekannt ist und auch von der »Insel der Unschuldigen«, den Kanaren – bereits von einer Vielzahl von Rassen bewohnt. Oder bezieht sich die Inschrift auf eine wesentlich ältere Erinnerung der Menschheit und *entstanden* die verschiedenen Rassen, *weil* die Überlebenden der Katastrophen vom Untergang der Erde verschiedene Klimazonen besiedelten, wodurch sich im Lauf der Zeit ihre erbtragenden Gene veränderten? Wo immer Atlantis oder Mu gewesen sein mögen, und was immer deren Namen waren, wir alle tragen sowohl die »Insel der Unschuldigen« als auch das »Land der Gewalt« in uns selbst, und nur an uns liegt es, welche dieser beiden Welten wir wählen. Rheas energetisches Mühlschaufelwerk lenkt den inneren und den äußeren Kosmos, davon waren alle alten Kulturen überzeugt, weil Innen und Außen einander gegenseitig be-dingen.

Das apokalyptische »Tier«

Im griechischen Mythos greift Phaëton, dem in einer jüngeren Version die Sonnenrosse seines Vaters durchgehen, als Führer der zwölf Bullen Herakles an. Dieser packt das linke Horn des Bullen und zwingt ihn nieder. In einer anderen Version bricht er das Horn ab. Phaëton ist hier der dreizehnte Bulle, und Herakles symbolisiert wohl die Welt- oder Polarachse, über welche von Zeit zu Zeit die Schwingungsachse kippt. Daß Herakles nicht mehr wie Atlas oder Briarëus »selbst« die »Säule« hat, bezieht sich darauf, daß Polarachse und Schwingungsachse einst eine gemeinsame Säule bildeten, wie sich Bewußtsein und das Unbewußte, Ober- und Unterwelt, einst nicht voneinander trennen ließen. Darauf deuten des Atlas sieben »Töchter« hin, welche den sieben schwingenden Zentren entsprechen, von denen aus die »Götter« gerufen werden können (Hopi). Herakles gehörte bereits einer dualisierten Kosmologie an. Auf einer anderen Ebene besiegt der verkrüppelte Heros den transzendenten Dreizehnten der lunaren (siderischen) Kosmologie, dessen eines Horn er abbricht, um das Doppelhorn seiner Magie zu errichten.

Im Sternbild Stier, das mit diesem Mythos in Verbindung steht, befinden sich die Plejaden, ein Nebelhaufen, von dem sieben Sterne mit freiem Auge sichtbar sind. Phaëton gilt nicht nur als Sohn des Helios, sondern auch als der Plejade Merope! Ein Stern der Plejaden soll nach Überlieferungen der Antike zu jener Zeit erloschen sein, als das Haus des Dardanos unterging. Ein Stern erlischt nicht so einfach, es sei denn, er wird zum »schwarzen Loch«. Auffälligerweise stehen die Plejaden oft mit einer Katastrophe im Zusammenhang. So wird im griechischen Mythos das »Schiff« von Keyx durch Zeus versenkt. Dabei handelt es sich vermutlich um das Sternbild Argo, um jenes »Schiff«, das heute vom Schwanz des Großen Hundes, Sirius, nordwärts gezogen wird. Während nach Angabe der britischen naturwissenschaftlichen Zeitschrift New Scientist manche Astronomen den Sirius als jenen im Altertum vermuteten Mittelpunkt annehmen, um den sich auch unser Sonnensystem bewegt, ordneten die alten Ägypter und die Maya dem Doppel-Sternsystem Sirius den

»Hauptstrahl« der energetischen »Ur-Spirale« zu, die unseren Planeten über die Sonne mit dem »galaktischen Herzen« des Universums verbindet. Dieses nannte Philolaos die »Mutter unseres Weltalls«, das »Feuer in der Mitte« tief im »Inneren der Milchstraße«, um welches das gesamte Sonnensystem eine Kreiselbewegung vollzieht. In Ägypten ordnete man den Stern Alkyone, den hellsten Stern der Plejaden, der Mutter-Göttin Hathor zu. Seit Mitte des fünften Jahrtausends trug sie Sirius zwischen ihren Hörnern. *Sie* ist Mutter und Tochter, Jungfrau, zugleich. Faszinierenderweise vermutet die moderne Astrophysik das Zentrum unserer Milchstraße, an deren Rand sich unser Sonnensystem befindet, als riesiges »schwarzes Loch« im Sternbild Jungfrau! Aber weshalb bezeichneten antike Quellen Alkyone als jenen Stern, um den sich früher unser Universum drehte? Der hellste Plejadenstern nimmt in der berühmten Kalenderscheibe von Dendera in Oberägypten eine besondere Stellung ein. Sie gibt insgesamt drei »Große Jahre« von jeweils 25.868 Jahren wieder und zeigt eine äußerst seltene Konjunktion der *gegenseitigen* Stellung von Alkyone zu alpha drakonis im Drachen, einem früheren Polarstern der nördlichen Hemisphäre. Eine solche Konstellation gab es 2141 v. Z., aber alpha drakonis hörte Mitte des fünften Jahrtausends auf, zirkum-polar zu sein. Rechnet man die drei siderischen Jahre zurück, erhält man das Jahr 79.745. Vor 80.000 Jahren, als Kasskara im Pazifik unterging, begann die Wanderung der Hopi – Zufall? War Alkyone einst ein nördlicher Fixierstern der nun südlichen Hemisphäre? Ist sie jener Stern, der »erlosch«? Verwandelte sich nicht Chronos, die Zeit, in eine Schlange, in den späteren Skorpion, der dem Stier mit den Plejaden gegenübersteht, und floh in den Norden?

Keyx, dessen »Schiff« versenkt wird, gilt auch als Gatte bzw. polare Kraft von Alkyone! In diesem Mythos ist sie die Tochter der Pleione, der »Königin der Seefahrt«, ein Symbol für die Plejaden und den Eichen-Heros Atlas, die Polarachse! Ein Keys wird auch als Neffe des Amphitrion genannt, mit dessen Gemahlin Alkmene der griechische Göttervater unerkannt eine Nacht verbringt. Alkmenes Name bedeutet »stark im Zorn«. Zeus befiehlt dem Mond, langsamer zu gehen, was bedeutet, daß die Erde langsamer geht, weil der Mond sie begleitet, wodurch sich die Stellung ihrer Achse zu den Gestirnen verändert. Mitten am Himmel bleibt die Sonne stehen »und fast einen Tag lang verzögert sie ihren Untergang« (Buch Josua). Die Erde hielt ihren Atem an, wie das vor einer Umpolung geschieht, der Mond blieb gemeinsam mit der Erde stehen, und die Sonne ging nicht wie gewohnt ihre Bahn. »Suche ihn, der die sieben Sterne schuf und Orion. Der den Schatten des Todes (die Nacht) zum Morgen machte und den Tag zur dunklen Nacht. Der die Wasser der Ozeane rief, die sich über das Antlitz der Erde ergossen – Gott ist sein Name.« So sagt Amos im Buch Job oder Hiob zu dem Biblischen Katastrophenschilderer, und Job ergänzt, »Er, der Arkturus, Orion, und die Plejaden machte«. Und weiter heißt es: »Kannst du die Glieder der Plejaden zusammenfügen?« Weshalb – waren sie »zerrissen« worden? »Oder (kannst du) die Bande des Orion lösen?«. Welche Bande fesseln Orion nun? »Er schreibt seine Geschichte«, seine Stern-Bilder, »in den Himmel«, und diese waren nicht mehr dieselben wie zuvor, weshalb wir uns heute schwer tun, ihre mythische Beschreibung zu verstehen.

Arkturus, der Bärenhüter, der auf den nördlichen Polarstern verweist, liegt in der Verlängerung vom Schwanz des Großen Bären und zielt auch auf den Sirius! Im Kleinen Bären befindet sich der heutige nördliche Polarstern, davor lag er im Großen Bären, nach welchem die Hellenen navigierten, noch früher stand er im Drachen. Sowohl

Maya als auch Ägypter überlieferten den Arkturus im Sternbild Bootes als eine der Hauptquellen für die Vermittlung des galaktischen Hauptstromes via Sonnenflecken-Zyklen. Orion nahm in Ägypten die Stellung ein, die später Osiris zukam. Sein hellster Stern heißt Betelgeuse, »Haus des Riesen«! Im griechischen Mythos verliebt sich Orion in die Morgenröte, in den Osten, in einer anderen Version sind es die Plejaden, welche die Aufmerksamkeit des »Jägers« erregen. Orion sehnt sich nach der Plejade Merope! Auch den San war dieser Mythos bekannt. So erzählten Kung-San (Nordwestbotswana), daß »Gott«, der im östlichen Himmel lebte, eines Tages auf die Jagd ging und drei Zebras sah, die drei Gürtelsterne des Orion, auf die er seinen Pfeil abschoß. Aber der Pfeil fiel zu kurz. Dieses Mißgeschick widerfuhr auch Artemis, die auf den Skorpion zielte, der Orion verfolgte, aber der Zeitmesser Mond kann nicht mehr richtig zielen. Artemis trifft Orion und nicht den Skorpion, *wonach* Orion als Sternbild in den Himmel gesetzt wird, der, wie Uwe Topper aufmerksam macht, ein bedeutendes Sternbild der Riesen oder Ad-lanter war. Geht der Skorpion in einer Hemisphäre der Erde auf, verschwindet Orion über dem Horizont und umgekehrt. Das bedeutet, daß die Erde gekippt war, Norden und Süden tauschten miteinander die Plätze! Zielt der Mond auf den Skorpion, früher die Schlange, steht die Sonne auf der Jahresleiter im Stier, in dem sich die Plejaden befinden!

Gemeinsam mit seiner Frau, hier der Plejade Alkyone, wird Keyx, der nun als »Sohn des Morgensterns« gilt, der Venus, in einen Eisvogel verwandelt, und so ist nicht zu übersehen, daß sich alle diese Angaben auf eine Katastrophe beziehen, die eine Umkehrung bisher gültiger Gesetzmäßigkeiten bewirkten. In einem anderen Mythos ist es Zeus, der die Gesetze, »die bis dahin unabänderlich gewesen waren«, umkehrte. Helios befand sich bereits in der Mitte seiner Bahn, da riß er wie Orion seinen »Wagen« herum und wendete seine Pferde *gegen* die Morgendämmerung, nach Osten. Die sieben Plejaden und alle anderen Sterne *kehrten* aus Mitgefühl auf ihrem Weg *um*, und »an diesem Abend, zum ersten und zum letzten Mal, *ging die Sonne im Osten unter*«. Schließlich heißt es im Buch Job, er, Gott, breitete »eine große Leere aus und die Erde hing im Nichts«. Es gab keinen Polarstern mehr, auf den die Erdachse zielen konnte, keine Zeit mehr, die ausgeschaltet worden war, und alle bis dahin gültigen Richtungen hatten sich verkehrt. Die Erde war nicht nur halb gekippt wie am Ende der zweiten Welt (Hopi), sondern ganz. Der nördliche Himmelspol befand sich zuvor in der südlichen Hemisphäre, denn nur in dieser gibt es eine »Leere«, keinen gültigen Polarstern, auf den die Erdachse nun zielen könnte. Die Erde ging im wahrsten Sinn des Wortes unter.

Viele Kulturen führen ihren *Ursprung* auf die Plejaden zurück. Das kann sich entweder darauf beziehen, daß ihre Vorfahren Überlebende des Unterganges der Erde oder Angehörige eines Stamm-Klans waren, dessen Totemtier das Sternbild der Plejaden war. Noch heute ist etwa jedes Stammesmitglied der Ovahimba Südwestafrikas, nomadisierende Bantu, in der Lage, seine Herkunft aus einem der sieben Plejaden-Sterne herzuleiten. Die sehr großgewachsenen Ovahimba leben in einem matriarchalen Stammesverband. Sie sind für ihre auffallenden Rituale mit rotem Eisenocker bekannt. Mit der Kraft des roten Ockers, den sie jeden Morgen rituell auftragen, begründen die rotglänzenden Frauen der Ovahimba, der »Menschen der trockenen Flußläufe«, die Führung jedes Stammesmitglieds von der Geburt bis in den Tod, auch des Häuptlings, der mit dem Rat der Alten nach außen hin die Geschicke des Stammes lenkt. Die »Herrschaft« der Ovahimba-Frauen ist diffizilerer, spiritueller Natur.

Auch die Ava Khoib, die »roten Menschen«, die klein-gewachsenen Khoi-Khoi, bewahrten in ihrer Sprache ei-nen Ursprung aus den Plejaden. Ihr Wort dafür, /khunu-seti, ist mit /kunuti, /k(g)unuti verwandt, der Akazie. Beide Wörter beziehen sich auf Uranfang und Ursprung. Was die Plejaden mit der Akazie gemeinsam haben, ver-mag Ranke-Graves' Deutung des sakralen Kalender-Al-phabetes irischer Druiden zu klären, des Beth-Luois-Nion, dessen Buchstaben durch Bäume symbolisiert wurden, wie auch das sakrale Kalenderalphabet der vorgriechi-schen Io. In ihm steht die Akazie als Symbol für den Buch-staben H und den siebenten Tag der Woche, das entspre-chende Wort ist Uath. Ta Duat war die »Unterwelt« der Ägypter, das Reich der Ahnen, der Toten, Ta Urt ein Name der ägyptischen Todesgöttin, die Bruchteile des Hekat sind das Heilige Ud-jat; Ud-jojet oder B.uto war die oberägypti-sche »Isis«, ägyptisch Pi.uto und Per Udjojet, und Ut.to das Land im Untergeschoß der Erde der Sumerer. Ta Chut nann-ten die Ägypter die Große Pyramide von Gizeh. Überall, wo man auf die Wurzel »ut« stößt, handelt es sich um Na-men, die mit der Kraft der »Schlange« in Verbindung stehen, die aus der Unterwelt strömt, und zum »Auge« werden kann. Gottes Stimme spricht zu Moses aus der wilden Aka-zie, aus deren wasserdichtem Holz die »Archen« von Osiris und Moses überliefert sind, und auch Noahs Arche.

Uath, die Akazie, symbolisierte bei den irischen Drui-den also den siebenten Tag der Woche, der ursprünglich Rhea mit dem Mühlschaufelrad geweiht war. Ihr beige-stellt war Chronos, die Zeit, auch Saturn, der Planeten-herrscher des ersten »goldenen« Weltzeitalters. Der sie-bente Tag der Woche, heute der Sonntag, früher der Sabat, der Tag des Saturn, ist »abgesondert«, und so sym-bolisierte der Buchstabe H für die Akazie im geheimen Handalphabet der Druiden die Spitze des von der Hand abgesonderten Daumens, der traditionell der Venus geweiht war. Diese Spitze des phallischen Daumens setzte man mit der männlichen Seite der Göttin gleich, mit ihrem Heros – Herakles. Der Daumen ist »Wurzel«, »Verbinder«, das »Rohr« oder (Finger)-»Glied« der Hand und der Woche. All das bedeutet bei den Khoi-Khoi das Wort für Plejaden oder Uranfang und Ursprung.

Es scheint, als ob die Menschen versucht hätten, die kosmische Gewalt, die zum »Untergang der Erde« führte, zu bekämpfen. Mythen berichten von »Geschossen«, die von »Helden« auf den Himmel abgefeuert wurden. Das Ungeheuer, das es zu bekämpfen galt, war ein feuerspeiender Drache. Würden wir heute, mit einer Bedrohung aus dem Weltall konfrontiert, wie sie ein Komet darstellt, der seinen feurigen Schweif hinter sich herglüht, nicht ebenfalls Geschosse auf das »Ungeheuer« abschießen? Wurden dadurch aus einem drei? Denn der sibirische Mythos berichtet von »drei Sonnen«, die am Himmel standen, auf die ein Held seine Pfeile abschoß. Jedenfalls schenkte man den Bewegungen des »Drachens« oder der »Großschlange« im Leib der Erde und am Himmel wohl zu recht große Aufmerksamkeit. »Sein (Gottes) Geist schmückte den Himmel, aber seine Hand schuf die sich windende Schlange« (Buch Hiob). Das Attribut »windend« kann auch mit verdreht oder verkehrt übersetzt werden. Die Kraft der Schlange oder die Schlange selbst, der spätere Skorpion, verkehrte sich, und die Erde bzw. ihre Seele polte sich um.

»Sternenkinder« nannte man die Magoi, die in »verbotenen Tälern« nach dem forschten, wonach der Mensch nicht forschen sollte. Weshalb? Hatten sie den Weltraum und die Gesetzmäßigkeiten der Sterne erforscht, wie wir das heute wieder tun, oder erfolgte ihre Forschung auf einer anderen, spirituellen Ebene? Za-Ha-Rellell sandte »künstliche Wesen« in die »unsichtbaren Regionen«, deren Reise er im »Palast der Schöpfung« in einer »Kugel« mitverfolgte. Wie würden unsere Nachfahren, die nach einer Katastrophe, bei der alle technischen Errungenschaften verlorengegangen waren, wieder neu anfangen mußten, nach dem Abstand von Jahrtausenden Hinweise auf Roboter, unbemannte Raumschiffe, Radarstationen und Bildschirmmonitoren beschreiben? Odus »Auge« stieg herab und zerstörte die Welt. Dieses Auge, Odu, war von Za-Ha-Rellell erschaffen worden! Die Augenhieroglyphe ist auch das Symbol des Heiligen Udjat, der Gesetzmäßigkeiten der Nun- oder Nut-Sphäre, der »Seele der Erde«. Isis nannte man auch Iris, und Os.iris Name bedeutet »Sitz des Auges«, nicht das Auge selbst, dessen Kraft die »Kundalini«-Kraft der Erde ist, wenn man so will. Als »schreckliches Auge des Gottes«, als »großen Strahl«, der die Welt in seinem Joch hält, dessen »Klang« überall widerhallen könnte, beschrieben die Babylonier die Kraft dieses geheimnisvollen Auges, auf dem das »Wahrzeichen Ut.tus« errichtet wurde! Wie Odus Auge stieg auch das Auge des ägyptischen Rá herab, um die Erde zu reinigen, als linkes Auge, als Hat-Hor stieg es herab! Neben der Hieroglyphe von Hathor steht die sich aufbäumende Uräus-Schlange, und »die Wälder von Huri-Bäumen verdorrten, in der Stunde bedeckte die Wüste ihr Antlitz, die Berge wurden schwarz und man sah den Himmel nicht mehr.« Bei den Babyloniern kämpft Marduk gegen das siebenköpfige Schlangenmonster Tiamat. Das ist sowohl ein Name der Erdmutter, deren sieben schwingende Zentren entlang ihrer »Achse« die »Götter« herbeirufen können, als auch ein Name für den explodierenden Stern, der in einem Mythos als Bal zum Untergang von Mu und in das folgende Chaos führte, *das* Tiamat wohl vesinnbildlicht. Dieses siebenköpfige Monster entspricht auffallend der Beschreibung des apokalyptischen Tieres als Auslöser einer in unserer *Zukunft* liegenden Katastrophe.

Das Tier ist als scharlachrot überliefert, mit zehn Hörnern und zehn Kronen darauf. Sie symbolisieren vermutlich die neben der Grundzahl Dreizehn im Heiligen Tzolkin der Maya vorherrschende Grundzahl Zwanzig, eine »Sonnenzahl«. Die zehn Kronen werden in der jüdischen Geheimlehre, der Kabbala, als Symbole der zehn Grundzahlen angegeben, von denen es eigentlich nur sieben gibt. In uralter Zeit erschienen »zehn Sonnen« am Himmel, heißt es bei Chuang Tzu, aber dabei handelt es sich nicht um »Sonnen«, sondern um zehn Kräfte, wobei in der Zehnerzahl das Chaos enthalten ist! Denn die vier polaren Götterpaare, welche die Grundlage der Schöpfung bilden, die Nun- oder Nut-Sphäre, enthalten in sich zweimal vier, also acht polare Kräfte, während ihre Gesamtheit die voratlantische Zahl Neun ist, Mittelpunkt und Gesamtheit und Kraft in einem. Diese Neun wird immer wieder zu einer »neuen Eins«, nachdem sieben Intervalle der »kosmischen Oktave« durchlaufen sind, und der achte Ton als Wiederholung des Grund-Tones nun auf einer höheren Ebene schwingt. Diese neue Eins wird zur Zehn, weil sich ihr das Chaos, symbolisiert durch die Nichtzahl, die Null, die Leere, beistellt, wonach ein neuer Zyklus, ein neuer, weil nun höher-evolutionierter Grundton beginnt. *Das* ist das Gesetz Ta Maris, der Heiligkeit der Erde als Anziehung kosmischer Energie, das Gesetz des »Himmelbogens«, dessen Kraft zum »Auge« werden kann.

Die Kraft des Auges Odus löst das größte Feuer aller Zeiten aus, ein Feuer, das bis zu den Sternen reicht, womit wohl gemeint ist, daß die Atmosphäre der Erde brennt. Verborgen ist das Auge in einem Bronze-Idol der Göttin. Das erinnert wiederum an die mythische »Bundeslade« der Juden. Eine Decke aus Gold, ein Kapporeth, war auf der Lade angebracht, die von zwei Cherubim aus massivem Gold in die Höhe gehalten wurde. Cherubim entsprechen in der Mystik sogenannten avatarischen Toren, avatar bedeutet eine »Freisetzung göttlicher Energie«! Zwei elektrizitätsleitende Oberflächen wurden durch das Holz der Bundeslade isoliert. Vom Kapporeth sprach Gott mit den Eingeweihten, heißt es im Buch Exodus. Niemand durfte die Lade, die durch vier goldene Ringe gesteckt war, berühren, er wäre auf der Stelle getötet worden. Die Menschen der alten Kalahari jedoch bestaunten die »gefangene Göttin« und starben an ihrer strahlenden, alles versengenden und schmelzenden Glut.

Sumerische Abbildungen zeigen rätselhafte Säulen, die ein oder mehrere Paar Ringe tragen, auch eine Art von Strahlenschutzschilden ist erkennbar. Das sumerische Piktogramm für die »Säulen« bildet das Wort Dur oder Tur. Tur.iel ist der hebräische Name für die »Lehre Gottes«, in Tibet Dzyn oder Dzen, von dhyan oder Inana, »Weisheit« und »göttliches Wissen«. Tyr ist mit einer Reihe alter indoeuropäischer Namen für Gott verwandt, auch mit dem Sanskrit-Wort dayus, »göttlicher Geist«. Aufbewahrt wurden in der »Bundeslade« die beiden Gesetzestafeln, Manna und Aarons Stab. Moses erhielt am »Mondberg« nicht nur die exoterischen zehn Gebote, sondern vor allem wurde er esoterisch in die »Weisheit Gottes« eingeweiht. Rudolf Steiner nannte Ma(n)a das »Geist-Selbst«, wie Ta Chut die (das) Geist-Selbsthafte war, die Große Pyramide, der »Mondberg«, während die kleinere Pyramide Rá, der Sonne oder dem Weg der Erde geweiht war. Aarons magischer Stab ist bei Jeremia (1,11) mit sieben Zapfen beschrieben, die für die sieben planetarischen Sphären, für die sieben »Häupter« des »Tieres« standen. Am Tag seiner Krönung werden Aarons Söhne durch »vom Himmel fallendes Feuer« verbrannt! Und so ist anzunehmen, daß es sich auch bei der Überlieferung von der Bundeslade um eine wesentlich ältere Erinnerung handelt, um die Kenntnis vom Gesetz der Erde bzw. der sie – und damit uns – beseelenden und belebenden Kraft. Um diesem Gesetz nachspüren zu können, ist es unerläßlich, sich der Zahlen-Symbolik zu bedienen, wie sie in den Geheimlehren überliefert ist.

Die Zahl des »Tieres« ist die geheimnisvolle Zahl 666. Errechnet man die Quersumme, was man eine Addition im Sinne göttlicher Weisheit nannte, erhält man die voratlantische Zahl, die Zahl der Nut- oder Nun-Sphäre, die Neun (6 + 6 + 6 = 18 => 1 + 8 = 9). Sie symbolisiert die Gesamtheit der aus der Vereinigung des dreifältigen göttlichen Geistes mit den Kräften der Erde hervorgegangenen Kraft der »Großschlange«. Ihre Gesetzmäßigkeiten beschreiben das ägyptische Hekat, das chinesische I-Ging und der Baum der Sephirot in der Kabbala. Die aus dieser Vereinigung hervorgegangenen 2x4 oder 2^3 Schöpfungskräfte oder Götter, verwirklichen sich siebenfältig in immer wieder anderen Kombinationen, die den »Bildern des Himmels« entsprechen, wie sie der Weg des Himmels und der Weg der Erde gemeinsam in den Himmel schreiben. Sie erzeugen ch-i, die »Lebensessenz«, denn das altchinesische Schriftzeichen dafür bedeutet sowohl Bilder des Himmels als auch Gefäß, und auch die Kraft. Die Sechs gilt als Zahl des Menschen, sie ist die umgekehrte Neun. Man könnte sagen, daß die in der Null, dem Weltei oder Chaos graphisch eingeschriebene Neun Involution, den Abstieg des göttlichen Heiligen Geistes, die Spaltung der Urzelle, und die in die Null eingeschriebene Sechs Evolution, die Zell-Vermehrung, die Höherentwicklung symbolisieren. *Gemein*-sam erhält man das Grundsymbol des chinesischen I-Ging, die Fischblase, oder in der arabischen Zahlschrift die 8!

Während die Nut-Sphäre, ausgedrückt in der Neunzahl, die Trinität in sich trägt (3 x 3 oder 3^2), weil sie diese Trinität ist, bedarf die »Zahl des Menschen« einer Verdreifachung, um »göttlich« zu werden – 666. Schlüsselt man diese Ziffer kabbalistisch auf, ergeben drei Reihen von jeweils

$1 + 2 + 3 + 4 + 5 + 6 = 21$ in ihren Quersummen jeweils 63 und $6 + 3 = 9$, das Symbol für die Gesamtheit der geschaffenen Welt. Die Summe der Bruchteile des Hekat, das Heilige Udjat der Ägypter ($1, \frac{1}{2}, \frac{1}{4}, \frac{1}{8}, \frac{1}{16}, \frac{1}{32}$) führt wie die Zahl des Tieres, des großen Weltenumspanners oder Drachens oder der Großschlange zur Summe 63 (im Nenner)! Die Kraft der Acht als Symbol für die Kraft Gottes verbirgt sich im letzten Feld, $1 : 64$.

Die Zahl 666 symbolisiert den »Geist der Sonne«. Die Zahl 1.080, die Neunzahl, die in sich die »kosmische Oktave« enthält, deren Anfang und Ende sich jeweils das »Chaos« zugesellt, ist die mystische Zahl für die »Seele der Erde«. Addiert man die Zahlen 1.080 und 666, erhält man 1.746, eine Zahl, die für den Samen steht, aus dem die Wurzeln und Zweige des Lebensbaumes hervorgingen. Himmel, das Symbol 1.080, und Erde, 666, werden durch den kreierten Lebensbaum wieder miteinander verbunden, nachdem sie voneinander getrennt worden waren. 1.080, die Zahl für die »Seele der Erde«, ist auch die Zahl für den bodenlosen Abgrund, den abyss, in welchem die Proto-Materie ruht, ein Symbol für die Wasser der Unterwelt, den Okeanos der Griechen. Versiegelt wird das »Tor« zur Unterwelt, die einst die Oberwelt war, durch einen Stein oder Felsen, auf dem die »Stadt der Sonne« erbaut wird, Je.ru.sa.lem. Die Zahl dieses Steines und der auf ihm errichteten Stadt ist 864. Setzt man 864 dem Symbol für die »Seele der Erde« gegenüber, erhält man die Zahl des Todes und der Wiedergeburt, die Acht ($864 : 108(0) = 8$). Die gefürchtete Zahl des »Tieres« versinnbildlicht die Herrschaftsautorität, durch welche die Stadt der Sonne regiert wird! Diese Herrschaft und Autorität übernahm der Mensch, die Religion, die Kirche, ursprünglich das Mysterium. Lastet jedoch das Gewicht der Autorität zu stark auf dem »Stein der Weisen«, der Oberwelt und Unterwelt voneinander trennt, ist der Fluß zwischen beiden unterbrochen, der Druck der untergründigen Wasser steigt ständig an, bis seine Gewalt den Stein hinwegsprengt und die Wasser die Oberwelt überfluten und zerstören. Natürlich symbolisiert die »Stadt der Sonne« die »göttliche Vernunft«, das (rationale) Bewußtsein, und der den Fluß zur Unterwelt hemmende »phallusartige« Stein die patriarchalen Religionen. Der Stein verdrängte das weibliche Gefäß, das jeder Religionsgründung zugrundelag, später wird aus ihm das Schwert als Symbol für das »flammende Bewußtsein«, das *im* Stein steckt, in der Scheide, aus der es ein Held herausziehen muß. Aber sowohl die Buchstabenwerte für die »Quelle der Weisheit« als auch für den »Heilige(n) Geist« ergeben in der griechischen Sprache den Zahlenwert 1.080. Denn »schwarze« Magie und Okkultismus, die das »Bewußtsein« wohl auch in Erinnerung an eine dadurch einmal ausgelöste Katastrophe verbannten, sind nur eine Seite, sind nur ein Aspekt der »Wasser der Flut«, die auch den Zugang zum »Heiligen Geist«, zur »weißen« Magie, zum Heilen, enthält. Nimmt man den Menschen den Zugang zum einen, verwehrt man ihnen auch den Zugriff zum anderen, mit oben erwähnten Folgen. Das alles bedeutet wohl, daß der Lebensbaum, den ein »Gott« kreierte, die Verbindung zwischen Himmel und Erde bzw. deren Kräften herstellte, und daß diese Verbindung nur über die »Autorität«, das Mysterium erzielbar war, das in Magie umschlug, als sich der »Geist der Sonne« einseitig herauslöste. Dadurch geriet das nötige Gleichgewicht zwischen Ober- und Unterwelt, zwischen dem Geist der Sonne und der Seele der Erde, zwischen Involution und Evolution, bereits einmal vollkommen aus der Balance, und die Erde ging unter. Während die Apokalypse diesen Untergang in der Zukunft ansiedelt, fand er nach übereinstimmender Auskunft der Mythen zumindest einmal schon statt. Das »Tier« wohnt in der Nun- oder Nut-Sphäre, wie die »Götter«, die man mit 108 Namen anrief, der Zahl des »Tieres«. Sowohl als Vermittlerin der Erkenntnis als auch als Bringerin des Verderbens betrachteten noch die Naassener, Essenische Gnostiker, die »Großschlange«, deren Kraft zum »Auge« werden kann, in dessen Zentrum wie im Auge des Hurrikans absolute Stille wohnt, wie auch in den Zentren der Steinkreise unter gewissen Voraussetzungen (!), während umher das Chaos tobt. Die »erste Rasse« verbrannte. Nicht die Wasser der nun verkehrten Unterwelt, sondern die Hitze der Oberwelt, der »Geist der Sonne«, führten die Apokalypse der Vergangenheit herbei. Aber kehrt nicht die Zukunft in die Vergangenheit zurück, um zur Null-Stunde der Gegenwart zu werden?

Luzifers »Fall«

Nergal, der Bruder des babylonischen Marduk, erhält im »Untergeschoß der Erde« von Ereschkigal die »Tafel der Weisheit«. Sie ist die Schwester von Inanna (Ischtar), deren Vorgängerin der bereits vermännlichte Erdgott Belilil war, die Mutter D.anus, wohl Alalu in Sumer, der von Anu verdrängt wurde. Ereschkigals Reich lag im Geb.ku.ra, in der »Brust der Berge«, im Inneren des »weiten Landes«, der Unter-en-Welt. In ihrem »weiten Hof« muß sich Nergal sieben Einweihungsstufen unterziehen, denn sieben Tore führen zu ihrem Palast. Offenkundig weigert sich der Held, denn er kehrt in die Ober-e-Welt zurück, mit der Absicht wiederzukommen, um die Tore der Göttin zu stürmen und ihr den Kopf abzuschlagen. Als Krieger kehrt er wieder, Ereschkigal willigt zur Hochzeit ein, und Nergal erhält die begehrte »Tafel der Weisheit«, den Zugang zur »Weisheit Gottes«. Der sumerische Mythos kennt noch einen anderen Diebstahl. Marduk, der gegen das siebenhäuptige Ungeheuer Tiamat kämpft und das Weltall neu erschafft, der Anspruch aller Halbgötter und Schmiede, gilt als Enkis und Dam.Kinas (Danus) Sohn. Enki ist mit Ea gleichzusetzen, der gemeinsam mit Dam.Kina über das »Untergeschoß der Erde« herrscht. Wie Odu bei den Yerouba, ist Ea bereits der transzendente Aspekt der Göttin, deren »Männlichkeit« er übernahm. Ea wurde zu Enki und dessen Zwillingsbruder Enlil, dem Herrscher über die Oberwelt, und man schrieb die älteren Texte um. Die Geschichte vom Diebstahl der Gesetzestafel durch *Zu* gehört dazu.[44]

Bei dem Kampf zwischen Enlil (Marduk) als Herrscher der Oberwelt gegen *Zu* geht es wie im Mythos von Za-Ha-Rellell um die Führerschaft über die Götter, die Schöpfungskräfte. Diese bedingt die Kenntnis des »Gesetzes«. Und *Zu* ergriff die »Tafel der Geschicke« und eignete sich die Herrschaft über die Ober-e-Welt und den Luftraum an. Weil er jedoch nur zu »Besuch« in der oberen Welt war, kam er wohl aus der Unter(en)welt. »Besuchte« der Süden den Norden? Aufgehoben waren nun die »göttlichen Formeln« und »Stille verbreitete sich allenthalben«. Der »Glanz des Heiligtums« war dahin! Wird hier die Umpolung der »Seele der Erde« beschrieben? Jedenfalls fordert der Herrscher über die Unterwelt, Ea, Enlils (Enkis) Sohn Nin.Urta auf, gegen *Zu* zu kämpfen, und ein furchtbarer Kampf um die »Insignien der Götter« entbrennt. Wie bei dem Krieg, den Za-Ha-Rellell gegen die Kaa-U-La-Vögel in der alten Kalahari führt, geht die Welt nach diesem Kampf noch nicht unter. Zu's Name bedeutet »Weiser«, d. h. er war ein Magus, was nach Luthers Übersetzung gleichfalls »Weiser« bedeutet.

Zu kann mit Hilfe eines bemerkenswerten Vogels fliegen, dem Mu. Dieser befindet sich im heiligen Bezirk von Utu's Wohnsitz, ein Haus, »das wie ein Haus des Himmels ist«, und dessen zentraler Teil verborgen ist. Die Beschreibung läßt an Za-Ha-Rellells »Haus der Schöpfung«

denken. Auch von »Himmelskammern« ist im sumerischen Mythos die Rede, von denen die Götter später den Untergang der Erde durch eine Flut beobachten werden.

Es kommt zum Kampf der Oberwelt gegen die Unterwelt, vom Großen Oben gegen das Große Unten, Himmel und Erde waren bereits voneinander getrennt worden. Während Marduk sich brüstet, Zu's Schädel zertrümmert zu haben, weist Sitchin darauf hin, daß *Zu* mit Nan.Nar, »Heller«, wie Luzifer ein Lichtbringer, gleichzusetzen ist, dessen akkadischer oder semitischer Name Sin war, der vermännlichte Mondgott. Sin, der »König aller Götter«, wurde zornig auf seine Stadt und seinen Tempel und stieg zum Himmel auf. Erst nach der Flut kehrt er wieder. Aber in der vermutlich ältesten Version des Mythos wird Marduk von *Zu* besiegt! Danach geht die Erde unter und Marduk erschafft das Weltall neu. Aufschlußreich sind Sins Zwillingskinder, die gemeinsam mit ihm die nötige Triade bildeten, In.anna, »Anus Herrin«, und Ut.tu, »Strahlender«, auch der, »der Licht verbreitet«. T.Uto hieß der Sohn der libyschen Göttin Neith, und dieser Löwengott stellt eine Form des ägyptischen Gottes Schu dar. In Unterägypten wurde aus T.uto, dem »leuchtenden Gott, der unsere Wege umstrahlt«, Asar.uu – Osiris! Auch Schu's Name bedeutet »strahlend«, »glänzend«, im Sumerischen schuba, was sich auf die Asar.luhi bezieht. Die Asur waren die Ersten auf Erden, die Eisen schmolzen, lu.lu nannte man im Untergeschoß der Erde die von den Annunaki *nach* ihrem Aufstand geschaffenen Menschen, und Lu.har war der Name früherer Eisenbearbeiter in Afrika! Aus all dem ergibt sich der Schluß, daß die Mythen von Shu, Zu, U.to, aber auch von Lu.zifer oder Bal, und von Za-Ha-Rellell, sich alle auf eine gemeinsame Erinnerung beziehen. Und es überrascht nicht, daß der ägyptische Schu mit einer Katastrophe und einer anschließenden Kalenderreform in Verbindung steht. Denn Rá sandte nach seinem »Auge«, das nicht wiedergekehrt war. Ausgesandte wurden Schu und dessen Zwillingsbruder Tef.nut, um es zurückzubringen. Aber das Auge wurde zornig, als es zurückkehrte, weil es sah, daß ein *anderes* an seiner Stelle gewachsen war. Und Rá nahm das Auge und setzte es auf seine Braue in der Art der Schlange. Seit damals regiert das solare Auge die ganze Welt. Und seit diesem Tag hieß Schu Onuris, Er-der-die-weite-Entfernung-zurückbrachte.

Diese weite Entfernung, die zurückgebracht werden mußte, bezieht sich sichtlich auf den verlorengegangenen Polarstern, der nötig war, um die Weltachse neu zu vermessen, und einen »zu den Sternen gehörenden«, siderischen Kalender neu zu erstellen. Aber inzwischen war ein anderes Auge gewachsen, d. h. ein wesentlich einfacherer Sonnenkalender entstanden, der von nun an als magischsolares Auge auf der Stirn der Halbgötter saß. Letztendlich besagt der ägyptische Mythos eindeutig, daß Geb, die Erde, bzw. der solare Weg der Erde und Nut, die himmlischen Sphären, der Weg des Himmels, von Schu getrennt wurden!

Wie der Mythos der Bantu in Proto-Bantu-Zeiten zurückzuweisen scheint, deutet wohl auch der Mythos der Su.Shu.Tsu.merer in vorsumerische Zeiten und in jenes Land oder jene Welt zurück, aus der die Vorfahren der Sumerer gekommen waren. Den wichtigsten Hinweis liefert eine Angabe der Naassener, deren Lehre beinahe vollkommen vom missionarischen Christentum verdrängt wurde. Die Naassener waren Ur-Christen, auch Jesus wird als Naassener und nicht als Nazarener angenommen, ihr Name bedeutet »Bewahrer des Wissens«. Sie nannten sich Ophiten, ophis (gr.) heißt Schlange, d. h. sie waren in die Mysterien Eingeweihte. Nach ihnen war die Schlange die erste gewesen, die versucht hätte, die Menschheit aus der

Knechtschaft eines unwissenden Gottes zu befreien, der den Zugang zum Lebensbaum, zur Erkenntnis, verwehrte, welche die Schlange als die zwischen Erde und Himmel vermittelnde Kraft verkörperte. Ein »unwissender Gott«, ein Halbgott oder Magier, hatte den Menschen den direkten Zugang zum Mysterium genommen. Diese Angabe trifft sich mit einer Überlieferung des sumerischen Mythos, wonach man nach dem Sieg *von* Sin oder Zu über Marduk zum »wahren Wort Utus« zurückkehrte! Nicht Gott, wie es in der Bibel heißt, sondern ein Halbgott, ein sich gottgleich fühlender Despot, stellte zwei Cherubim als »Torhüter« auf und plazierte ein feuriges Schwert rechterhand des Paradieses, dessen »Tür« von nun an fest verschlossen blieb. Denn daß der Mensch die »Weisheit Gottes« letztendlich nur *in sich* selbst finden und nicht im Außen suchen kann, überliefert die Esoterik aller Religionen. Den Zugang dazu verwehrt ein feuriges Schwert, früher ein Stein, die »göttliche Vernunft«, der griechische Apoll, welcher der Stein war, die sich gleichfalls katastrophal auswirken muß, sofern sie wie das »solare Auge«, das sie *ist*, ausschließlich herrscht. Vielleicht bezieht sich die »künstliche Sonne«, die Za-Ha-Rellell nach einer Flut in den Himmel setzt, auf die Installierung des magischen, solaren Auges. Nach der Trennung von Himmel und Erde und einer folgenden Katastrophe, waren Himmel und Erde wieder »in Liebe« vereint worden, woraus die »Riesen« hervorgingen, die legendären Weisen der ältesten Mythen, in das Mysterium eingeweihte Priester und Priesterinnen versunkener Kulturen. Denn alles wiederholte sich und begann wieder von neuem.

Auffallend ist natürlich der Bezug zwischen Zu und dem gefallenen Engel Luzifer. In der Mystik gelten Engel als Demiurgen, als Halbgötter, und hier verbirgt sich wohl die Ursache von Luzifers Sturz. Auch der hebräische Jahwe war ursprünglich ein Demiurg, der noch eine andere Seite, Sophia besaß, die Weisheit Gottes, wie Gnostiker überlieferten. Aus ihm wurde der alleinige Stammesgott der Hebräer und schließlich Jehova. Jakob errichtete das »Haus der Sonne« auf einem Stein, und faszinierenderweise kennt die Mythologie der Bantu auch einen Stein, der gleichfalls einen alles verzehrenden Brand auslöst. Und hier ergibt sich ein interessanter Hinweis, denn beim Abstieg der sumerischen Inanna in die Unterwelt ihrer Schwester Ereschkigals, woraus später die Legende von Nergals Reise wurde, beim Eintauchen in die Wasser der Unterwelt, zu denen der Stein *führte*, und sie noch nicht ausschloß, spielt der Lapislazuli, der »Blaustein«, die bedeutende Rolle. Man nannte ihn »Himmelsstein«, und es fällt auf, daß das Nguni-Wort Zu.lu »Himmel« bedeutet. Der Stein ist jedoch auch als lapis infernalis, als »Höllenstein«, überliefert, wie auch die Bluestones von einer Kultur als heilend, von einer anderen, der sumerischen, aber als unheilbringend beschrieben wurden. Auch Lu.zifer geriet vom Lichtbringer, was sein Name bedeutet, zum Höllenfürsten, zum Teufel.

Die allegorische Deutung einer Passage in Jes. 14.12 vergleicht den König von Babylon mit dem Morgenstern, der vom Himmel gefallen war. Dieser König war bereits einseitig, was daraus hervorgeht, daß man auch Christus mit dem Morgenstern verglich, der den Tag, die Sonne, ankündigt. Aber die Venus, die im Mittelpunkt eines siderischen Kalenders gestanden war, ist nicht nur der Morgen-, sondern auch der Abendstern. Diese »männliche« Seite der Venus nannte man auch Luzifer, der nicht das Licht des Tages, sondern das Licht der Nacht, des Mondes, ankündigte. Luzifer warf den »Schatten« des Mondes voraus, Venus den der Sonne. Man nannte Luzifer auch Baal, und es war wohl dieser »fallende Stern«, der zum Untergang von Ra.Mu führte, nachdem das solare Auge triumphiert hatte, das im Zeitalter der Menschen und des Chaos wiederum über die Göttin der Tiefe siegte, denn erst Moses hatte das Symbol der Sonnenscheibe vom Gott der Hebräer gelöst. Der Stein, der nun wieder den Zugang zu den Wassern der Flut, zur »Weisheit Gottes« und zum »Heiligen Geist«, verschließt, sitzt wiederum fest, und in den Tiefen darunter brodelt es bereits gefährlich, wie unsere gegenwärtige, von Gewalt, Terror und nationalen Konflikten zerrissene Welt deutlich aufzeigt. Za-Ha-Rellells erfindungsreiches Haupt hob sich aufs Neue, und dionysisches Gelächter über den Hochmut der Menschen kündigt sich an, der jedem »Fall« stets vorausging.

Za-Ha-Rellells letztes Sakrileg

Als ich 1989 nach meinem ersten Abstecher zurück nach Afrika heimkehrte, befand sich Europa im Umbruch. 1990 brach das kommunistische System Osteuropas zusammen. Ein neuer Mythos vom »goldenen Westen« war entstanden, und wie zuvor brachen Menschen auf, um sich ihren Anteil am süßen Kuchen der Wohlstandsgesellschaft zu holen, den man denen hinter dem »eisernen Vorhang« so lange schmackhaft gemacht hatte, bis geschah, was abzusehen war. Die Menschen wollten und wollen ihren Anteil daran haben. Dieser goldene Westen hat für jene, denen der Preis für den westlichen Wohlstand zu hoch scheint, seinen Glanz verloren. Denn eine sterbende Umwelt, deren ganzheitlichen Bezug zum Organismus Natur und Kosmos wir erst wieder zu erahnen beginnen, und die Illusion einer sich bis in die Unendlichkeit voranzutreibenden Wachstumsspirale, lassen sich nicht voneinander trennen. Die nächste Krise ist vorprogrammiert, wie es die Krise der Utopie Kommunismus war. Diese Utopie war eine Antwort auf das menschenverachtende industrielle Zeitalter, mit dem die Zerstörung unserer natürlichen Umwelt eine sich seither potenzierende Beschleunigung erfuhr. Der Theorie dessen, was dann in der Praxis versagte, war das Studium menschlicher Gesellschaften vorausgegangen. Was innerhalb eines politischen Systems als Zwangsbeglückung praktiziert werden sollte, basierte auf dem theoretischen Studium voreuropäischer, dezentralisierter und kommunalwirtschaftlich organisierter Stammesgemeinschaften. Das war auch die Basis des traditionellen afrikanischen Stammesverbandes, in dem Armut unbekannt war. Denn was dem Stamm gehörte, gehörte dem Einzelnen, und was dem Einzelnen gehörte, gehörte dem Stamm. Unser besitzergreifendes Denken war alten afrikanischen Kulturen fremd. Die Anmaßung, einen Baum, ein Tier oder gar einen Menschen besitzen zu wollen, einen Sklaven, stellt in den Augen von San eine zutiefst negative Haltung dar, welche die Harmonie des Einzelnen mit der Gemeinschaft und auch mit dem Gesamtorganismus Natur stört. Denn der »spirit« von allem Geschaffenen, ob es sich um einen Stein, ein Sandkorn, ein Stück Holz, einen Baum oder ein Tier handelt, ist unsterblich und damit frei. Als ihre Ausrottung durch Schwarz und Weiß gleichermaßen begann, kämpften die San mutig und töteten, um sich zu verteidigen, aber sie führten nie einen Angriffskrieg oder wählten nie einen Führer, dem sie in einen Eroberungsfeldzug folgten – nicht solange als sie »Wilde« waren, derlei kam erst mit der ihnen aufgezwungenen »Zivilisation«, was allerdings die Ausnahme darstellte. Ihr Anderssein scheint geradezu eine Art Rachefeldzug gegen ihre Art ausgelöst zu haben, wie das auch anderen »Aborigines« in anderen Teilen der Welt geschah. Harmonie ist Liebe im wahrsten Sinne dieses mißverstandenen Wortes, und Liebe als Kraft geht Hand in Hand mit Freude, der »Tochter aus Elysium«. Die Freundlichkeit und Lachbereitschaft der

San ist geradezu sprichwörtlich geworden. Gegen alle Unbilde der Natur konnten die »sanften Menschen der Wüste« es aufnehmen – dem heutigen »zivilisierten« Menschen, welcher Rasse auch immer, und dessen Habgier stehen sie hilflos gegenüber. Wir predigten den im Namen Christi eroberten Völkern der »dritten Welt« Liebe, aber wir säten Gewalt, und das Resultat unserer »Bemühungen«, Hunger, die schrecklichste Form von Gewalt, wie Ghandi sagte, Machtkampf, Terror und Krieg, die ein Resultat dieser Zivilisierung sind, bestätigt nur das Vor-Urteil vom unzivilisierten Primitiven. 1880 war der afrikanische Kontinent durch die Europäer noch weitgehend unerforscht. Weniger als dreißig Jahre später (!) sind nur Liberien und Äthiopien nicht von europäischen Staaten erobert. Den Rest des riesigen Kontinentes teilten fünf europäische Nationen und ein Individuum, Cecil Rhodes, im Namen von Handel, Christentum und Zivilisation untereinander auf – zehn Millionen Quadratmeilen mit hundertzehn Millionen »Untertanen«! Mitte der neunziger Jahre des 20. Jahrhunderts hat Afrika nicht nur den millionenfachen Sklavenhandel vorhergehender Jahrhunderte, dessen Profit sich Europäer und Araber teilten, sondern auch die Kolonialisierung überwunden. Große Teile Afrikas, durch die man willkürliche Grenzen trieb, ohne Rücksicht auf Stammestraditionen und ökologische Gegebenheiten, liegen aber dennoch im Sterben. Stirbt jedoch Afrika, »die Erde«, stirbt der Rest der Welt und wir mit ihm. Die Krise der »dritten Welt«, und nicht nur Afrikas, ist wie die Krise der »ersten Welt«, auf die wir mit vollen Segeln zusteuern, vorprogrammiert, und auch die Krise des Kommunismus war (als nur auf den ersten Blick »alternative« Gesellschaftsform) unausweichlich. Denn im Grunde genommen stellte diese »neue« Gesellschaftsordnung nur die andere Bandbreite des »kapitalistischen« Systems dar. Ihre Philosophie begründete sich auf reinem

Materialismus, und das wesentlichste Element, das die alten Stammesgesellschaften einte und stärkte, wurde vollkommen außer acht gelassen, die Spiritualität der Menschen. Wieder war ein »Turm« wie jener in Babel errichtet worden, dessen Fundament, weil es einer wichtigen Bausubstanz beraubt war, das darüber errichtete Gedankengebäude nicht tragen konnte.

Credo Mutwa schloß eines seiner Bücher mit den Worten: »Wir können niemals zu dem Leben zurückkehren, wie es war, bevor der weiße Mann kam. Und sieht man in die Zukunft, sieht man nur Blutvergießen und noch mehr Blutvergießen. Mein Afrika, was wird aus dir werden?« Nicht der millionenfache Sklavenhandel, nicht der Raub seiner Bodenschätze, nicht körperliche Unterdrückung und politische Entmündigung schlugen Afrika die größten Wunden, sondern der Diebstahl seiner Geschichte und die darauf folgende kulturelle und spirituelle Entwurzelung. Karen Blixen, die ihr Herz »Jenseits von Afrika« verlor, schrieb, »Wenn wir lange genug damit fortfahren, den Afrikanern (mit unserer Art zu leben) zu blenden und blind zu machen, mögen wir in ihm letzten Endes den Wunsch nach Dunkelheit erwecken, der ihn in die Abgründe seiner eigenen unbekannten Höhen und seiner eigenen unbekannten Seele treiben mag«. Daß dieser Wunsch nach der »Dunkelheit« im letzten Jahrzehnt dieses Jahrtausends nicht nur in Afrika wiederum grausige Blüten treibt, ist die Realität einer weltumspannenden, rein materialistischen Kultur, die sich in einer Sackgasse zu befinden scheint, weil ihr »Bewußtsein« immer stärkerem Druck durch die verdrängten »Wasser der Flut« ausgesetzt ist, und es nur eine Frage der Zeit zu sein scheint, bis die Dämme endgültig platzen. In einer berührenden Stellungnahme zur Tragödie im Sudan bemerkte der nigerianische Dichter Ban Okro, »die Lebenden sind die Toten und die Toten die Lebenden«. Und Kum-a Ndumbe aus Kamerun verweist als Reaktion auf die geforderte »Treuhandschaft« der Weißen, einer Art Neokolonialismus über das heute hungernde und unter Gewalt und Terror in Agonie liegende Afrika, zurecht auf die »Intoleranz (und) Selbstherrlichkeit«, das »Herrschaftsdenken und (die) Diktatur des Stärkeren« hin, welche die Menschheit am Ende des 20. Jahrhunderts erneut in die Hölle ethnischer Abgrenzungen führt.

Die Lebenden sind die Toten, und die Toten die Lebenden! Ich war in das Rundhaus mit den kosmischen Symbolen zurückgekehrt, von dem ich zur Reise in Afrikas Seele aufgebrochen war. Wieder glosten im Dreifuß die Kräuter, wieder erklang der Gesang der Sterne. Mein Blick ruhte auf dem Mittelpfosten. Er war nicht mehr totes Holz, sondern lebte und pulsierte. Und meine eigenen Wurzeln begannen die Erde zu durchdringen, Schicht um Schicht, bis in ihren glühenden Mittelpunkt, und meine eigene Krone wuchs himmelwärts. Einen Augenblick lang war ich die Säule, die Himmel und Erde miteinander verband, war außerhalb und zugleich innerhalb meiner selbst gewesen...

Alle alten Kulturen waren davon überzeugt, daß der Mikro-Kosmos, der Mensch, den Makro-Kosmos, »Gott«, widerspiegelt. Beherzigt man diese Erkenntnis, wird der Zusammenhang deutlich, die Manipulation am Menschen manipuliert die Natur, und die Manipulation der Natur manipuliert den Kosmos. Derartige, vom Menschen erzeugte Eingriffe kosmischerseits harmonisierend auszugleichen, mag sich für die Erde und das Leben auf ihr katastrophal auswirken, weil ein solcher Ausgleich energiemäßig erfolgt. Auch ein Komet ist manifestierte Energie. Es scheint mir nicht so sehr die Frage zu sein, *wo* die sagenhafte »erste Rasse« der Menschheit lebte oder *wer* sie war, als vielmehr die Konsequenz, die wir Heutigen aus den Überlieferungen von ihrem selbstverschuldeten Untergang ziehen können. Denn wer immer die Roten Riesen gewesen sein mochten, die Atlanter oder die Menschen von Mu, alle Mythen weisen eindeutig darauf hin, daß der Mensch seinen eigenen Untergang jedesmal aufs Neue wieder herbeiführte, von Welt zu Welt. Als ich diese Zeilen schrieb, brannten in Kuwait die Ölfelder. Welche Auswirkung wird diese Ursache nach sich ziehen, die doch nur Aus-Wirkung ist, welche Wirkung dieser Krieg, der um eine Art von Energieform durchgeführt wurde, die aus globalen Überlebensgründen morgen bereits der Vergangenheit angehören muß? Sind die Errungenschaften des »modernen Menschen«, sein technischer Erfindungsgeist und sein Organisationstalent, welche der Menschheit einst dazu verhalfen zu überleben, nicht wie das »Auge« Odus, das den Menschen gegeben worden war, um ihnen zu dienen, dabei sich mit entfesselter Gewalt *gegen* den Menschen zu richten? Fand Za-Ha-Rellells letztes Sakrileg in der Vergangenheit statt oder *warnt* der Mythos, der aus Quellen fließt, die jenseits der linearen Trennung der Zeit liegen, vor einer möglichen Zukunft? Ist die Zukunft bereits dabei, in die Vergangenheit zurückzukehren, um zum Zentrum der Zeit zu werden, der Null-Stunde für den Übergang von einer in die andere Welt? Die Gefahr der Gen-Manipulation liegt noch in der Zukunft, warnten die Hopi. Seit 1938 machte sie gewaltige Fortschritte, das Datum ist natürlich kein Zufall, denn während der nationalsozialistischen Ära konnten skrupellose Forscher ausgedehnte Mutationsforschungen betreiben. In dieser Zeit wurde auch der Nachweis für Mutationen auf chemischem Weg erbracht. Die Züchtung künstlicher Lebewesen, auch von Menschenmonstern, wie sie der Mythos von Za-Ha-Rellell andeutet, ist seither nicht mehr so unglaublich, wie das noch bis vor kurzem der Fall sein mußte. Experimente mit »intelligenten Robotern« am Institut für Kybernetik an der britischen Reading-Universität ergaben Erstaunliches. Diese »intelligenten Roboter« lernen in Sekundenbruchteilen Vorgänge, für die der Mensch viele Jahre benötigt. Ihre Kommunikation soll über Internet zusammengeschaltet werden, und weil diese Maschinen zwar denken, aber nicht fühlen können, erwägt man die Implantation eines »Moralcodes«. Das deshalb, weil die bislang sieben (!) künstlichen Wesen, die untereinander mit Infrarotsignalen (!) in Verbindung stehen, bereits einen von ihnen zum »Führer« ernannten, und ihm wie die Schafe folgten, was, wie beteuert wird, überhaupt nicht beabsichtigt war und niemanden mehr verblüffte, als ihren Erfinder Kevin Warwick.[45] Der Science-fiction-Alptraum von superintelligenten Robotern, die sich gegen ihre Erfinder kehren, rückt in greifbare Nähe. Beschreibt der Mythos von Za-Ha-Rellell nicht genau das? Wird Odu nicht zum Anführer der Baajuni, womit ein »großes Schlachten« beginnt? Woher strömen denn jene Ideen, die sich als Science-fiction in den Gehirnen ihrer Schöpfer einnisten? Ist Science-fiction Erinnerung an eine mögliche Vergangenheit oder eine mögliche Zukunft, die jeweils in anderen Dimensionen schwingen? Wird Science-fiction zur Wirklichkeit, weil sie in einer *anderen* Realität *existiert*? Geht darauf das Vor-Bild des pervertierten Himmels, der katholischen Hölle, zurück? Drängt nicht alles, was in der »Seele der Erde«, in den »Traum«, der uns träumt, einfließt, danach, sich nicht nur im Drüben, sondern auch im Hüben zu realisieren? Hopi und »Aborigines« sind davon überzeugt. Sie sagen, daß die Epidemien, ja Krankheit überhaupt, Manifestationen der »Sünden« einer früheren Welt sind. »Böse« Taten erzeugen »böse« Energien, die nur »böse« sind, wenn sie sich manifestieren und als Wirkung erfahrbar werden. »Böse« ist, was die Harmonie, die Liebe, zerstört, nach der die Schöpfung strebt, seit der Himmel »in Unordnung« geriet. So gesehen erschaffen wir unsere eigene Hölle und unseren eigenen Himmel.

In den grenzenlosen Weiten des Bewußtseins ist nach dieser Kosmologie, die sich mit den Erkenntnissen der neuen Physik trifft, alles, ob Vergangenheit oder Zukunft, abrufbereit gespeichert, alles, was jemals gewesen sein kann und alles, was jemals sein könnte. Sind wir bereit, unsere Zukunft gefühllosen Wesen, wie sie Roboter sind, zu überlassen, fragen bereits besorgte Kybernetiker. Was geschieht, wenn sich die Technik mit der sich gleichfalls rasant weiterentwickelnden Gen-Forschung verbindet, um nicht nur roboterartige, sondern auch menschenartige billige Arbeitskräfte zu kreieren? *Das* ist keine Science-fiction mehr, sondern bereits in den Bereich des Machbaren gerückt! Gerade das beschreiben die Mythen Sumers von den lu.lu, den Arbeitssklaven, die von den »Göttern« nach ihrem »Aufstand« erschaffen wurden, und der Mythos von Za-Ha-Rellell.

Der Roboter spiegelt in seinem Denkprogramm alle *Unzugänglichkeiten* des gegenwärtigen Menschen wider. Das verborgene Potential im gegenwärtigen Nervensystem der Menschen weist jedoch darauf hin, daß wir auf unserer Evolutionsstraße noch einen langen Weg zu gehen haben, bevor wir wirklich sind, als was wir uns bereits wähnen, als Krone der Schöpfung. Zumindest vor der Evolution hat die heutige Menschheit noch eine Chance, wollen wir diese wirklich so leichtfertig aufs Spiel setzen, unserer Bequemlichkeit wegen? Durch das Wirken des erfinderischen Za-Ha-Rellell verloren die träge und dumpf gewordenen Menschen der ersten Rasse ihre Zeugungsfähigkeit, und es kam zu allerhand Experimenten, aus denen »Ungeheuer« hervorgingen. Daß die Menschheit in sagenhaft ferner Zeit lange gegen derartige Ungeheuer kämpfen mußte, was stets als Kampf der »Götter« gegen diese Kreaturen beschrieben ist, berichten nicht nur die

Mythen der Bantu. Zeugungsunfähigkeit ist das Kennzeichen überzivilisierter Kulturen, und belegen einschlägige Untersuchungen nicht, daß der moderne Mensch im Informations-Zeitalter, das dabei ist, das Industrie-Zeitalter abzulösen, bereits in verstärktem Maß seine Zeugungsfähigkeit verliert?

Giganten wie Za-Ha-Rellell zogen »Kraft« aus der Erde, und die Hopi berichten, daß die »Atlanter« einen Krieg mit magnetischer Kraft führten. Die Schiffe der Atlanter flogen mit magnetischer Kraft. Man muß nur die Strömung und die Höhe kennen, dann fliegt das Schiff in der gewünschten Richtung. Die Vorfahren der Hopi besaßen »Schutzschilder«, die jene, die gerettet werden sollten, vor den »hoch oben explodierenden Bomben« schützten. Dann kam es zu einem »Unfall«, weil jemand auf den »falschen Knopf« gedrückt hatte, und Atlantis ging sehr schnell unter, Kasskara langsamer, wodurch sich Hopi über noch bestehende Inselbrücken im Pazifik in Sicherheit bringen konnten. Führt zur Zeit nicht die NASA Experimente durch, um von Raumstationen aus Energie aus dem magnetischen Feld der Erde zu gewinnen? Aber dieses »Feld« ist nach Überzeugung alter Kulturen die energetische »Materialisierung« der Seele der Erde!

War Za-Ha-Rellell ein Schwarz-Magier, der bewußt aus dem Reich der Toten, der Unterwelt, der Seele der Erde, mit Hilfe jener geheimnisvollen »Kraft«, die man aus der Erde zog, Wesenheiten in unsere Welt holte? Oder war und ist er ein Wissenschaftler? Schwarz-Magie galt im traditionellen Afrika als größtes Verbrechen. Die Seele eines Schwarz-Magiers konnte nur durch den Feuertod gereinigt und geläutert in das nächste Leben entlassen werden. Hier findet sich die Erklärung für das Verbrennen von »Hexen« durch die Katholische Inquisition, und auch in Afrika wurde die Kenntnis um die spirituellen Zusammenhänge immer mehr vom Aberglauben verdrängt, der stets das Ergebnis verlorengegangenen Wissens um nicht vordergründig sichtbare Zusammenhänge ist. Daß die Hexerei im heutigen Afrika im Zuge des auch hier immer stärker um sich greifenden Materialismus einen neuen und schrecklichen Boom erlebt, spricht für sich selbst. Dem Heiler, der Sangoma oder Ngaka, war traditionellerweise nicht einmal das Töten eines Opfertieres erlaubt, und das Einsetzen der spirituellen oder magischen Kraft zum eigenen Gewinn absolut tabu. Ein Mann, an dessen Händen Blut klebt, kann nicht weit laufen, besagt ein Sprichwort der Nord-Sotho. Man war sich dessen bewußt, daß *jede* freigesetzte Energie immer zum Verursacher zurückkehrt. Aufgabe des traditionellen afrikanischen Heilers war es zu heilen, das Ego seiner Schüler zu töten, damit ein neues Ego, ein neues Bewußtsein, Höherentwicklung möglich war. Yaya Miallo und M. Hall beschreiben das deutlich in »The Healing Drum«, denn zur Heilung verwendete man, wie es noch von Pythagoras bekannt ist, Töne.

Die Nun- oder Nut-Sphäre ist das Reich der Archetypen des evolutionären Gesamt-Zyklus der Erde, beschreibt José Arguelles aufgrund seines Studiums der Maya-Kosmologie die »Seele der Erde«. Der patriarchale Lebensbaum »hütet« die Göttin, stellt jedoch gleichzeitig den Zugang zu ihr dar, und über sie den Weg zum »Königreich Shamabala« oder dem Reich Tura-ya-Moyas, dem Zentrum oder Zustand göttlichen Bewußtseins. Die Seele der Erde kennt die menschliche Trennung in Gut und Böse nicht, wie man in diesen »Wald« hineinruft, so schallt es heraus. Hier liegt auch das »vitale Zentrum spiritueller Macht«. Das »Gedächtnis der Erde«, ihr Gesamt-Bewußtsein oder ihre Seele, ist darauf angewiesen, daß die irdische Vermittlung der elektromagnetischen Energien des riesigen galaktischen Ozeans richtig funktioniert. Ein Eingriff, ob bedacht oder unbedacht, kann katastrophale Folgen nach sich ziehen. Denn diese Seele der Erde stellt eine Art *Psi*-Bank dar, in der *alle* Erinnerungsmuster gespeichert sind, jene der Vergangenheit und jene der Zukunft, in die spirituell Reisende »flogen«, die dadurch auch die »Zukunft« in ihre Gegenwart holten, anfänglich zum Segen der Menschheit, denn darauf sind wohl die »rätselhaften« Sprünge in der Entwicklung von Kulturen zurückzuführen. Dem Bewußtsein, der Welt, die wir so sehen wie wir *sind*, zumeist die einzige Realität, die wir anerkennen, liegt das Unbewußte, die Seele, zugrunde, die wiederum mit dem »Überbewußten«, einer Art universellem Feld, in Verbindung steht, aus welchem der eine Strahl reiner Ur-Energie strömt. Im griechischen Orpheus-Mythos heißt dieser Strahl Phanes, der Gott reiner Liebe, der die Göttin ablöste, indem er *diese* Transzendenz übernahm. Die Hindu nennen diese personifizierte, elektrische, vitale Kraft die transzendente, verbindende Einheit *aller* kosmischen Kräfte, Fo.hat, wohl das Al oder Ahal der Basken und anderer früher Kulturen. Alaha ist ein Wort der Tswana für »heilen«. Daß die Tswana (Sotho) die besten Schmiede im südlichen Afrika hervorbrachten, ist wohl kaum ein Zufall. Fo.hat ist die galaktische Energie, die noch über dem Licht schwingt, sie ist der spirit des Lichtes, die scheinbare Dunkelheit. Licht ist, wie wir heute (wieder) wissen, wie jede andere elektromagnetische Strahlung ein »Doppelwesen«, sie tritt nicht nur als elektromagnetische Welle, sondern auch in Form von Energiepaketen, den Quanten, auf, atomaren Teilchen, die miteinander Verbindung aufnehmen, sich materialisieren und sich wieder auflösen – das Prinzip der »Lebensessenz« ch'i. Lichtquanten sind Photonen, welche die »neue« Physik als Energiequanten bezeichnet – Phanes bei den Orphikern, dessen »Strahl« sowohl positiv als negativ ist. Das sichtbare Licht wurde zum Symbol des Bewußtseins, aber Licht ist *nicht* die äußerste Bandbreite elektromagnetischer Strahlungen.

Es ist heute bekannt, daß zwischen zwei voneinander sehr weit entfernten subatomaren Partikeln nicht nur Wechselwirkungen über die zwischen ihnen befindliche »Leere« hinweg bestehen, die den Kosmos zum überwiegenden Teil füllt, ja es gibt auch die Theorie, daß sie »Signale«, Informationen, aussenden, die nach Prof. David Bohm schneller als Licht reisen müssen. In dieser modernen Kosmologie steht wieder alles auf *nichtmanifestierte*, der Beobachtung entzogene Weise miteinander in wechselwirksamer Beziehung, und Atome und Moleküle brauchen keine Zeit, um von einer Dimension in die andere zu reisen! Jedes Materie-Teilchen manifestiert sich als Bausubstanz des Lebens ständig zwischen zwei Universen und außerhalb von Zeit und Raum! Eines dieser Universen, überlieferten die Dogon, hat die Sonne als Achse, das andere den Sirius, der im Zentrum des siderischen Kalenders stand.

Za-Ha-Rellell »inkarniert« den Eisenstein, indem er »summt«, wie die »Biene« bei der Geburt von Phanes, dem transzendenten Schöpfungsstrahl. Seine Magie bestand wohl darin, eine Emanation hervorzurufen, wie sie auch bei der Kernspaltung auftritt, d. h. eine dritte, neue Kraft entsteht, wie sie das Ehepaar Curie entdeckte. Im metaphysischen Sinn bedeutet das den Austritt oder Eintritt einer göttlichen Kraft, die von »intelligenten Kräften unter einem unumstößlichen Gesetz stattfindet«. Diese erzeugte Kraft ist das Gegenteil von Evolution, und doch eins mit ihr! Was nicht mehr oder weniger bedeutet, als daß eine neue, bislang auf Erden nicht vertretene, gewaltige Kraft in die Welt trat, wie das konsequenterweise bei jeder Kernspaltung durch den modernen Menschen weiterhin geschieht! Mit Za-Ha-Rellell kam »das Böse« in die Welt, und Giganten zogen Kraft aus der Erde, und weil die magnetische Erdkraft mit der Seele der Erde, und diese wiederum mit der kosmischen Seele untrennbar verbunden ist, zogen diese Riesen Kraft aus der Seele der Erde, aus dem Reich der Arche-Typen, der jenseitigen Welt der Anti-Materie! Ursprünglich erzeugte man wohl mit Hilfe von Ritualen ein ausgleichendes Gegengewicht, bis dieses ersatzlos wegfiel.

Vielleicht bewirkten die »Riesen« einer sagenhaften Vergangenheit der Erde diese Transformation von Anti-Materie in Materie auf spiritueller Ebene und nicht auf technischer wie der heutige Mensch, aber das Ergebnis bleibt das gleiche. Vielleicht lösten sie dadurch die ausgleichende Katastrophe einer Umpolung und den Untergang der Erde aus. Denn die Seele der Erde gilt als der »Lichtkörper« der Erde, allerdings eines »Lichtes«, das höher schwingt als das normal sichtbare. Rheas Mühlschaufelrad, welches den energetischen Fluß der Erde einmal in die eine, dann wieder in die andere Richtung schaufelt, gilt in der Esoterik Afrikas als ältestes Symbol für Licht! Daß am »jüngsten Tag«, wenn die Zukunft in die Vergangenheit zurückkehrt, um zur Gegenwart zu werden, die Toten auferstehen, bezieht sich darauf. Die Gesamtheit der »Erinnerungsmuster« der Erde tritt in das Bewußtsein der Menschheit, wenn ihr Lichtkörper sichtbar wird. Veränderungen im magnetischen Feld der Erde deuten dieses Ereignis an, das Hand in Hand mit der Ausschaltung der Zeit erfolgt, von der die Mythen berichten. Dieser unsichtbare Lichtkörper der Erde entspricht dem geomagnetischen Raster, der vom Mittelpunkt der Erde aus schwingt und an ihren magnetischen Polen aufgehängt ist. Er steht mit den vier »Himmelsspitzen«, welche die »Atlanter« erforschten, wie die Hopi sagen, in wechselwirksamer Verbindung. In ihnen haben die Pferde der vier apokalyptischen Reiter Stellung bezogen, die »vier Söhne« von Phanes, der reinen Liebe als reine Energie. Seine (Gottes) Söhne sind vier und werden zweimal Sieben, die »Gesamtsumme«, besagt die

Esoterik der Hindu. Diese vier Söhne oder Reiter oder Bullen bei den Zulu sind bereit heranzustürmen, um die geschaffene Welt zu zerstören, *nicht* die Erde, die »ewiglich ist«. Am Anfang und Ende von kosmischen Zyklen wird die Zeit »schneller«, erzählt Credo Mutwa. Wie die alten Kulturen wußten, erscheinen am Ende eines platonischen »Monats«, wenn sich die Sonne daran macht, in ein neues Tierkreiszeichen einzutreten, vermehrt psychische Phänomene, die nach der Angabe von Magiern aller Zeiten teilweise spiritueller und teilweise materialisierter Natur sind. Die Seele der Erde beginnt sich zu rühren! Hierauf sind wohl vermehrte Ufo-Phänomene und andere Erscheinungen zurückzuführen, die sich je nach individueller Sichtweise, nach individuellem Bewußtsein, manifestieren, ob als Ufo, als Christus-Erscheinung, wie es in Kenia geschah, oder als »Außerirdische«, die entweder aus der Vergangenheit oder der Zukunft der Erde »anreisen«. Aus je tieferen Räumen des Kosmos sie für uns »sichtbar« werden, desto weiter in der Vergangenheit der Erde liegen diese »Welten«, und umso *näher* kommen sie unserem »Unbewußten«, erklären die Hopi. Denn direkter Kontakt ist *nur* im Inneren möglich.

Ich erinnere mich an einen Abend in den Salzpfannen der Kalahari. Kein Mond stand am Himmel, die ersten Sterne begannen ihre Botschaften zu blinken. Nicht weit von unserem Camp entfernt stand eine einsame Palme. Wir sahen es beide, Bowen und ich, eine feine, hell strahlende Aura leuchtete von der einsamen Palme aus. In dieser Nacht konnten wir zum erstenmal den Trommelschlag hören. Aus welcher Welt kam er? Wir befanden uns in vollkommener Einsamkeit, weit und breit gab es keine Siedlung. Wenn der »Baum des Lebens« in der alten Kalahari wieder »singt«, sagen die Bantu, werden sich die Völker wieder vereinen. Das war 1993. Ein Jahr später fanden in Südafrika die ersten demokratischen Wahlen und ein friedlicher, versöhnungsbereiter Übergang von einer gewaltreichen Vergangenheit in eine gemeinsame Zukunft statt. Zufall? Das »Reich«, prophezeite der Seher Nostradamus, werde sich, nachdem der »Anti-Christ« erschien, zu den »braunen Menschen« verlagern. Vielleicht, wer weiß, ist das südliche Afrika dabei, der Welt mehr zu schenken, als nur ein demokratisches, lokal beschränktes Südafrika. Denn hier fand zweifelsfrei eine neue alte »Heilige Hochzeit« statt. Afrika *ist* anders als Europa, weil es anders denkt. Seine Stärke, aus europäischer Sicht Schwäche, war immer das »rechte« Denken, logos, und nicht das »linke«, die ratio. Während wir Europäer uns schwer tun werden, unser ein-seitiges, nur auf das auszugsweise Faktum ausgerichtete Denken zu überwinden, das die Sicht auf ganzheitliche Zusammenhänge verwehrt, kann Afrika die rationale Sichtweise leichter in ihre traditionelle Art zu denken integrieren, weil diese dazu fähig ist, die Welt aus einer ganzheitlichen Perspektive heraus zu verstehen. Und diese Perspektive werden wir wohl benötigen, um all die Probleme bewältigen zu können, die sich bereits immer drastischer abzuzeichnen beginnen.

Veränderungen im geomagnetischen Feld der Erde gehen auch einer Umpolung ihres Feldes voraus. Erfolgt sie jeweils dann, wenn der »Lebensbaum«, die Himmel und Erde miteinander verbindende Kraft, die Kraft der Seele der Erde, verletzt wird? John Mitchell weist in »City of Revelation« darauf hin, daß obwohl die Macht der »Götter«, der Schöpfungskräfte, unwiderstehlich ist, der Mensch über die Götter triumphieren kann, wenn er sich ihrer *bewußt* wird und seinen eigenen Geist beherrschen lernt, wodurch die Menschen selbst zum »Tempel« werden und die Kraft der Götter zum eigenen Vorteil, zur eigenen Entwicklung, nützen können und nicht ein willenloses Werkzeug der »Götter« bleiben. Ist der moderne Mensch davon nicht weiter entfernt als alle »Wilden«, denen wir, ob zu

Recht oder zu Unrecht vorwarfen, ein Opfer ihres Glaubens an die willkürliche Herrschaft spiritueller Kräfte zu sein? Za-Ha-Rellell, der erfindungssüchtige Tyrann verletzt den Lebensbaum, weil er die Große Mutter Ma aus unsichtbaren Regionen entführt, um seine eigene »Göttin« zu kreieren, das »strahlendste Wesen«, das je erschaffen worden war, ja strahlender sogar als die Große Ma selbst. Und hier wird es geradezu unheimlich, denn genau *das* tun wir zur Zeit.

»Pforte zum Schattenreich«, betitelte das Magazin Spiegel vom 15. Januar 1996 einen Artikel, der den Triumph eines deutschen Physikers, Walter Oelert, beschreibt, dem es am Genfer Hochenergie-Forschungszentrum Cern erstmals gelang, das erste Anti-Atom herzustellen, den atomaren Baustein »möglicher fremder Antimaterie-Welten«. Sofort wird die Angst vor »superstarken Antimaterie-Waffen« geweckt. Und obwohl die »Sensation« für Physiker ein Weg zur Lösung des Urrätsels werden könnte, »warum existiert die Materie«, könnte sich ein derartiges Experiment, mit dem sich die Teilchenzertrümmerer aus Genf immer dichter an die extremen Energien herantasten, wie sie während des »Urknalls« geherrscht haben, als jene »Pforte« erweisen, die zwar in die »Anti-Welt« führt, aber auch in den Untergang. Gesucht wird Anti-Wasserstoff, das erste chemische Element aus »jener geheimnisvollen Spiegelwelt, in der elementare Eigenschaften der Materie in ihr Gegenteil verkehrt sind«, was theoretisch seit Jahrzehnten vorhergesagt wurde, jedoch noch nie zuvor experimentell nachweisbar war. Sowohl der Papst als auch der Dalai Lama erkundigten sich bei Besuchen in der Beschleunigunganlage besonders eindringlich nach dem Stand der Anti-Materie-Forschung, berichtete der frühere Cern-Chef Herwig Schopper. Ihre »Neugierde« ist verständlich, hüten doch beide »Glaubensrichtungen« die Erinnerung an einen bereits beschriebenen Kampf zwischen dem Christus-Geist und dem Anti-Christus-Geist, zwischen Himmel und Erde, Gott und Teufel. Daß in zahllosen Science-fiction-Romanen natürlich Außerirdische die bösen Krieger sind, die ganze Planeten wegpusten, ist nur ein weiteres Indiz dafür, wie unreif die Menschheit noch für derartige Experimente ist, denn die »Bösen«, die Kriegsverherrlicher, sind wir Menschen der »eisernen Rasse«, und das Leid, das *wir* während der letzten Jahrtausende verursachten, schwingt, wie Aborigines warnen, in der »Seele der Erde« wider, um entsprechende Gegenreaktionen auszulösen. Die Atlanter, so die Hopi, experimentierten mit dem, woraus der Mensch gemacht ist, und die Folgen waren katastrophal. Heute stellt man bereits die Frage, ob vielleicht Ballungen von Anti-Materie, die »ziellos« durch das All treiben, zur Gefahr für die Menschheit werden könnten. Es regnete Steine vom Himmel, berichten die Mythen vom beginnenden Untergang der Erde. Eine derartige Feuerkugel stürzte am 30. Juni 1908 auf die sibirische Taiga nieder, und Tausende von Rentieren verbrannten in diesem »Gluthauch aus dem All«, weder Reste meteoritischer Materie noch ein Krater wurden gefunden. Und obwohl es sich dabei vermutlich um einen Kometen aus Eis und gefrorenen Gasen gehandelt haben dürfte, ist der Zusammenhang mit einer »Bombe« aus der »Jenseiten-Welt« gegeben, berücksichtigt man die Überzeugung, daß diese mit der hiesigen in wechselwirksamer Verbindung steht. Und es stellt sich die Frage, wenn es im Experiment gelingt, und in der Folge davon, wovon wir noch weit entfernt zu sein scheinen, Anti-Materie planmäßig erzeugt werden kann, *was* wird da aus der »Anti-Welt« in unsere Welt geholt? Za-Ha-Rellell sendet seine künstlichen Wesen in die unsichtbaren Regionen und begeht dadurch sein letztes Sakrileg. Er verletzt den Lebensbaum, die Himmel und Erde nicht nur verbindende, sondern auch balancierende Kraft, welcher der moderne

Mensch auf der Spur ist, jene Kraft, die das Verhältnis zwischen Materie und Anti-Materie regelt. Andere Wissenschaftler warnen davor, sollte nur *ein* einziges winziges »Körnchen« Anti-Materie in unsere Welt gelangen, würde sich diese in rasender Schnelle in Dampf auflösen! Die erste Welt ging durch Feuer unter, und die »Götter« verwandelten sich in »dichten Nebel«, die zweite durch Eis, die dritte durch Wasser, und die vierte, unsere Welt, welches Schicksal ist ihr prophezeit? Der Untergang durch »Luft«. Prophezeiungen stellen jedoch immer nur eine von vielen wahrscheinlichen Möglichkeiten dar, die jeweils auf verschiedenen Ebenen schwingen. Für welche davon werden wir uns entscheiden? Und obwohl ich dieses Buch gerne mit einem positiven Ausklang enden lassen möchte, der ein neuer Anfang sein könnte, verbleibt doch eines noch zu vermerken. Als Morning Star nach Afrika reiste, um sich davon zu überzeugen, ob die Bäume in Afrika schon »von oben nach unten«, also durch die Luft sterben, starben diese noch nicht auf diese Weise, in Afrika noch nicht. Was aber, wenn damit die Baobab-Bäume gemeint waren, jene Riesenbäume, die viele Jahrtausende alt werden können, und die so aussehen, als ob sie »von oben nach unten« in die Erde gesteckt wären, wie die Zulu sagen? Vielleicht rastete ich im Schatten desselben Baumes, unter dem schon Livingstone auf seiner Erkundung des südlichen Afrika, die ihn durch die Kalahari geführt hatte, und dessen Spuren ich eine Zeitlang folgte, Zuflucht vor der sengenden Kalahari-Sonne suchte? Wie alt diese Bäume werden können, zeigt sich auch daran, daß man im nördlichen Afrika hieroglyphenartige Inschriften in derartigen Bäumen fand. Auf meiner letzten Reise zu den Okavango-Swamps entdeckte ich gemeinsam mit Bowen, daß diese Riesen zu sterben beginnen, und wir erfuhren, daß ein geheimnisvoller »schwarzer Pilz« Baobabs vom Zimbabwe bis nach Botswana fällt! Vielleicht ist damit nicht das Ende der Welt nahe, aber wohl das Ende einer Welt, wie wir sie kennen. Die Zukunft hat bereits begonnen.

Um den Herausforderungen der stürmischen Zeiten begegnen zu können, die uns bevorzustehen scheinen, sollten wir uns wohl der Hilfe jener bedienen, die wir bis vor kurzem noch als primitiv verachteten. Der Schutz der letzten überlebenden »Naturvölker« wie amerikanischer Indios, Aborigines, Maori und der San Südafrikas ist nicht nur ein moralisches Gebot, sondern eines, das die Vernunft gebietet. Sie besitzen noch den »magnetischen Sinn«, ihnen ist das Gesetz der Erde auf ihre nicht-rationale Weise noch vertraut, und die Kenntnis könnte schon morgen für uns von unermeßlichem Wert sein. Sie wissen, daß die Kraft der Schlange, die zum Auge werden kann, das herabsteigt, um eine »sündig« gewordene Menschheit zu vernichten, in jedem Einzelnen von uns wohnt und danach drängt, zum Vogel zu werden, und nicht zum Auge. Falls wir in Zukunft nicht mehr das Trennende in den Vordergrund und zwischen uns und die unendlich reiche und faszinierende Verschiedenheit der Menschheit und ihrer Rassen stellen können, dann mag es uns auch gelingen, uns mit dem »Traum, der uns träumt« freiwillig und ohne gewalttätige Maßnahmen aus der »Seele der Erde« zu verbinden. In ihm liegt alles, auch alle möglichen Zukunften, bereits eingeschlossen. Za-Ha-Rellells Geist überlebte seinen körperlichen Tod, aber dessen Diktatur stellt nur *einen* Aspekt unserer eigenen, schier unbegrenzten Möglichkeiten dar, deren Verwirklichungen bei jedem einzelnen von uns liegen, vorausgesetzt, wir werden uns dessen wieder bewußt.

Da war ein Abend am Okavango-Fluß. Die Sonne ging unter und tauchte den Fluß und sein vielfältiges Leben in ein atemberaubendes Rot, das in ein tiefes Violett, ein zartes Rosablau und schließlich in gleißendes Gold über-

248

ging. Ich stand im Farbenrausch der afrikanischen Dämmerung und schaute. Die Farben, die Töne und die
Gerüche, der Fluß, die Gräser, Blätter, Blüten, Tiere, das
Wasser und der Himmel verbanden sich zu einer einzigen
gewaltigen und wohlklingenden Symphonie der Natur. Da
war auch ein Boot und in diesem Boot ein Fischer, der wie
ich für einen Augenblick stand und nichts weiter tat, als
zu schauen und zu fühlen. Und ich verstand. Der Fischer
in seinem Boot gehört dazu. Das schien mir ein vielver-
sprechender Trost.

Umberto Eco bemerkte in einem seiner Bücher, daß
Afrika ein uraltes Weisheitsgut hütet, Wissensschätze wie
schon zur Zeit der Ägypter. Noch erklingt Afrikas Puls-
schlag, die Trommel, noch stampfen die Beine seiner
Tänzer die rote, afrikanische Erde, aus der sie ihre Energien beziehen, noch hüten die letzten von Afrikas Eingeweihten uraltes Wissen und damit die Möglichkeit eines
anderen Verständnisses der Welt und ihrer Geheimnisse,
und noch durchstreifen die allerletzten Überlebenden der
sanften Menschen der Wüste die Kalahari. Aber die Zeit
drängt. Nicht Afrikas Bodenschätze sind der wahre Reichtum dieses Kontinentes, welcher der Menschheit sowohl
das Leben, die Göttin, als auch Tod und Zerstörung, den
»Magier« Za-Ha-Rellell, schenkte, auf daß wir die Qual der
bewußten Wahl auf uns nehmen mögen; Afrikas wahrer
Reichtum liegt in seiner Geschichte und seinen Geschichten verborgen. Sie gemeinsam zu heben, gilt es,
bevor es dazu zu spät ist. Afrika ist dazu bereit. Sind wir
es auch?

Die Große Göttin in Afrika

Wo ist sie denn nun, die Große Göttin in Afrika? Die
Antwort auf diese verständliche Frage ist nicht ein-

fach zu geben, denn sie verbirgt sich dem neugierigen Blick des Uneingeweihten, der *Sie* nur wägen, messen und katalogisieren möchte. Sie ist weder Mann noch Frau, weder jung noch alt, nichts gehört *Ihr*, und doch besitzt *Sie* alles, denn *Sie* ist das Wort am Anfang und am Ende, aber sie kennt weder das eine noch das andere. *Sie* unterscheidet nicht, ist weder gut noch böse, dunkel oder hell, Tag oder Nacht, Berg oder Tal, Sonne oder Mond, und doch ist *Sie* all das und gleichzeitig nichts. *Sie* ist das Paradox, auf dem alles Leben beruht, das Chaos *und* die Ordnung strömen aus *Ihr* und manifestieren sich in ewig gültigen Zyklen als die Rhythmen des Lebens. Nur diese Rhythmen sind für uns erfahrbar, nur diesen Tanz der Göttin als Lebensspenderin können wir nachvollziehen. Der Erinnerung an die einstige tiefe innere Erfahrung der Menschen an die *eine*, alles in Gang setzende und alles in Fluß haltende Ur-Kraft der Schöpfung begegnet man nur noch im Ritual. Sie löst auch im rational geschulten Beobachter westlicher Kulturen ein tief vibrierendes Echo aus, das sich oft mit Angst verbindet, weil jene, in den äußersten Winkeln unseres Unbewußten verborgenen Erinnerungen an diese Kraft, die wir alle ins uns tragen, unter Jahrtausende altem Schutt neuer und wieder vergrabener Bewußtseins-Muster ruhen; wagen wir die nicht ungefährliche Reise in diese Tiefen unseres Bewußtseins sowohl individuell als auch kollektiv, begegnen wir dem Kern des Seins, und das ist eine Begegnung, die der Vorbereitung bedarf. Auch sind die Rituale der verschiedenen Kulturen auf das jeweilige (kollektive) Unbewußte abgestimmt, und nicht für alle Menschen gleich erfahrbar. So benötigt der westlich-christliche, der östlich-islamische oder der buddhistische Mensch, um nur einige Beispiele anzuführen, jeweils andere, auf seine eigenen »Ahnen« abgestimmte, rituelle Handlungen, die verschiedenen *Wege*, die zum allen gemeinsamen Ziel führen, das dieser *jeweilige* Weg ist. In einer zukünftigen Weltkultur, auf die wir zuzusteuern scheinen, werden sich diese Unterschiede wohl zunehmend auflösen müssen, und die verschiedenen »Berge«, auf denen das Wort Gottes errichtet wurde, zu dem *einen* Berg werden, den die Bibel prophezeit, von dem das Wort Gottes verkündet wird, und die Menschen der Zukunft werden dieses Wort wieder in ihrem eigenen Inneren und *direkt* erfahren können.

Auch den Spuren der Religion der Großen Göttin begegnet man in Afrika nicht auf den ersten Blick, zu vollkommen war ihre Verdrängung durch die »Väter«. Doch lag das Wesen dieser Religion nicht in einer Verehrung oder Anbetung, zumindest nicht im heutigen Sinn des Wortes, sondern in einer Erfahrung der Wechselwirkung zwischen der Göttin *im* Menschen und den Rhythmen von Natur und Kosmos. Nur den Spuren dieser Erfahrung begegnet man heute noch in Afrika. Sie spiegelt sich im stolzen Gesicht einer Zulu-Frau wider, in der Symbolik ihrer (drei) Initiationsnarben und im trapezartigen roten Kopfschmuck der verheirateten Frau und Mutter, der man abseits der Autobahnen in den ländlichen Gebieten Zululands begegnen kann. Sie erklingt auch in den freundlichen Begrüßungsworten fremder Männer, für die jede Frau noch eine Ma ist, eine Mutter, und damit die Göttin, gleichgültig ob sie nun Kinder gebar oder nicht. Sie versteckt sich in der Geheimsprache der Zulu-Frauen, die von der Mutter an die Tochter weitergegeben wird, und die kein Mann kennt. Das ist ein Brauch, wie er auch vom südlichen China und aus Sumer her bekannt ist. Sogar im »Brautpreis« schwingt sie noch wieder, obwohl dieser eine patriarchale Erfindung ist. Je mehr Rinder eine Frau der fremden Familie wert ist, desto stärker ist die durch *sie* über das Rind herstellbare Beziehung zu den Ahnen. Im heiligen Rinder-Kraal der Familie der Braut vermischt sich das Blut der Rinder, auf einer tiefen und symbolischen Ebene der »spirit« der Ahnen, zu denen ursprünglich über das Blut der Frau Kontakt aufgenommen wurde. Sie wird sichtbar im traditionellen Kopfschmuck der Sangoma, in der nur weißen Perlensprache der jungen initiierten Frau, dem sich mit zunehmender Initiation und zunehmendem Alter, das die Lebenszyklen der Frau und Mutter widerspiegelt, mehr und mehr rote Kügelchen beigesellen, um schließlich bei der Alten gemeinsam mit den schwarzen Perlen (oder dem Haar) die traditionellen Mondfarben weiß-rot-schwarz zu ergeben. Die begehrteste Braut im traditionellen Afrika ist die junge Frau, die als Zeichen einer königlichen Abstammung das Leopardenfell trägt. Hintergründig verbirgt sich hier die Erinnerung an das Privileg der »Heiligen Hochzeit«, der Verschmelzung von hell und dunkel, das Vorrecht der Priester-Königin, der einzigen »Braut«, mit der sich ein Herrschender einst vermählen durfte. Diese Braut ist keine andere als König Salomons Geliebte, weiß wie eine Lilie und rot wie eine Rose, hervorbrechend wie die Morgenröte, schön wie der Mond, herrlich wie die Sonne, schrecklich wie die Heerscharen.[46] Für den Mann ist *Sie* die anima, für die Frau ist *Sie* der animus, Freundin *und* Freund, wie es auch in König Salomons Gesängen heißt.[47] Nur über die Tochter oder den Sohn ist die Verbindung zur alles gebärenden *einen* göttlichen Kraft herstellbar, ob man diese nun als Große Mutter oder Großen Vater empfand. Als Mutter enthielt sie sowohl Tochter als auch Sohn in sich selbst.

Im Vordergrund der traditionellen afrikanischen Kultur stehen Hochzeit (Leben) und Begräbnis (Tod), beide stellen die Verbindung zur spirituellen Ebene der Ahnen her. Rituelle Feste im Rhythmus der Jahreszeiten (Sonne) und der Fruchtbarkeit (Mond), sowie Reinigungszeremonien werden zumeist unter königlicher Beteiligung von den

Priestern vorgenommen. Mit ihren heiligen Stäben, an deren Ende sich Kudu-Haare befinden (männlich und weiblich) schließen und öffnen Sangomas oder Ngaka mit exakt vorgegebenen rhythmischen Bewegungen die »spirituellen Routen«, durch welche die Welten voneinander getrennt sind. Höhepunkt jedes traditionellen afrikanischen Rituals ist der Tanz der Sangomas oder Ngaka oder Inyanga.

Im Herzen Zululands in der südafrikanischen Provinz Natal, im »Land der tausend Hügel« praktiziert ein berühmter Sangoma, Khekhekhe Mtetwa, ein Nachfahre der Zulu-Könige vor Shaka. Er gilt als einer der größten traditionellen Heiler in Südafrika, sein Ruf drang bis nach London. Zweimal hatte ich mit Hilfe eines weißen südafrikanischen Freundes versucht, den großen Sangoma zu treffen, erst beim dritten Mal gelang es. Als wir nach einer langen Fahrt durch die geschwungenen Hügel in Mtetwas Dorf ankamen, zog sich die Reihe heilungssuchender Menschen den Hügel oberhalb des Dorfes schier unübersehbar hinauf. Der Sangoma saß im Schatten eines Baumes, vor sich die Orakelknochen. Geduld ist einer der Schlüssel zum traditionellen Afrika, also setzte ich mich ans Ende der Warteschlange und wartete. Nach etwa zwei Stunden stand der Sangoma auf und winkte mich herbei. Ich trug bei dieser Gelegenheit weder meine Kette noch mein Kleid, war also nur eine Weiße wie andere auch. Mein inzwischen nervös gewordener Freund, der mit Zulus aufgewachsen war und ihre Sprache beherrschte, übersetzte meine Bitte um ein Gespräch. Der Sangoma schwieg lange. Aufmerksam sah er mich an, er war damals siebzig Jahre alt, wirkte aber um vieles jünger wie viele Bantu. Ich wußte, daß er mich »prüfte«, also »zeigte« ich mich ihm, ließ ihn sehen, wer und was ich war. Schließlich bat er mich, mit dem Hinweis auf die vielen Heilung oder Rat suchenden Menschen, in drei Wochen wiederzukommen und lud mich zur Hochzeit seines Sohnes ein. Das war 1989, in Zululand herrschten in weiten Teilen kriegsartige Zustände. Ich hatte weder Angst, noch stand ich voreingenommen vor dem Heiler. Unvoreingenommenheit, Furchtlosigkeit, Geduld und Respekt vor einer anderen Kultur sind die nötigen Voraussetzungen, um sie kennenzulernen. Beherzigen wir diese Tugenden des alten Afrika, das bereit ist, Fremde aufzunehmen und seinen reichen Schatz an Erfahrungen mit ihnen zu teilen, eröffnen sich uns die schier unendlichen Weiten dieses Kontinentes und die Zuneigung seiner Menschen. Jahre später sagte mir eine Sangoma in Credos Dorf, »Afrika liebt dich«. Afrika liebte mich, weil *ich* Afrika liebte. So einfach ist das.

Als ich durch die sich wie umgestülpte grüne Zuckerhütchen bergauf und bergab wölbende Hügelwelt Zululands auf der holprigen Sandstraße zu Mtetwas Dorf fuhr, um an der Hochzeitszeremonie teilzunehmen, begann diese Liebe. Aber erst später verstand ich, daß Afrika die Göttin *ist*, die ich suchte, die »schwarze« Braut des Königs. Und obwohl ich auch der dunklen Seite der Göttin begegnete, weil Mißgunst, Neid und Eifersucht vor keiner Kultur und Rasse Halt machen, überwogen die freundlichen und »hellen« Erlebnisse. Drei Tage lang dröhnten damals die Trommeln, während das Hochzeitsritual, die Verschmelzung zweier Familien, im Freien, inmitten dieser phantastischen Hügelwelt, ihren bunten Verlauf nahm. Einen Tag und eine Nacht lang widerstand ich dem wachsenden Drang, mich in den Rhythmen der Göttin zu verlieren. Auch mußte ich erst meine europäische Hemmschwelle überschreiten, die Angst, es nicht richtig zu tun. In der zweiten Nacht aber sprang ich mitten hinein in die Menge von Männern und Frauen, alt und jung, dick und dünn, deren Beine die Erde stampften, um die »Brüste« der Großen Mutter zu »melken«. Höher und höher folgen ihre Beine, milchstraßenwärts. Der Rhythmus der Trommeln wurde zum Rhythmus meines Blutes, und der Rhythmus meines Blutes zum Rhythmus des Blutes der Erde. Die Nacht selbst tanzte, der Hügel, die Sterne. Jetzt erst gehörte ich dazu.

Ein großes Vorurteil des Europäers gegenüber Afrika ist seine angebliche Grausamkeit. Die Göttin der Musik und der Tänze war immer auch die Jägerin *und* die Schutzgöttin der Tiere. Tieropfer bzw. das Opfer ihres Blutes gehören zu den patriarchalen Ritualen Afrikas, die zugleich den Festschmaus bedeuten. Als heiligstes Opfertier gilt immer noch die Ziege, sie ist das Geschenk für die Sangomas, deren (ausgeblutete) Kost »kosher« sein mußte, zumindest im traditionellen Afrika. Jedes Tieropfer wird von bestimmten rituellen Gesängen begleitet, die eine Art betäubende Wirkung auszuüben scheinen. Einmal beobachtete ich auf der Farm von Freunden in Nordost-Transvaal eine afrikanische Frau beim Schlachten eines Huhnes. Während das Tier bei seinem Einfangen panisch herumgeflattert war, beruhigte es sich schlagartig, als die Frau es kurz zu Boden hielt. Als ich sie danach fragte, weshalb das Huhn sichtlich keine Angst vor ihr gehabt habe, sah sie mich verständnislos an und wies darauf hin, daß der Zorn der Ahnen diejenigen trifft, die ein Tier in Angst sterben lassen. Daß der Jäger einst spirituelle Verbindung mit dem zu erlegenden Wild aufnahm, ist von den San bekannt. Jan Horn, ein südafrikanischer Freund, Archäologe und Redakteur bei SABC, der jahrelang mit San arbeitete, deren verschiedene Sprachen er spricht, erzählte mir von einem Klan-Ältesten, der, obwohl man ihm ein Gewehr zum Jagen anbot, es vorzog, weiterhin mit Pfeil und Bogen zu jagen. Weshalb? »Wenn ich mit Pfeil (männlich) und Bogen (weiblich) jage, kann ich Verbindung mit dem 'spirit' des Tieres aufnehmen«, erklärte der Mann, »jage ich mit dem Gewehr, töte ich nur.« Auch hieraus spricht noch die Göttin von Leben *und* Tod und der beide miteinander verbindenden spirituellen Kraft, welche dem »bewußten« Menschen gegeben wurde, um ihr zu dienen, solange er sie nicht mißbräuchlich anwendet. Diesen Mißbrauch zu vermeiden, setzt jedoch die Bewußtwerdung einer derartigen Kraft voraus, deren Wesen die Heilung dessen ist, das durch die unerläßlichen Eingriffe des Menschen außer Balance gerät. Kultur gibt es, seit sich der Mensch seines Seins bewußt wurde, und jegliche Art von Kultur greift bereits verändernd in die Rhythmen des Lebens ein. Alles beruht auf Rhythmen, dem »Spiel« der Göttin, und diese Erkenntnis ist so tief im traditionellen Afrika verwurzelt, daß keiner sie erwähnt. Auch die westliche Welt nähert sich dieser Kenntnis dank der modernen Wissenschaften wieder an, und auch auf anderer Ebene dringt dieses Bewußtsein wieder stärker in unsere Gegenwart. Als ich Modjadji zum erstenmal besucht hatte, befand ich mich in Begleitung einer amerikanischen Gruppe junger Menschen, die Afrika auf spirituellen Reiserouten erforschten. Wir waren einander zufällig begegnet, und mir bot sich die Gelegenheit, endlich in die Richtung Modjadjis aufzubrechen. Als unser Bus vor der königlichen Holzpalisade hielt und bevor wir zu unserem angekündigten und genehmigten Besuch in das heilige Dorf aufbrachen, faßte die Gruppe sich an den Händen, bildete mitten auf der Straße einen Kreis und begann sich auf einen gemeinsamen, schwingenden Ton einzuklingen. Von allen Seiten strömten die Menschen herbei, und der schwingende Ton der Gruppe schwang in ihnen wieder, es war nicht zu übersehen. Ein Band aus Tönen war geflochten worden, das auch noch schwang, als es nicht mehr hörbar klang. Modjadji war vor unserem Eintreffen davon informiert, und als die jungen Amerikaner, die respektvoll im Halbkreis um die Regenkönigin versammelt waren, die ihnen freundlich auf ihre Fragen antwortete, die Königin baten, sie abschließend umarmen zu dürfen, erhielten sie die Erlaubnis, und eine reine Schwingung Amerikas vermischte sich in gegenseitigem Austausch mit Afrikas Rhythmus. Sie waren wohl die ersten Weißen, die Modjadji umarmen durften. *So* sollte unsere Zukunft sein, *so* war es gedacht, verstand ich damals, denn nur in unserer gegenseitigen »Umarmung« ist Zukunft möglich.

Was mir in Afrika widerfuhr, veränderte mein Leben grundlegend. Weder bin ich etwas Besonderes, noch die einzige Europäerin. Ich war nur zur richtigen Zeit am richtigen Ort und richtig eingestimmt. Es liegt eine Art ausgleichender Gerechtigkeit darin, daß mehr und mehr Europäer oder deren Nachfahren direkt mit dem Erbe des traditionellen Afrika, und damit mit der Göttin, konfrontiert werden. Denn es war Europa, das Afrika seinen Wurzeln entfremdete, und es ist Europa bzw. die westlich-christlich-industrialisierte Welt, die nun an ihre Grenzen gestoßen ist und zunehmend erkennt, daß wir dringend eines anderen Bewußtseins bedürfen, um nicht an den Sünden der »Väter« zugrundezugehen. Zu lange haben wir den Tod verherrlicht, zu lange den Zorn und die Rache und dabei das Leben außer acht gelassen, zu lange sind wir der Sucht nach Herrschaft und Macht erlegen. Wir vergaßen, daß dem Rhythmus des Herrschens wie dem Rhythmus des Dienens *eine* wechselwirksam werdende Kraft zugrundeliegt, die untrennbar ist. Nach jedem Wellenberg gibt es ein Wellental bzw. umgekehrt, aber beide sind nur der gegenteilige Ausdruck der Gezeitenkraft des Mondes, dessen Rhythmus im Spiegel der Jahreszeiten der Erde Leben schenkte und alles Leben lenkt. Diesem Rhythmus der Göttin paßt sich jegliches Leben auf Erden an, vom kleinsten Mikro-Organismus bis zum höchsten Berg. Nur der Mensch ist in der Lage, in diesen Rhythmus verändernd einzugreifen, und hierin liegt nicht nur unser Segen, sondern auch unser Fluch. Afrika ist immer noch »weiblich«, auch wenn es sich oft kriegerisch gebärdet, die Kraft der Erde ist hier noch besonders deutlich spürbar, und diese Kraft ist die Kraft des Lebens. So werden auch in Afrika, wie es bereits an anderen Orten der Welt geschieht, uralte Erd-Rituale wieder belebt, und mehr und mehr Menschen zieht es aus allen Teilen der Welt nach Afrika, das seinen Reiz zunehmend nicht mehr nur unbewußt ausübt, sondern auch bewußt. Ohne seine Wurzeln muß der Baum des Lebens absterben, ohne bewußte Nahrung die Seele der Erde verkümmern.

Nichts ist unmöglich, sagte mir Credo zum Abschied, *alles* ist veränderbar. Ausschlaggebend ist der Wille zur Veränderung, die Bewußtwerdung dieses Willens. Das Wiedererwachen der weiblichen Seite der Göttin pulsiert bereits kräftig im südlichen Afrika, auch wenn es den meisten Menschen noch unbewußt ist. Hier, im Bereich des südlichen Magnetpols manifestiert sich neues energetisches Leben, wußten die alten Ägypter, um sich, wie vom Samen bis zur Frucht, nordwärts zu verdichten, neue Knospen und neue Blüten am Baum des Lebens keimen bereits. Jedem Wechsel im rhythmischen Gezeitenspiel, das die Erde beseelt, gehen Zeiten der Konsolidierung kristallisierter, überholter Bewußtseinsmuster voraus, die noch einmal, bevor sie »untergehen«, ihr oft häßliches Haupt erheben, Fremdenhaß, Rassismus, Fundamentalismus, das fanatische Festhaltenwollen an »traditionellen« Werten, die in einer anderen Zeit ihre Berechtigung hatten, können dafür ein Zeichen sein, wie auch das »Big Business«, dessen Widersinn sich daran zeigt, daß die Börsen verrückt spielen, wenn es einem, den Weltmarkt dominierenden, Volk wirtschaftlich bessergeht, während das »Kapital« gerade darunter leidet und der Weltmarkt außer Kontrolle zu geraten droht. Visionen sind angesagt

258

und positive Vorstellungen, deren Kraft den nötigen Schub zur Veränderung liefern können. Gerade das aber ist die Stärke des heraufziehenden »Yin«-Zeitalters, gegen das »Yang« sich bereits heftig wehrt. Weil es sich dabei jedoch um ein unerläßliches Wechselspiel kosmischer Gesetzmäßigkeiten handelt, ist dieser Übergang nicht aufzuhalten.

Gleichzeitig ist bereits eine sich immer stärker manifestierende Kampagne zur Rettung der Erde im Gange, die sich, je mehr Menschen sich ihrer Notwendigkeit bewußt werden, umso stärker und nachhaltiger niederschlagen wird. Weil diese im Grunde genommen eine Kampagne zur Rettung des Lebens ist, wird auch der erzwungene »Dornröschenschlaf« der Frauen und Mütter ihr Ende finden, die sich ihrer tragenden spirituellen und auch verantwortlichen Rolle im Balanceakt zwischen Stagnation und Untergang und der Alternative einer bewußten Wahl für das Leben zunehmend besinnen. Mit ihnen werden die Männer der Zukunft, die ihrer so lange gleichfalls erzwungenen, ausschließlich »männlichen« Rolle bereits leidlich müde sind, in diesen Balanceakt eingreifen. Mehr und mehr »alternative«, neue »Keimzellen« werden entstehen, und neue soziale und ökonomische Strukturen, die es den Menschen der verschiedensten Kulturen und Rassen gestatten werden, unter Beibehaltung ihrer individuellen Verschiedenheit *gemeinsam* an einer Weltkultur mitzuarbeiten, die von gegenseitigem Verständnis, von Toleranz und Liebe getragen wird. Technik wird nicht mehr als Mittel zur Zerstörung, sondern als Mittel zur Arbeitsbewältigung eingesetzt und für ein weltumspannendes Informationsnetz für Bildung und Wissensvermittlung sorgen, das nicht mehr nur Privilegierten, sondern allen, je nach Wahl und Interesse, zur Verfügung steht. Dadurch werden die Menschen der Zukunft wieder vermehrt die Gelegenheit haben, sich ihrem eigenen spirituellen

Wachstum zu widmen und die verlorengegangenen oder abgestumpften Sinne neu zu beleben oder zu schärfen. Je bewußter die Menschen werden, desto harmonischer wird ihr zunehmend wieder in die Rhythmen von Kosmos und Natur eingebettetes Leben verlaufen, die »Götter« werden auf die Erde zurückkehren, und die Überlieferung von einer unsäglich fernen Vergangenheit, als primitive Wesen einander vorsätzlich durch etwas, das man »Krieg« nannte, auslöschten, wird zwar zur Warnung gehütet, aber nicht mehr verstanden werden. Alles ist möglich, weil *wir* es sind, welche die Grenzen des uns Möglichen ziehen.

Noch vor wenigen Jahrhunderten starben Menschen eines qualvollen Todes, weil sie erkannt hatten, daß nicht die Sonne um die Erde kreist, sondern umgekehrt. Ihre Henker waren von der Richtigkeit ihrer falschen Behauptungen überzeugt, weil sie ihrem Bewußtsein entsprach. Das Bewußtsein vieler Menschen veränderte sich bereits aufgrund der Begegnung des Westens mit dem »esoterischen« Wissen östlicher Philosophien. Gleichzeitig erfolgte die Kontaktaufnahme mit dem spirituellen Erbe indianischer Kulturen und von Naturvölkern, und nun beginnt sich auch Afrika, das wegen seiner ursprünglichen Vergangenheit so notwendige letzte Glied, in diese Informationskette nahtlos einzufügen. Dadurch ergibt sich die einmalige Chance, uns auferlegte Fesseln gewaltfrei abzustreifen. Denn keine Macht dieser Welt kann sich einer wachsenden und weltumspannenden Bewegung in den Weg stellen, die um die Macht ihres eigenen bewußten Willens und um die Kraft sich weltweit vernetzender Handlungen weiß. So können wir die Zukunft für unsere Kinder und Kindeskinder lebenswert gestalten, indem wir beginnen, die Wunden der Vergangenheit zu heilen, unsere eigenen, und die Wunden, die wir der Erde schlugen. Beginnen wir *jetzt* damit. Stimmen wir in das Lied des Friedens ein, wie es Credo Vusamazulu Mutwa vielen gewaltreichen Jahren in seinem geliebten Südafrika innerlich und rituell entgegensetzte.

Die Zukunft der Erde ist »strahlend und groß«, schrieb der Dichter des »Dachau-Liedes« Jura Soyfer. Diese Zukunft bist du, bin ich, sind Mann, Frau und Kind, egal welcher Rasse, Kultur oder Hautfarbe, sind *wir*, die Menschen auf diesem wunderschönen blauen Planeten, der unser aller Heimat ist.

Fußnoten

[1] Der Name variiert in der Aussprache ein wenig. Ihn korrekt auszusprechen ist seiner Magie wegen tabu.

[2] Zerbst 1983

[3] Campbell in Main 1987

[4] Lawlor 1993

[5] Williams u. Dowson 1989

[6] Sitchin 1989

[7] vgl. Anm. 4

[8] 50 Priesterinnen sind auch von Danäern in Argos überliefert.

[9] Nurse, Dr. und Jenkins, Dr. 1977.

[10] Williams, J.D.L., Archäologe, Wits University Johannesburg/SA

[11] Diop 1979

[12] Leaky 1981

[13] vgl. Anm. 11

[14] Tobias 1991

[15] Baumont, Peter, Archäologe, SA

[16] vgl. Anm. 12

[17] Tobias, vgl. Anm. 14

[18] Charpentier 1986

[19] Kolosomo 1970

[20] gekürzte Version von *The Race that died, They Doom, oh Amarive* und *The last Sin of Za-Ha-Rellell*, überliefert von Credo Mutwa. Übersetzung der Autorin

[21] Zangger 1992

[22] vgl. Anm. 11

[23] Allen 1963

[24] Griaule u. Dieterlin 1950

[25] Topper 1977

26 vgl. Anm. 25
27 Westlich von Messina (1050-1200), auf dem »Hügel der Schakale« in SA
28 Ranke-Graves 1982
29 Marib lag 120 km südlich der Hauptstadt der Republik Yemen, San'a
30 Schuré 1986
31 *Der Mongolensturm,* BR 18.11.1995
32 Koran 14.9/69.8/29.38/7.69/26.28-130
33 Herm 1977
34 Hibbert 1984
35 Ranke-Graves 1985
36 Budge 1904
37 Friedeler 1988
38 vgl. Anm. 12
39 Shenu, *rundgehen,* shen-ur ist der *Großkreis,* den das *Volk des schem* vermutlich besaß.
40 Devereux 1990
41 Baumont 1991
42 Schuré 1986
43 Wellard 1967
44 Sitchin 1989
45 Marvin 1996
46 *Weinen hat seine Zeit, Lachen hat seine Zeit* (Diogenes)
47 Die König Salomon († 929 v. Chr.) zugeschriebenen *Gesänge* wurden im 3. Jh. v. Z. als *nachgelassenes, bisher unbekanntes Werk* des Königs von Kohelet (Gr. Ecclesiastes) in Jerusalem oder Alexandria verfaßt. Damit entstand eine der langlebigsten literarischen Mystifikationen (s. o.).

Literatur

Allen, Richard Hinckley, *Star Names, Their Lore and Meaning*, New York 1963

Anagarika, Lama, *Grundlage Tibetischer Mystik*, München 1975

Andreas, Peter u. Davies, Rose Lloyd, *Das verheimlichte Wissen*, Interlaken 1984

Arguelles, José, *Der Maya Faktor*, München 1987

Bachofen, J., *Mutterrecht und Ur-Religion*, Stuttgart 1984

Baker, Dr. Roger, *Human Navigation and the Sixth Sense*, London 1982

Baumont, P., *Southern Origins*, SABC 1991

Berglund, Axel Ivar, *Zulu Thought Pattern*, London 1976

Bindel, Ernst, *Die geistigen Grundlagen der Zahlen*, Frankfurt 1983

Blackley, Alan, *The Fruits of the Moon Tree*, Bath 1991

Blumrich, J. F., *Kasskara und die sieben Welten*, München 1985

Bord, Janet u. Colin, *The secret Country*, London 1986

Borneman, E., *Das Patriarchat*, Frankfurt 1979

Brain, Dr. Bob, *The Tribal Impulse*, London 1976

Budge, E. A. Wallis, *The Gods of the Egyptians*, London 1904

Campbell, Alec u. Hichcock, R., *Rock Art at Tsodilo*, SA Journal of Science 1980

Campbell, Joseph, *Die Mitte ist überall*, München 1992

Charpentier, Louis, *Das Geheimnis der Basken*, Olten 1986

Chris Barber, *Mysterious Wales*, London 1983

Devereux, Paul, *Places of power*, London 1990

Diop, Cheikh Anta, *Nations Nègres et Culture*, Paris 1979

Donnelley, Ignatius, Ragnarok, *The Age of Fire and Gravel*, New York 1971

Dumini, Andrew u. Guest, Bill, *Natal and Zululand from earliest times to 1910*, University of Natal Press 1989

Eliade, Mircea, *Schmiede und Alchemisten*, Freiburg 1992

Fester, R. E., *Protokolle der Steinzeit*, München 1974

Fiedeler, Frank, *Die Monde des I-Ging*, München 1988

Frazer, J. G., *The Golden Bough*, New York 1977

Griaule, Marcel u. Dieterlin, Germaine, *Journal de la Société des Africanistes*, Paris 1950

Harding Esther, *Frauenmysterien*, Berlin 1982

Herm, Gerhard, *Die Kelten*, Hamburg 1977

Hibbert, Christopher, *Africa explored*, London 1984

Kaiser, Peter, *Vor uns die Sintflut*, München 1985

Kehnscherper, G., *Kreta, Mykene, Santorin*, Neuhausen (CH) 1986

Kolosomo, Peter, *Viel Ding zwischen Himmel und Erde*, Wiesbaden 1970

König, Marie E. P., *Weib und Macht*, Frankfurt/M. 1985

Landone, Brown, *Die mystischen Meister*, New York 1910

Lawlor, Robert, *Voices of the first day*, (dt.: Am Anfang war der Traum), München 1993

Leaky, Richard, *The making of mankind*, London 1981

Main, Michael, *Kalahari*, Johannesburg 1987

Marvin, Kevin, *Sunday Times*, Kurier Wien 22.1.1996

Miallo, Yaya u. Hall, M., *The Healing Drum*, Rochester/Vermont 1989

Miers, Horst E., *Lexikon des Geheimwissens*, München 1986

Mitchell, John, *City of Revelation*, London 1972

Mutwa, Credo Vusamazulu, *Indaba my Children*, Johannesburg 1965 u. Original-Information

Neumann, Erich, *Die Große Mutter*, Freiburg 1974

Nurse, Dr. u. Jenkins, *Health and The Hunter Gatherers*, London 1977

Okladnikow, Alexej Pawlowitsch, *Der Mensch kam aus Sibirien*, Wien 1974

Parke, H. W., *Greek Oracles of Zeus*, London 1967

Pennick, Nigel, *Das Runenorakel*, München 1990

Powell, James N., *Das Tao der Symbole,* München 1989

Ranke-Graves, R., *Die weiße Göttin,* Hamburg 1985

Ranke-Graves, R., *Griechische Mythologie,* Hamburg 1982

Santillana, Giorgio de u. v. Dechend, Hertha, *Hamlets Mill,* Boston 1969

Sitchin, Zecharia, *Der zwölfte Planet,* München 1989

Schuré, Edouard, *Die großen Eingeweihten,* Veilheim 1986

Temple, Robert K. G., *Das Sirius-Rätsel,* Frankfurt/M. 1977

Tobias, Phillip V., *Images of Humanity,* Rivonia/SA 1991

Topper, Uwe, *Das Erbe der Giganten,* Bergisch Gladbach 1977

Waters, Frank, *Das Buch der Hopi,* Köln 1986

Wellard, James, *Lost Worlds of Africa,* London 1967

Williams, J. D. Lewis u. Dowson, T., *Discovering Southern African Rock Art,* SA 1990

Williams, J. D. Lewis u. Dowson, T., *Images of Power,* Johannesburg 1989

Zangger, Eberhard, *Atlantis,* München 1992

Zerbst, Fritz, *Steinzeit heute,* Wien/Köln/Graz 1983

Band 70115

Eluan Ghazal

Yoni und Lingam

Liebevoll und zärtlich, aber zugleich kritisch und informativ öffnet die Soziologin ELUAN GHAZAL ein Panorama von Ritualen, in denen Phallus und Vulva gefeiert und geschmückt werden. Beschreibungen von Fruchtbarkeitstänzen, heiligen Hochzeiten, und feierlichen Deflorationen der alten Kulturen zeigen deutlich, wie sehr wir inzwischen den Bezug zu einer erfüllenden, weil heiligen Erotik verloren haben. In dieser Kulturgeschichte des Geschlechtlichen befinden wir uns auf den Spuren der verlorenen sakralen Intimität, in der der Archetypus des weiblichen (Yoni) und der des männlichen (Lingam) bewußt verarbeitet werden und zu einer Erfüllung des erotischen Lebens führen.

*Östliche Weisheit/
Abendländisches
Geheimwissen*

Band 70110

Silvia Honold

Karma

Immer schon bewegte die Menschen der Gedanke an ihre eigene Unsterblichkeit. In einem großen Überblick wird das geheime Wirken des Karmas als Ausdruck einer höheren Gesetzmäßigkeit vorgestellt – von seinen Urspüngen an und aus westlicher Sicht. Ausgehend vom Weltverständnis des Reinkarnations-Geschehens ergibt sich hier über das ebenfalls aufgezeigte Selbsterkennungs- und Selbstbefragungsprogramm eine neue Variante auf dem Weg nach innen. Denn jeder von uns steuert früher oder später seiner eigenen Wendezeit entgegen.

Spirituelle Psychologie

Band 70114

Theodor Dombrowski

Die Kraft
der Wünsche

Gedanken sind Kräfte! Sie existieren in allen Ideen, Vorstellungen und Wünschen und können durch eigenes Bemühen verstärkt werden. Dieses Buch zeigt, daß Glück und Unglück die Folgen von positiven wie negativen Gedankenmustern sind, auf die der Suchende stets Einfluß nehmen kann. Allen alten Weisheitslehren war die Fähigkeit des Menschen bekannt, aus Wünschen eine Realität zu schaffen. Leider geriet sie in Vergessenheit. Heute sind es erstaunlicherweise die modernen Naturwissenschaftler, die feststellen, daß schon der Wunsch allein eine Wirklichkeit darstellt, die alles, was sie umgibt, beeinflussen kann.

BASTEI
LÜBBE

Band 70104

**Victoria Ransom/
Henrietta Bernstein**

Das Orakel
der Weisen Frau

»Das Orakel der Weisen Frau« basiert auf der religiösen Tradition der eleusischen Mysterien, die vor über 3000 Jahren im griechischen Attika gefeiert wurden. Die Weisheit des Orakels hilft uns dabei, den Weg zu einer spirituellen Evolution einzuschlagen. Gleichzeitig werden wir darüber aufgeklärt, wer wir sind und wer wir sein könnten, wenn Frau und Mann sich darauf besinnen würden, schöpferisch und bewahrend das Leben zu gestalten, so daß wirkliche Humanität und individuelles spirituelles Wachstum jede Art von Zerstörung überflüssig machen.

Band 70105

Joraine Löhr

Die Kunst, ein Mensch zu sein

»Die Kunst, ein Mensch zu sein« (und es zu bleiben), ist gerade in der heutigen Welt eine Aufgabe, die schwer zu verwirklichen ist. Einfühlsam, aber unsentimental beschreibt Joraine Löhr, die Begründerin der Sensualtherapie, wie man es trotz aller äußeren Anforderungen schaffen kann, sein Leben frei und glücklich zu gestalten. Dabei werden wir auf eine Entdeckungsreise zu den inneren Sinnen geführt. Diese zu aktivieren, ist die Grundvoraussetzung für eine Lebensentfaltung ohne Angst, Streß und Depression. Wer bereit ist, alte Gewohnheiten abzulegen und den eigenen Empfindungen und Fähigkeiten zu vertrauen, entwickelt ein neues Bewußtsein, das ihm unablässig sagt: »Wage es, du selbst zu sein.«